BuddhAll

All is Buddha.

BuddhAll.

BuddhAll

聖妙吉祥真實名經

釋論三種

談錫永 導論・馮偉強 黃基林 校譯

本經藉「幻化網現證菩提」壇城，令行者藉觀修而得現證妙吉祥不二法門。

目　錄

正文

附錄

序

談錫永

《妙吉祥真實名經》（*Mañjuśrīnāmasaṃgīti*）為觀修如來藏（不二法門、大圓滿、了義大中觀、深般若波羅蜜多皆為其「法異門」）的重要經典，它的重要，於導論中已有所說明，此處不贅。

然而對於本經，一向以為難讀，所以前代漢譯雖然有四種，可是一者由於四種譯本文句互異，難於比較、難於抉擇，讀者由是很難了知文義；二者，本經與觀修有關，說六種壇城（有論師以為是說七壇城），然而到底如何實際觀修，於經文中則未見細說，尋釋經文，茫無頭緒。

筆者根據今傳四種梵本（詳見拙《聖妙吉祥真實名經梵本校譯》之＜梵校說明＞），已將全經重新校譯，即是為解決前譯文句互異的問題；本書譯出釋論三種，則是為了解決文義難明與具體觀修無所依等二疑難。

本書譯出月官（Candragomin）、妙吉祥友（Mañjuśrī-mitra）、月賢稱（Candrabhadrakīrti）三位印度大論師的釋論。

妙吉祥友為甯瑪派祖師俱生喜金剛（dGa' rab rdo rje）的傳人。他到五台山找俱生喜金剛，是得到妙吉祥菩薩的指示，他的法名便與此有關。

他找到俱生喜金剛後，追隨了七十五年，盡傳大圓滿六百四十萬頌，後來他將此分為三部，即心部（sems sde）、界部（klong sde）及口訣部（man ngag sde），至今尚為甯瑪派的傳統。

妙吉祥友晚年居於五台山，傳人為佛智足（Buddhajñānapāda），他的著作即由佛智足携回印度。可惜如今在有關五台山的文獻中，找不到有關他的確實資料。

他的釋論似乎不及月官釋論詳盡，但若持如來藏見（了義大中觀見）來讀，則時時會感覺到他的要言不煩，說如來藏比月官較為深刻。

月官為西元七世紀時人，是印度著名的大阿闍梨，屬瑜伽行中觀派（Yogācāra-Madhyamaka）[1]，尤以觀修本經馳譽。他的釋論主要為依瑜伽行中觀（大中觀 dBu ma chen po）見地來詮釋本經，著重以本經來「統攝一切乘」。那即是，統攝聲聞乘（Śravakayāna）、緣覺乘（Pratyekabuddhayāna）、菩薩乘（Bodhisattvayāna）。這就正是如來藏的理趣。如來藏諸經無不強調「三乘入一乘」，那即是聲聞等三乘悉應歸入「一佛乘」（ekabuddhayāna）始為究竟，而一佛乘則正是持如來藏來觀修的究竟乘。由此可見，月官這篇釋論實在十分重要。

至於月賢稱的釋論，則著重於解說壇城，依瑜伽密續，對六壇城說得相當清楚，至少可以令讀者知道觀修的綱領。筆者在本書導論中亦有所補充，加上在《聖妙吉祥真實名經梵本校譯》一書的附錄中，已譯出妙吉祥友的《妙吉祥真實名誦教授》一論，說如何總修六壇城，若持之與月賢稱之所說合參，則當能瞭解本經的觀修（若實際觀修則當依師授）。

1　或以為其為唯識宗大師，不確，觀其於本釋論中廣破唯識即可知。他判「極無所住宗，即無上密咒乘」為了義，由是即知其為瑜伽行中觀師。

三篇釋論，由馮偉強醫師譯出。黃基林醫師則用了很大的工夫來校勘月官論的譯文，他校勘得異常精密，筆者於校定時省了不少工夫。

期望這三篇釋論的繙譯，能令讀者實際瞭解妙吉祥菩薩的不二法門，而且對如來藏的見地與觀修能更理解，是則有助於如來藏這甚深秘密法門不至受人歪曲，又根據歪曲來否定，是則能還此法門的本來面目。

西元二千又十年六月二十日　無畏於圖麟都

妙吉祥智慧勇識
Mañjuśrījñānasattva

導論

導論

一 前言

《聖妙吉祥真實名經》(*Ārya-Mañjuśrī-nāma-saṃgīti*)為三轉法輪的重要經典。三轉法輪說如來藏見及說瑜伽行觀修，同時別出妙吉祥菩薩(Mañjuśrī)的「不二法門」(advayadharmamukta)，依筆者拙見，「不二法門」即是用來溝通如來藏與瑜伽行的法門。

然而無論如何，本經實與如來藏、瑜伽行及不二法門，皆可視為有絕對關係。

無垢友(Vimalamitra)於《真實名誦註釋・明義燈》[1]中，說本經調化上中下根，對上根者，應說本經名義自性，此即說「妙吉祥真實名」之名義自性。筆者於拙「無畏譯記」[2]中已說，妙吉祥之真實名義實即說如來藏。如來藏為佛證智境(如來法身)及隨緣自顯現識境(法身功德)雙運。此中，智境即為「妙」(Mañju)識境即為「吉祥」(śrī)，是故「妙吉祥」(Mañjuśrī)之名，即顯智識雙運之如來藏。因此無垢友之所言，即對上根者應說如來藏而施調化。

本經與瑜伽行有關，則為通途的說法，因瑜伽行主張「轉識成智」，本經則正可視為觀修轉識成智的儀軌。此可以不二金剛(Advayavajra)的《聖妙吉祥真實名誦註・心髓顯

---

1 收北京版《西藏大藏經》no.2941。藏文標題為：*Mtshan yang dag par brjod pa'i 'grel pa mtshan don gsal bar byed pa'i sgron ma*；梵文標題為：*Nāmasaṃgītivṛtti-nāmārtha-prakāśa-karaṇa-dīpa*。

2 《聖妙吉祥真實名經梵本校譯》，頁22-23。台北：全佛文化，2008，下引同。

現》[3]為例。此論主旨，即在於說明「六種姓」應如何依觀修以轉識成智，由是可知本經實為瑜伽行派觀修之所依。

至於本經跟妙吉祥「不二法門」的關係，更不說可知。「不二法門」主張二種菩提心雙運，於本經「幻化網現證菩提」一品，即明說此義。故於觀修時，皆以妙吉祥智慧勇識（Mañjuśrījñānasattva）為法身智慧尊，此詳見於月賢稱（Candrabhadrakīrti）之《聖妙吉祥真實名誦疏》[4]。此論已經譯出，收入本書。

本經其實不只限於跟三轉法輪有關，彼亦引導依二轉法輪修波羅蜜多的行人，甚至亦能開引小乘二乘行人（聲聞及緣覺）以至外道，所以才說為可以利益「六種姓」。月官（Candragomin）於《聖妙吉祥真實名誦廣釋》[5]中，說本經主旨為通達各乘，即是此意。

正由於此，本經的重要性即可知，所以在《西藏大藏經》中，若綜合德格版與北京版，共有47篇論典與儀軌詮釋本經，其中有7篇為異譯，故實共有40種[6]。於異譯中，以妙吉祥友（Mañjuśrīmitra）所造儀軌的異譯為最多。此中造論者及造

---

3 收北京版《西藏大藏經》no. 2945。藏文標題為：*'Phags pa 'jam dpal gyi mtshan yang dag par brjod pa'i 'grel pa snying po mngon par rtogs pa*；梵文標題為：*Ārya-mañjuśrī-nāmasaṃgīti-ṭīkā*。

4 收北京版《西藏大藏經》no. 3358。藏文標題為：*'Phags pa 'jam dpal gyi mtshan yang dag par brjod pa shes bya ba'i 'grel pa*；梵文標題為：*Ārya-mañjuśrī-nāmasaṃgīti-nāma-vṛtti*。

5 收北京版《西藏大藏經》no. 3363。藏文標題為：*'Phags pa 'jam dpal gyi mtshan yang dag par brjod pa'i rgya cher 'grel pa*；梵文標題為：*Ārya-mañjuśrī-nāmasaṃgīti-mahāṭkā*。

6 若凡與妙吉祥有關，而非限於《真實名經》者，據梅尾祥雲所統計，共有瑜伽儀軌及註疏12種；成就法82種；淨慮法95種；無上瑜伽9種；及成就法等，共200種以上。

儀軌者，多為印度論師，時期主要為西元七世紀初以迄八世紀末，這時期，正是無上瑜伽密續（Anuttaratantra）開始廣弘的二百年。於漢譯中，未有釋論及儀軌繙譯，但對本經則共有四種譯本，由此可見漢傳佛教，對本經亦十分重視。

本書選譯了三篇比較重要的釋論。即——

1 妙吉祥友《真實名誦註釋》[7]（以下簡稱《妙吉祥友論》）；

2 月官《聖妙吉祥真實名誦廣釋》（以下簡稱《月官論》）；

3 月賢稱《聖妙吉祥真實名誦疏》（以下簡稱《月賢稱論》）。

這三篇釋論，前兩篇分別代表兩種不同主要傳規（詳見下說），後一篇則說明生起次第的觀修。另一篇屬於總義的觀修，為妙吉祥友的《妙吉祥真實名誦教授》[8]，已經譯出，收入拙譯《聖妙吉祥真實名經梵本校譯》作為附錄。

除此三篇之外，其實還有五篇釋論相當重要，筆者在撰述本文時，亦參考了這五篇釋論，即此——

1 傳為俱生喜金剛（dGa' rab rdo rje）所造的《聖文殊師利真實名誦・明義疏》[9]（以下簡稱《明義疏》）；

---

7 北京版《西藏大藏經》no. 3355。藏文標題為：*Mtshan yang dag par brjod pa'i 'grel pa*；梵文標題為：*Nāmasaṃgīti-vṛtti*。

8 北京版《西藏大藏經》no. 3382。藏文標題為：*'Jam dpal gyi mtshan brjod gdon pa'i man ngag*。

9 北京版《西藏大藏經》no. 2942。藏文標題為：*'Phags pa 'jam dpal gyi mtshan yang dag par brjod pa'i don gsal bar byed pa*；梵文標題為：*Ārya-mañjuśrī-nāmasaṃgīty-arthālokakara*。

2 無垢友《真實名誦註釋·明義燈》（以下簡稱《無垢友論》）；

3 不二金剛《聖妙吉祥真實名誦註·心髓顯現》（以下簡稱《不二金剛論》）；

4 念智稱（Smṛtijñānakīrti）《妙吉祥真實名誦十萬釋》[10]（以下簡稱《念智稱論》）；

5 失名《真實名誦釋 · 三理趣明燈》[11]（以下簡稱《三理趣明燈》）。

二 本經的傳規

要研讀本經，須先明本經在印度及西藏的傳規。十三世紀時薩迦班智達慶喜幢（Sa skya paṇḍita Kun dga' rgyal mtshan, 1182-1251）曾說，據他所知，本經傳規共有六種之多，因此，對本經的理解及觀修，便有許多不同的說法。

大致而言，本經可說為有兩種重要傳規，一為瑜伽乘（瑜伽續部 Yogatantra），一為無上瑜伽乘（Anuttarayogatantra）。兩種傳規的分別，在於前者唯視本經為生起次第（skye rim），後者則將之視為無上瑜伽的大瑜伽（Mahā-Ati），通俗來說，此即為大圓滿法的生起次第。執持那一種傳規，不可以據論師的身份來定，例如屬於無上瑜伽

10 北京版《西藏大藏經》no. 3361。藏文標題為：*'Jam dpal mtshan brjod kyi bshad 'bum*；梵文標題為：*Mañjuśrī-nāmasaṃgīti-lakṣa-bhāṣya*。

11 北京版《西藏大藏經》no. 3364。藏文標題為：*Mtshan yang dag par brjod pa'i 'grel pa tshul gsum gsal bar byed pa'i sgron ma*；梵文標題為：*Nāmasaṃgīti-vṛtti-trinaya-prakāśakaraṇa-dīpa*。

乘的妙吉祥友，其傳規卻屬瑜伽乘；被唯識學者說為主張唯識見的月官，卻於其釋論中廣破唯識，主張以無上瑜伽為究竟。

這兩種傳規又可各分為二種 ——

瑜伽乘傳規，有主張本經說七壇城者、有主張實只說六壇城者。前者以遊戲金剛（Līlāvajra）為代表，他於釋論中廣說如來藏；後者則為妙吉祥友傳規（月賢稱亦屬此傳規），他的釋論雖具如來藏理趣，但卻只明說如來藏的法異門菩提心（bodhicitta），而說菩提心者，卻非全屬以如來藏為究竟的無上瑜伽乘。

無上瑜伽乘傳規亦分為二，第一種傳規依《時輪續》（*Kalacakratantra*）的釋論來說本經。此又分為二 ——，一者如那洛巴（Nāropā），依《喜金剛》（*Hevajratantra*）釋《時輪續》，從而用以說本經；二者則僅依《時輪》而不依《喜金剛續》。第二種傳規，則視本經為父續（pha rgyud），加以詮釋，不依《時輪》（當然亦不依《喜金剛》），代表人物為月官及無垢友。

將種種傳規整理，有如下表所示 ——

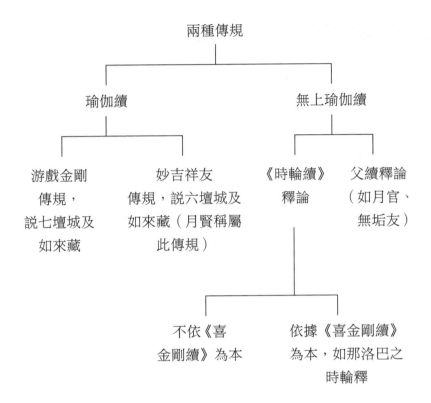

- 兩種傳規
  - 瑜伽續
    - 游戲金剛傳規，說七壇城及如來藏
    - 妙吉祥友傳規，說六壇城及如來藏（月賢稱屬此傳規）
  - 無上瑜伽續
    - 《時輪續》釋論
      - 不依《喜金剛續》為本
      - 依據《喜金剛續》為本，如那洛巴之時輪釋
    - 父續釋論（如月官、無垢友）

筆者在本文，見地依月官一派，觀修則依月賢稱為主，以主無上瑜伽乘者，皆未詳說本經之觀修故。（但有以妙吉祥為主名之觀修，唯未依本經而說。）

本篇將先從「妙吉祥」說起，繼而討論本經的主題，從而分析經文結構，上來幾個主題，其實都牽涉到一些討論，因為印藏諸論師的釋論，論說頗為參差，原因在於他們按各自的傳承宗義來詮釋本經，是故即有所不同。於本文，則僅徵引部份相異予以討論，若牽涉太廣，則將成一本篇幅龐大的專著，對一般讀者亦未必有益。

三　關於妙吉祥

（一）妙吉祥與東方淨土

「妙吉祥」，是梵文 Mañjuśrī 之意譯，若音譯，一般譯作「文殊師利」。所謂「妙」，是指佛內自證智境；所謂「吉祥」，指於佛內自證智境界中自顯現出來的識境。

根據梵文，Mañju 是一形容詞，意為「妙」、「美妙」。佛內自證智境離言說，無可形容，因此只可勉強以 Mañju 來稱讚此境界。Srī 有譯作「吉祥」、「妙德」、「功德」、「最尊」、「殊勝」、「妙相」等，因由佛內自證智境自顯現的識境（佛內自證趣境），是落相礙緣起作自顯現，意思即謂顯現的識境是在條件局限下而成，這些條件便是「緣」，便是「礙」，例如三度空間和一度時間便是我們此情器界最基本的局限。因有局限，所以說為「相礙」，故識境要適應緣起而成顯現，亦即要適應相礙而成顯現。正因為是在適應局限、圓滿局限下作自顯現，所以說之為「圓滿示現」。對此圓滿示現的成就，稱其為「吉祥」；對所呈現的相，稱其為「妙相」；稱讚佛此能成自顯現的功德，則謂之「妙德」。故「妙」是說佛內自證智境，而「吉祥」則說自顯現的識境。當說佛的法身（Dharmakāya）周遍一切界作自顯現時，此法身便名「如來藏」。由此便知，「妙吉祥」此名實等同說「如來藏」。

除「妙吉祥」外，Mañjuśrī 還有其他異譯，如「妙德」、「溥首」、「濡首」、「敬首」等等。「妙德」是以「妙」來形容佛的功德。「溥首」或「濡首」是說佛內自證智周遍一切界，如甘霖濡溼、溥澤大地。「首」是由「尊」引譯出來，表最尊之意。因此，自顯現的識境是佛的功德，而佛智是超越時空周遍一切界，由種種異譯名中便可體會到此意義。

至於文殊師利的來歷，在《阿閦佛國經・發意受慧品第一》[12]中，提及東方有一大目如來世界（Abhirati 妙喜），大目如來授記阿閦菩薩成佛，號阿閦如來，而寶英（Ratnaketu）菩薩則在此佛國跟隨阿閦如來學法修行，於是經言——

> 東方去是千佛剎有世界名阿比羅提，其佛名大目如來無所著等正覺，為諸菩薩說法及六度無極之行。……
>
> 佛語舍利弗：爾時其大目如來無所著等正覺，授阿閦菩薩無上正真道決，汝為當來佛，號阿閦如來無所著等正覺。……
>
> 時佛告舍利弗言：阿閦菩薩初發是意時，可令虛空有異，我所結願不可使有異。被僧那僧涅（按：即「被精進甲」）乃如是。佛語舍利弗：如阿閦菩薩摩訶薩所被僧那僧涅，寶英菩薩摩訶薩，亦從阿閦菩薩學行。[13]

寶英菩薩後來成佛，號寶英如來。在《佛說文殊師利現寶藏經》，提到妙吉祥來自寶英如來世界——

> 文殊師利來詣此世界，從寶英如來佛國而來。[14]

12 《阿閦佛國經》，後漢支婁迦讖譯；異譯有《大寶積經・第六會不動如來會》唐菩提流志譯，俱收《大正藏》第十一冊。

13 後漢支婁迦讖譯，大正・十一，no. 313，頁751c-754b。

14 西晉竺法護譯，大正・十四，no. 461，頁460a。

在《文殊師利淨律經》[15]中，亦提及寶英如來及妙吉祥於此東方佛國説法 ——

> 佛言：東方去此萬佛國土世界名寶氏，佛號寶英如來無所著等正覺，今現在演說道教，文殊在彼，為諸菩薩大士之倫宣示不及。……[16]

「寶英」梵文 Ratnaketu，其中 ketu 可解光、標幟、旗、流星、相、幢、髻等，故寶英如來有很多異譯，如「寶相如來」、「寶幢如來」、「寶髻如來」等，此外，寶英如來又有譯作「寶性如來」，寶性之梵文 Ratnagotra，亦是如來藏的異名，(《寶性論》(*Ratnagotravibhāga*) 便是説如來藏的經典。) 因此，可見此東方佛國與如來藏之關聯。

關於此東方世界的教法，在《文殊師利淨律經•真諦義品第一》中亦有提及。今引其異譯《寂調音所問經》如下 ——

> 時寂調音天子以恭敬心向文殊師利，作是問言：寶相如來世界以何說法，仁者樂彼。文殊師利言：天子。彼所說法不為生貪欲故、不為盡貪欲故；不為生瞋恚故、不為盡瞋恚故；不為生愚癡故、不為盡愚癡故；不為生煩惱故、不為盡煩惱故；所以者何。夫法無生則無有盡。天子言：文殊師利，彼土眾生無貪欲等諸結使生與滅。文殊師利言：如是。天子言：若如是者，彼佛說法寶何所斷。文殊師利

15 《文殊師利淨律經》晉竺法護譯，收《大正藏》第十四冊。異譯有二：一為《清淨毘尼方廣經》姚秦鳩摩羅什譯；一為《寂調音所問經》宋法海譯。俱收《大正藏》第二十四冊。

16 西晉竺法護譯，大正•十四，no. 460，頁448b。

> 言：法本無生為何所盡。所以者何。彼佛世界眾生無知無斷無修無證。彼界眾生貴第一義諦。不貴方便諦。天子言：文殊師利。何者第一義諦、何者方便諦。文殊師利言：天子，義者不以生故得稱、不以壞故得稱。無處所相、無非處相；非一相、非無相；無影響相，不可相非不可相；不可盡非不可盡；非墮落非不墮落；是名第一義諦。天子，義者無心，無心相續。非跡非不跡，非此岸非彼岸非中流，是名第一義諦。無名稱無文字處，是名第一義。所以者何。世尊說一切音聲悉皆虛妄。天子言：文殊師利，世尊所說亦盡虛妄耶。文殊師利言：世尊。不說實不說虛妄。所以者何。世尊。住離二邊離心意言。說於有為無為法中，不說實不說虛。是故無二。天子。於汝意云何。如來所化化人，若有所說為實為虛。天子言：二俱無也。所以者何，如來所化化人無身無成就。文殊師利言：如是，天子。如來說一切法同於化性。不說實不說虛。是故無二。天子言：文殊師利，如來云何說第一義諦。文殊師利言：天子，第一義諦不可言說。何以故。不可言說。何以故。不可喻不可說不可名。是名第一義諦。[17]

妙吉祥答所說之法「不為生貪欲故、不為盡貪欲故；不為生瞋恚故、不為盡瞋恚故；不為生愚癡故、不為盡愚癡故；不為生煩惱故。不為盡煩惱故」，意即不是生貪嗔癡，

---

[17] 宋法海譯，大正•廿四，no. 1490，頁1081c-1082a。

亦不是滅貪嗔癡，更不是在二者之間，而是要遣除貪嗔癡的概念，無貪嗔癡的概念，便無貪嗔癡的生與滅，故「**彼土眾生無貪欲等諸結使生與滅**」。「**彼佛世界眾生無知無斷無修無證。彼界眾生貴第一義諦，不貴方便諦**」，識境便是方便諦，於識境中才有貪嗔癡的生與滅。因此，現證「**不生不滅**」絕不是在生滅之間找一中點，然後說此中點是不生不滅，而是須脫離生滅的概念及名言顯現，是故「**不可喻不可說不可名，是名第一義諦**」，此「**離二邊離心意言**」的第一義諦便是不二法門，即現證如來藏的教法，亦是經中所說東方世界的教法。

由大目如來至阿閦如來，到寶英如來及文殊師利，可視為東方淨土之傳承，亦是佛的淨土內，如來藏教法的傳承。此東方淨土，不如西方淨土般可依願力而建立，此須依據識境的概念清淨來建立。例如說西方淨土以黃金為地，有七寶池、八功德水，諸種莊嚴皆由珍貴寶石而成；又如女性一般被看成不淨，故女性要轉成男身，才可往生西方淨土，而在東方淨土卻可找到女性。在《阿閦佛國經•弟子成品第二》中，便說到有一比丘，因聞此東方剎土中有女性，便起淫欲意，對佛說願生此淨土 ——

> 爾時有異比丘。聞說彼佛剎之功德。即於中起婬欲意，前白佛言：天中天。我願欲往生彼佛剎。佛便告其比丘言。癡人，汝不得生彼佛剎。所以者何，不以立婬欲亂意者得生彼佛剎。用餘善行法清淨行，得生彼佛剎。[18]

[18] 後漢支婁迦讖譯，大正•十一，no. 313，頁756a。

無男女的概念，便無男女名言顯現的分別，故能斷一切概念及一切名言顯現的執持便為清淨。了知一切相實為佛智境自顯現的識境，此識境不離智境，智境亦不因識境的顯現而有變易，一切顯現悉皆清淨圓滿，故此剎土強調「不動」，上來已說如來藏為不動，所以此東方世界實為修證如來藏的剎土，唯初地菩薩觸證真如，即證「不動」後，才能往生此東方淨土。能夠理解此剎土即如來藏剎土，便能明白東方淨土為識境智境不一不異，亦即「智識雙運界」，是即能同時明白妙吉祥的言行。

《佛說文殊師利現寶藏經》[19]中有一文殊師利分衛（即乞食）顯神通的故事，說文殊師利入舍衛城乞食給一千二百五十比丘及一萬二千菩薩，魔王波旬最初使家家閉戶，無人施食予文殊師利，後文殊師利發大願，令波旬自往各處，廣告施食予文殊師利能得之大福德，使戶戶開門出迎文殊師利，文殊師利遂乞得施食滿鉢。文殊師利後吩咐隨侍之波旬拿起地上之鉢，但波旬使大神通亦無法令鉢「**離地如髮**」，而文殊師利卻可輕易舉鉢。諸天眷屬不解，波旬告之「**魔力者為癡。菩薩力者為智慧。……魔力者終始往來生死。菩薩力者不生不滅不起法忍**」。文殊師利回去後，將鉢置於講堂上，然後入室。至飯時，阿難見文殊師利久不從室出，心想文殊師利必是不能守諾，乞食足夠給僧眾，遂往告佛 ——

> **時佛告阿難：汝寧察講堂上不乎。阿難白佛：唯然世尊，已見滿鉢之食在講堂上。佛告阿難：汝撾揵**

19 《文殊師利現寶藏經》晉竺法護譯；異譯有《大方廣寶篋經》宋求那跋陀羅譯。俱收《大正藏》第十四冊。

> 椎聚比丘眾。我白佛言：唯然世尊。大比丘眾其數甚多，一鉢飯食何所足乎。佛言阿難：且止，默然而行，假使滿三千大千世界中人，百千歲共食此飯終不耗減。所以者何，文殊師利聖旨神化，令此鉢食無有盡時。文殊師利智慧具足，神通所立，興造布施以度無極。阿難受教即撾揵椎。會眾比丘。一鉢飯出種種滋味，餚鉢甚美甘醲無量，譬如眾器各盛殊異若干之味，皆以供養諸比丘眾及諸菩薩。悉得充滿，其鉢之饌如故不盡。[20]

文殊師利之一鉢飯食，能出種種滋味，並能使「**滿三千大千世界中人，百千歲共食此飯終不耗減**」，此故事若單以文殊師利顯神通視之，則錯失其意義。其中所示，實為智境，亦即是離相礙緣起的顯現，因為是離相礙，故是離開我們識境的限量，若持識境，便有定量之限；若離識境的相礙，便無數量之限，故「**此鉢食無有盡時**」。

因此，對於文殊師利的言行，亦應從此離識境局限、離相礙緣起而入智境的角度來審視，不能仍落於識境，依心識分別來作猜度。

又如經中說文殊師利在和悅宮中，與采女及諸婬女小兒共度三月，大迦葉因而欲逐文殊師利出僧團——

> 爾時賢者大迦葉謂舍利弗言，我亦見文殊師利神通變化。仁者且聽，佛得正覺未久，我初下鬚髮時，文殊師利來詣此世界，從寶英如來佛國而來。欲見

[20] 西晉竺法護譯。大正‧十四，no. 461，頁458c。

> 世尊稽首作禮。時佛在舍衛祇樹之園給飯孤獨精舍，文殊師利盡夏三月初，不現佛邊、亦不見在眾僧、亦不見在請會、亦不在說戒中。於是文殊師利竟夏三月，已說戒，尚新時來在眾中現。我即問文殊師利：仁者三月為所在耶。周旋所奏（湊）乎。文殊師利曰：唯，迦葉。吾在此舍衛城，於和悅王宮采女中，及諸婬女小兒之中三月。我心念言，何緣如此等人，與吾清淨眾僧共為臘。吾即從講堂而出撾揵。欲逐出文殊師利。時佛告文殊師利：仁寧見摩訶迦葉撾揵不乎。文殊師利白佛：已見，世尊。欲逐出我故耳。佛言：文殊師利，仁自現境界神通變化，無令迦葉起亂意向仁。[21]

佛然後告知大迦葉文殊師利教化采女，令她們不退轉入無上正道。在識境中，我們覺得婬女小兒為不清淨，修行人與她們共處一室是嚴重犯戒，但若證知一切皆為佛內自證智清淨大平等性的自顯現，便無婬女小兒之分別，意義一如維摩詰（Vimalakīrti）所說，六十二種外道邪見於諸佛解脫中求，婬女小兒、外道邪見皆是智境自顯現的識境。識境與智境不再是相對之分別，而是智境與識境不一不異，自顯現的識境不離智境，智境亦不因自顯現的識境而有所變異，此即上來所說之「不動」，又即如來藏。

了知智境與識境無二，才是真正的「不二法門」，才是真正的入無分別。

---

[21] 同上，頁460a。

（二）不二法門

文殊師利法門，即不可思議法門，亦稱「不二法門」。

「不二法門」的意義，於《維摩詰經》中，便有深刻的表達。在《入不二法門品》中，維摩詰詢問來問病的三十二位菩薩如何入不二法門——

> 會中有菩薩名法自在，說言：「諸仁者！生滅為二，法本不生，今則無滅。得此無生法忍，是為入不二法門。」
>
> 德守菩薩曰：「我、我所為二，因有我故便有我所，若無有我則無我所，是為入不二法門。」
>
> 不眴菩薩曰：「受、不受為二，若法不受則不可得，以不可得故無取、無捨、無作、無行，是為入不二法門。」
>
> 德頂菩薩曰：「垢、淨為二，見垢實性則無淨相，順於滅相，是為入不二法門。」……[22]

如是，三十一位菩薩各據自己的證量而說，是皆基於相對，如生滅相對，我與我所相對等，當無此種種相對時，便說為證入不二。然而最後文殊師利則如是說——

> 如我意者，於一切法無言無說，無示無識，離諸問答，是為入不二法門。[23]

22 姚秦鳩摩羅什譯，大正・十四，no. 475，頁555c。

23 同上，頁551c。

不過，此以離言說與表示為入不二法門，似乎無所相對，但其實亦是相對。說離言說，即離識境顯示（言說顯示識境），是則仍然有識境與智境的相對，故其後經言 ——

> 於是文殊師利問維摩詰：「我等各自說已，仁者當說何等是菩薩入不二法門？」時維摩詰默然無言。
>
> 文殊師利歎曰：「善哉！善哉！乃至無有文字語言，是真入不二法門。」[24]

文殊師利讚嘆維摩詰，自然是認為他的證量比自己更究竟。可是，「**默然無言**」為甚麼就比文殊師利說「**無言無說，無示無識，離諸問答**」為究竟呢？問題即在於有無文字語言顯示。

我們可以做一個比較，其他菩薩所說之不二法門，皆落入識境、識覺的二邊，亦即落入相對的概念如生與滅、我與我所、受與不受、垢與淨等，這些無非皆是識境中的覺受與概念。他們所離的相對與二邊既未離識境，即非不二，因為仍然有智與識的對立，亦即有佛法身與自顯現情器世間的對立。這對立，依然以世間的概念為基礎。文殊師利則不同，他所指的「言說」等，代表世間概念，而世間亦正藉著這些概念，令一切法成立為有，這在彌勒瑜伽行的道名言中，即說名為「名言顯現」。所謂「無言說」等，便即是對「名言顯現」的超越，因此已離識境。所未離者，只是智與識的相對，亦即是說，文殊菩薩雖入智境，但卻仍對識境定義為有為無。

---

[24] 同上。

關於「名言顯現」，我們可以舉例。例如某甲是位教師，已經結婚生子，當在學校時，他名為老師，因此在學校裏他便依名言顯現為老師的身份，校中各人亦依「老師」這個概念來認識其為一個獨立的個體（道名言說為「諦實有」），但在家庭中，他的諦實卻是「丈夫」與「父親」。如是種種諦實，皆依名言而來，文殊師利的「無言說」，即是超越了這些名言，是故比餘菩薩為究竟。

但若與維摩詰相比，文殊師利卻不及其究竟，因為維摩詰的「默然無言」，不但離開了識境的概念，還同時離開了識境中的表達工具。這種境界，是已離識境中一切建立，因此不可根據識境施設予以思維，亦不可根據識境名言予以議論，故說為不可思議。

此不可言說、不可思議的境界，實為佛的智境。正由於佛的智境不可思議、無可說，唯藉佛後得智顯現為識境，始能有法可說。這由智境中識境成自顯現的功能，即為佛的功德。在《入楞伽經》（*Laṅkāvatāra-sūtra*）中，說佛內自證智即佛的法身，法身具足大悲（即生機），此大悲即說為佛的功德，由此功德，便可周遍一切界令一切情器世間自顯現。這自顯現便猶如鏡顯現鏡影，鏡影非由鏡所生，只因鏡有顯現影像的功能，故說依鏡而顯現出鏡影。凡夫卻不知一切情器皆為自顯現，故別立實法作生因（如造物主）。因為是自顯現，所以說情器世間不是以佛功德為生因，而是依佛功德來顯現一切情器世間，而佛智是恆時周遍一切界，故便周遍一切界自顯現成諸般情器世間。如此周遍一切界自顯現之生機，於佛而言，是為大悲，於情器世間而言，說為大樂。

當佛法身的功德起功用時（即有識境隨緣自顯現時），我們施設一名言予此法身，稱之為「如來藏」，故如來藏是一個境界，非一個實體。

智境唯藉識境才能顯現，因此智境能成就種種趣境（六道境界），在《入楞伽經》中，稱此為佛陀的「內自證趣境」（pratyātmagatigocara）。當凡夫以識而佛以智去見六趣時，在六趣形態上，兩者所見相同，但見六趣之自性則有異。佛見六趣之自性，可以施設說之為如夢、如幻，此如電視觀眾看電視劇般，知螢光幕中一切影像皆非實體。反觀凡夫則執自己的心識作能取，以所緣之外境為所取，由是建立二取，執我與我所，一切情器便成「二取顯現」。由二取，凡夫便執一切我所見、我所聽、我所嗅、我所嚐、我所觸為真實，再施設名言，一切法便因名言而具種種分別概念，又由種種概念再起分別，如是凡夫便永遠在名言概念分別中糾纏。可以舉一簡單日常生活例子，我們將一器皿名為「酒杯」，於是這名為「酒杯」的器皿便具一「盛載酒來飲的杯」的概念，所以這名為「酒杯」的器皿在概念上便不可以用來載茶飲、載湯渴。然後在這「酒杯」的概念再作分別，要分別是紅酒杯、白酒杯、香檳杯或拔蘭地酒杯，隨之又在不同酒杯概念上，再建立另一些分別概念如斟酒、品嚐酒的程序，如何放置不同酒杯、何時喝何種酒的餐桌禮儀、以酒杯和酒的牌子來分別質量高低等等，如是，我們便生活在一大堆概念分別當中。

因名言概念而起分別，在《入楞伽經》中，釋迦便對大慧菩薩說兔角牛角喻。我們執為虛幻概念的，以兔角喻；我們執以為真實的，則以牛角喻。凡夫會以看到的牛角為有，而說兔角為無。然而釋迦說兔角為「非有非非有」，對此說，很多人落「有無」層次去理解，以為「非有」即「無」，「非非有」即「有」，這是對釋迦所說完全誤解。釋迦說兔角「非有非非有」，實為對「角」此概念、名言之遣除。「角」的概念被遣除，以「角」來作的分別不起，「兔角」此概念便不能成立（離有、無四邊），因此說「兔角」為「非有」，但如此說，則仍落「有無」邊際，遂須同時說「非非有」。說「兔角」「非有」，亦同時說其非「非有」，即否定此「非有」，以「非有」的概念亦要遣除，否則仍會落邊。一切法亦如是，當離一切識境概念，分別不起，一切法便是非有非非有。

龍樹菩薩（Nāgārjuna）在《法界讚》（*Dharmadhātustava*）中，亦以兔角牛角喻來說二取與名言。當中，二取猶如兔角，本無所有，是我們妄想兔頭上有角而說為有，與我們由識覺而說本無所有的識境為實有，同是不實的戲論。名言顯現如牛角，我們執牛角為實，若以極微無自性觀察，實亦戲論，此亦如我們執智境為實一樣，「智境」亦是施設名言，若將智境執實，則智境便落識邊，因「智境」這概念，實亦為識境中的施設。

同時，龍樹菩薩亦由此喻來說現證中道——

以兔角喻牛角喻　此為如來所現證
是故於彼一切法　除中道外無所有[25]

---

[25] 依拙譯《法界讚》頌33，收《四重緣起深般若》附錄。台北：全佛文化，2005。

為何兔角牛角喻即為諸佛如來所現證、即為中道？ 因為此即現證如來藏，即以如來藏為中道。如上來所說，兔角牛角喻為二取與名言，所謂中道，須離二取與名言。故不是落牛角兔角之分別，而是根本要離開識境中「角」的概念，沒有「角」此概念，便不會有牛角兔角、有與無的分別。要離開識境的名言概念，遣除二取，才是龍樹菩薩所說之中道。要知道須遣除的是二取與名言及由其所生之分別，而非一切法的顯現相，因智境唯藉識境顯現，故龍樹的中道實為智境與識境雙運的修證，亦即現證智識雙運界、現證如來藏。對龍樹的「緣生性空」，亦須如是理解。識境緣生而成為有，智境則可設施為性空，是亦即智識雙運如來藏。

再以「不生不滅」來說，依龍樹之中道，不是同時觀修生與滅，於生滅中間找一中點，然後稱此中間點為不生不滅。而是要基本遣除「生」的概念，因為所謂生滅，實由「生」的概念而來，建立「生」的概念便有相對之「滅」的概念出現，所以遣除「生」的概念後，「生」的名言顯現便消失，而「滅」亦自然消失。須知在任何概念範限下所說的「中」，皆不是真正的「中」，只能說是相對的「中」，故要遣除一切名言概念的範限才能通達龍樹的中道。如遣除「生」後所說的「無生」，非落有無二邊而說之為「無」，實由遣除「生」此概念，故說「無生」。

上來已說如來藏的境界即佛的法身（或說法性或法界）自顯現為識境的境界，此識境與法身不一不異，因為自顯現的識境從未離開過佛內自證智境，而佛內自證智境亦不因識境自顯現而受污染。因此，如來藏可說為智境無變易、識境無異離，此「無變易」與「無異離」於道名言上稱作「不動」。故知此「不動」之如來藏境界中，識與智實為不二。由此可知「如來藏」與「不二法門」兩者實為同一法門。而此「不二法門」的甚深義，可在《維摩詰經 • 文殊師利問疾品》中看到 ——

> 文殊師利言：「居士！此室何以空無侍者？」
>
> 維摩詰言：「諸佛國土亦復皆空。」
>
> 又問：「以何為空？」
>
> 答曰：「以空空。」
>
> 又問：「空何用空？」
>
> 答曰：「以無分別空故空。」
>
> 又問：「空可分別耶？」
>
> 答曰：「分別亦空。」
>
> 又問：「空當於何求？」
>
> 答曰：「當於六十二見中求。」
>
> 又問：「六十二見當於何求？」
>
> 答曰：「當於諸佛解脫中求。」
>
> 又問：「諸佛解脫當於何求？」
>
> 答曰：「當於一切眾生心行中求。」[26]

---

[26] 姚秦鳩摩羅什譯，大正 • 十四，no. 475，頁544c。

維摩詰說六十二種外道邪見「**當於諸佛解脫中求**」。「**諸佛解脫**」即佛內自證智境，佛內自證智境成識境自顯現，故六十二種外道邪見亦即如是識境。六十二種外道邪見雖為邪見，但非脫離佛內自證智境，且佛內自證智境亦從未受此六十二種外道邪見污染，是為不動，既不動，故外道邪見可於諸佛解脫中求。由此說「不動」之例，便知智境與識境不二，此即如來藏，亦即不二法門。

佛經中有關不二法門之經典，全都由文殊師利說法，由此成立了一系列文殊師利經典。這些經典不僅說不二法門之義理，且亦述及不二法門之觀修及證果，因此這些經典所包含的是基道果俱足。不二法門乃如來藏的法異名，故此類經典亦可視為如來藏經典。

此處依文殊師利不二法門反覆說如來藏，目的是使讀者清楚了知如來藏是如何一種境界。於三轉法輪經典中，未來佛彌勒菩薩說「瑜伽行」，實以如來藏為觀修瑜伽行的「果」，所以彌勒、無著、世親都說如來藏。今《妙吉祥真實名經》，可謂與彌勒瑜伽行同一意趣，而且，二者實皆都說「轉識成智」。

（三）妙吉祥真實名

上來已說妙吉祥菩薩與不二法門，於此即可一說其「真實名」。《三理趣明燈》對此有很確切的說明 ——

若問聖妙吉祥本性如何，答云：如其名義所顯。

其「真實名」所云如何？答云：聖妙吉祥即無二

> 智，具三世一切如來智之自性，此即菩提心自性，無異於一切法之法性；其力能示現為色身，即報身與化身。
>
> 如是依智而示現佛菩薩之形像，及其所說之大小乘教法，此即聖妙吉祥之開示。

這說法，即謂於智境，可說妙吉祥真實名為無二智，亦即三世一切如來的內自證智；於識境，則可說為一切法的法性。

然而於本經中更重要的是，妙吉祥真實名之力，可示現為色身，這色身開示大小乘教法。是即謂大小乘教法實在是依智境而顯現為識境相，由是才有一切名言施設。

若質實而言，妙吉祥真實名其實還開示外道教法，因外道一切教法亦是不異離智境的識境自顯現，由是才有上來所說的，維摩詰謂六十二種外道邪見，「當於諸佛解脫中求」。此亦即《入楞伽經》之所言 ——

> 彼天乘以及梵乘　彼聲聞乘緣覺乘
> 以及諸佛如來乘　如是諸乘皆我說[27]

於《月官論》中，說本經是由「妙吉祥智慧勇識」（的真實名）來「通達諸乘」，由是得證三身五智，這說法即跟《三理趣明燈》同一理趣。其實，於本經的諸釋論，亦無一不具足此理趣，即使將注意力集中於七壇城（或六壇城），論主亦必建立妙吉祥為法身，為本初佛，由此生起壇城，這便具足

[27] 依拙《入楞伽經梵本新譯》，第二品，頌203（台北：全佛文化，2005）

了不二法門、菩提心、如來藏的理趣。

所以妙吉祥真實名，實統攝法、報、化三身，亦即統攝智識雙運界。於佛家教法中，則統攝大小諸乘，故名一佛乘。

依此理趣，即成為佛的密意。此即本經第14頌金剛手之所說 ——

怙主願我能受持　諸等正覺之密意
直及至於出離時　我堅心意而受持

這密意，依《妙吉祥友論》的意思，即示現為斷煩惱的種種法門。何以須要施設為種種，則因須隨順不同種姓的根器（論中說為「六種姓」），由是有種種壇城建立。

關於壇城的建立，《三理趣明燈》有一特別的說法，即於諸乘教法中，妙吉祥都有不同的示現身，於密乘示現身，即成壇城。彼言 ——

初，於聲聞道中，聖妙吉祥屬於菩薩種姓，猶是尚未證得聖道之凡夫。

於波羅蜜多道中（顯乘），彼為南瞻部洲釋迦牟尼世尊之眷屬；若於色究竟天，彼則為世尊毘盧遮那之聖子。

於甚深經典中（按，此當指不二法門系列經典），彼住於菩薩道，於前世已成佛。

於密咒道中，彼住於菩薩道，以帝王而示現為如來之肉髻。

於瑜伽道中，妙吉祥金剛於世尊毘盧遮那心間，現

> 為十六智薩埵中之金剛利菩薩。
>
> 於大瑜伽道中，無論妙吉祥智薩埵（智慧勇識），抑或薩埵金剛、金剛薩埵、以至普賢等一切大樂佛尊，普皆具足一切壇城自性。
>
> 於妙吉祥幻化網中，彼為妙金剛，住於一切如來心間，或依本初佛道而住、或依智薩埵道而住。

依此說法，則諸乘經典中所說的諸佛菩薩，皆可說為「妙吉祥真實名」的示現。是故彼言 ——

> 於大小乘諸經典中，聖妙吉祥或被稱為觀自在、金剛手、釋迦佛、燃燈佛、彌勒、毘盧遮那、阿閦等。

若不通達了義大中觀，對這說法必然生疑，若知了義大中觀的中道無非只是如來藏，只是無二智，則知一切諸佛菩薩的名號，無非只是自顯現的識境，是故不一不異，甚至可以說跟外道不一不異。若離「角」此名言，則無兔角牛角的分別；若離「佛」、「菩薩」此等名言，則尚有何「妙吉祥」、「觀自在」等分別？此即如《入楞伽經》之言：紺青紅等諸色、鹽、螺殼、乳、蜜、果實、花朵、陽光等等，「**是皆非異非不異**」[28]。所以妙吉祥跟諸佛菩薩亦可說為非異非不異。落於識境的名言中，可說為非不異（不一），離名言概念則為非異（不異）。

亦正依此理趣，本經才可施設「六密咒王」，分別以應

[28] 見拙《入楞伽經梵本新譯》偈頌品，第385、386頌。

「六種姓」的根器。密咒王雖施設為六，其實都是妙吉祥真實名。此即建立壇城的密意。

四　本經主題

依上來所說「妙吉祥真實名」的涵義，可以將本經主題，界定為說如來藏，並由此通達一切乘，然而本經主要篇幅實說壇城觀修，所以若唯依見地界定本經主題，則未免空泛，故實宜依經文內容再加探討。

於說壇城觀修前，本經先出密主金剛持，化現無數金剛手問法；於釋迦開示時，又先說六種姓，這兩點都應加以探討。

（一）密主金剛持

先說密主金剛持。

經續中凡以「金剛」為名號的諸佛菩薩，多為夜叉族。夜叉族跟釋迦淵源深厚，例如密迹金剛便是釋迦的守護神。

密迹金剛其實亦即金剛持，當他作為釋迦守護神時，佛經只視其為「力士」，出身為夜叉王，執金剛杵護持佛法，是故其身份僅為護法，未住菩薩地。

然而在密續中，金剛持或為菩薩，或為報身佛，地位比在顯乘經典中高很多。這是甚麼緣故呢？這恐怕跟「金剛」的涵義有關。

金剛意為不動、不可壞，這是從「金剛石」引伸出來的說法。但於無上瑜伽密續，則說金剛為空性，具七種自性，此如《淨治名相》[29]所云 ——

> 噫，彼空性之虛空，乃生起一切情器世間之基。此如影像以鏡為生起之基，不能另於鏡外建立；又如月影以水為生起之基，不能另於水外建立；又如彩虹以天空為生起之基，不能另於天空外建立。
>
> 虛空既不能損其分毫，是故「無瑕」；既不能剋制之或摧毀之，是故「無壞」；既住而成世間一切明相展現之根基，是故「無虛」；既不受過失或功德所變，是故「無染」；既離變易，是故「無動」；既能遍入最極微塵聚，是故「無礙」；既無有能壞之者，故虛空為「無能勝」。

此「無瑕」等，即是七金剛空性，亦名為七種不壞金剛法。由其所言，「成世間一切明相之根基」，是即如鏡、如水等，即知是說如來法身、說諸佛內自證智境界，亦即為一切識境隨緣自顯現之基。此既為金剛之自性，金剛亦可定義為如來藏。

以此之故，持如來藏為根本見之諸密續乘，即許金剛持為報身佛。

所以《淨治名相》復說「五方佛任運之理」言 ——

> 於無上廣大般若，現證廣大本始基之基界內光明

29 《淨治名相》（*sNang sbyang*），全名《現證自性大圓滿本來面目教授・淨治名相》（*Rang bzhin rdzogs pa chen po'i rang zhal mngon du byed pa'i gdams pa snang sbyang*），為大伏藏師摧魔洲（bDud 'joms gling pa, 1835-1904）所造，拙譯依敦珠法王，易題名為《無修佛道》（於1998年香港初版時，則題名為《甯瑪派次第禪》）。

> 時，則有「大日如來」，普照本始基之一切智慧與功德，普照成為大種之如來藏。
>
> 因具足七種不壞金剛法及於三時中離一切動搖，故有「不動金剛」；因其為道與果之一切法所從出，且圓滿具足功德，故有「寶生」；「無量光」者，指本始基無邊顯現之無邊明相；因一切清淨義皆自生而有，故有「不空成就」。

所謂「五方佛任運」，即五方佛自顯現，其基具足七種金剛空性（七種金剛法），由是即可知「金剛」一詞之理趣。若知此，則知何以本經之請法者必為密主金剛持，及其化現之諸眷屬金剛手。金剛持與金剛手實為法身如來之色身展現，金剛持為報身，金剛手為化身，依上來所說「妙吉祥真實名」義，即知此實說「妙吉祥真實名」即是「於無上廣大般若，現證廣大本始基之基界內光明」、「普照成為大種之如來藏」。經中所說之種種壇城，即是於此基界內光明中顯現。此中尤重「普照」，普照即是如來法身功德周遍一切界，是即大平等性。如是智識平等雙運，即依觀修而說本經之主題。

復次經中說頌61及62言 ——

> 唯一不壞金剛性　即生即作世間主
> 虛空中生自然生　大般若智如大火
>
> 遍照大光明　智光遍照耀
> 智炬世間燈　大威光璀燦

此兩頌說「法界智」，若與上來所引《淨治名相》論文合看，即知金剛性既具「**唯一**」、亦復「**不壞**」，如是而展現妙吉祥之真實名，是亦即觀修本經之根本理趣，此理趣與周遍義彼此相成。且一切識境（世間）皆於智境中自顯現，故生起此「**金剛性**」（智境），即可說為「**即生即作世間主**」，以「**世間**」即以此「**唯一不壞金剛性**」為本基故。

顯乘行人或鄙薄夜叉，以其非人類故，此實不知夜叉之密義。彼既持具密意之金剛杵，表義「**金剛性**」，更為如來藏經典之請法者，如《入楞伽經》，即為夜叉王羅婆那求大慧菩薩向釋迦請法。頌言——

時婆羅那夜叉眾　更向大慧申敬禮
彼是最佳請法人　故勸請彼至再三

汝為向佛請法者　請說內自證趣境
我與夜叉及佛子　以此向汝作勸請[30]

此言「**請說內自證趣境**」，即請說「如來藏藏識」，而此法門則為過去、現在、未來佛皆在楞伽向夜叉眾宣說的法門，是甚深究竟法門，是則夜叉尚有何可鄙薄之處。且由持金剛的夜叉密主請法，經義更加明顯。

（二）施設六種姓

再說六種姓。

對於六種姓，本經頌23、24云 ——

爾時釋迦世尊觀　一切密咒大種姓

30　拙譯《入楞伽經梵本新譯》，第一品，頌28、29。

即密咒持明種姓　以及三觀修種姓
世間出世間種姓　能照世間大種姓
最上大手印種姓　及大頂髻大種姓

此即謂六種種姓都是「**一切密咒大種姓**」。故《月賢稱論》說「〔**一切密咒大種姓**〕**其義為六種姓自性**」，此即謂其統攝所有六種姓。

至於六種種姓之自性，試分說如下 ——

1 密咒持明種姓。《月賢稱論》說其為「**乃具足法界自性之金剛薩埵種姓**」。此即以此為依密乘教法，修佛色身（金剛薩埵）與法身（法界自性）雙運之種姓，亦即觀修如來藏（智識雙運界）之種姓。

《月官論》的說法與此不同，說為喜好於觀單尊之補特伽羅。妙吉祥友的說法，則基本上同月賢稱，說此種姓能攝一一種姓，此即謂「密咒持明種姓」雖非能統攝六種種姓，但卻能別別攝一切種姓。具此力用，亦可說為金剛薩埵種姓，以金剛為智識雙運境界，實周遍一切識境。

2 三觀修種姓。《月賢稱論》說其為「**具身自性之毘盧遮那種姓**」。此即以「三觀修」為法報化三身。

《月官論》說其為「**即觀照身、語、意之種姓**」。《妙吉祥友論》則謂其為「**如來、金剛、蓮花之種姓**」。三種說法看似不同，但其實無異。

法報化三身，亦可分說為身語意。法身為意密、報身為語密、化身為身密，此亦可說為三部，此等已為諸密續部所廣說。

3 世間出世間種姓。《月賢稱論》說為「**乃無量光佛種姓，以其能調伏世間故。**」

《月官論》釋此為：世間種姓，謂普通優婆塞（upasaka）等有情種姓；出世間種姓則謂聲聞、緣覺、菩薩種姓。妙吉祥友的說法亦同月官，彼謂「世間」指以顛倒識作分別的種姓，出世間則謂於涅槃中斷盡謬誤者，此即通指兩種有情。

《月賢稱論》因用六種姓分配六壇城、六密咒王，故將西方無量光佛（阿彌陀佛）種姓說為世間出世間種姓，五方佛中，無量光佛的「周遍」義最為突出（稱為「**普門**」，普即周遍），故用以說周遍一切世間及一切出世間種姓。

4 能照世間大種姓。《月賢稱論》釋為「**乃不動佛種姓，以大圓鏡智觀照世間故。**」

《月官論》則說「**能照世間**」即能照持常見之外道、稱為「**大種姓**」，即謂其為觀照般若波羅蜜多而反對外道之種姓。《妙吉祥友論》則說為「**以其〔具〕能以自身照明世間之智慧，故為最勝。**」此二說相同，觀照般若即照明世間之智。

比較起來，此二說皆較《月賢稱論》為勝，以其不局限於分配五方佛故。

5 最上大手印種姓。《月賢稱論》說為「**乃具成所作智自性之不空成就佛種姓。**」

《月官論》則謂：手（phyag）謂超越意之空性，印（rgya）謂以此空性無不周遍。大（maha），謂能了悟如是空性之補特伽羅實無所匹敵，故稱最上。此處所說空性，實非小中觀所說之空性，而為上來所說之金剛空性。

《妙吉祥友論》之説與二者皆不同，尊者依實際觀修義理，説之為「**以如性為主而成明妃種姓，是故最上。**」此即説修雙身種姓。

「大手印定」為無上瑜伽共有之定，與噶舉派專修之大手印法門有共有不共，行者住於法性，故説「**以如性為主**」。所謂「**明妃種姓**」即指能證樂空無二智之種姓，此非一定須作實際雙修，可由觀修智慧手印而證樂空。

6 大頂髻大種姓。《月賢稱論》説為「**乃寶生佛種姓，以頭冠作灌頂故。**」説得有點牽強。

《月官論》則謂其為能觀照不能被壓服者。（按，此如轉輪王，以具權勢，故不能被壓服。）然若能對其調伏，則轉輪王可成頂髻，此即月官之所指。《妙吉祥友論》説之為「**乃一字佛頂等種姓**」，與《月官論》同，「**一字佛頂**」即以轉輪王為頂髻。

由上來討論，即知分為六種姓之「**一切密咒大種姓**」實已統攝一切有情。此如「**世間出世間種姓**」，其統攝已廣；又如「**能照世間大種姓**」，即攝彼持空性見的顯乘行人，可見雖皆冠以「密咒大種姓」之名，但實非唯説密乘行人。正以其將一切有情均視之為「密咒大種姓」，故始説為「**一切**」，稱「**一切密咒大種姓**」。

將六種姓與六壇城配合，為「瑜伽乘」（瑜伽密續部）的傳規。無上瑜伽乘則無此。但亦不能説瑜伽乘不合，例如「世間出世間種姓」為無量光佛的調化眾，即合此世間的情況，如淨土信仰、觀音崇拜等。

茲依《月賢稱論》所說，依種姓次第，將其配合表列如下——

壇城	佛部	主尊	種姓
金剛界	菩提心金剛部[31]	金剛薩埵	密咒持明種姓
法界智	如來部	毘盧遮那佛	三觀修種姓
妙觀察智	蓮花部	無量光佛	世間出世間種姓
大圓鏡智	金剛部	不動佛	能照世間大種姓
成所作智	事業部	不空成就佛	最上大手印種姓
平等性智	寶部	寶生佛	大頂髻大種姓

由上來所說「密主金剛持」具周遍義，「一切密咒大種姓」亦具周遍義，即知依觀修來體會本經，對周遍義須於深密處理解。此密義於瑜伽乘施設為大悲，於無上瑜伽乘施設為大樂，故於前者，觀修為空悲雙運，於後者則為樂空雙運，必須入雙運，始能轉識成智。如是即為不二法門之現證。

五　本經分析

本經分偈頌與長行兩部份。正文當為偈頌部份共162頌；長行部份則讚六輪功德，即分六輪說誦「妙吉祥真實名」之利益，可視為對偈頌部份的補充，有此補充則符合一般佛經的結構，以一般佛經皆多於後分說明受持的利益，而本經偈頌部份無此，故六輪功德一份即令全經完整，但當將此份視為後分。

---

31 月賢稱未立此部之名，此依遊戲金剛（據念智稱說）。

今說偈頌部份。此分為三，前分、正分與後分。

（一）前分

前分又分為三。請問16頌、答問6頌、觀照六種姓2頌。

1　請問

本經請法者秘密主金剛持，由旋擲金剛杵而化現無數金剛手，於是同向世尊請法。此即頌4所說之「智慧方便之大悲」。

若泛言為「利益一切有情眾」（頌8），只能說為大悲，今言「智慧方便之大悲」，卻為智識雙運之大悲，亦可說為「妙吉祥」之大悲，是故向釋迦所請者，即為誦「妙吉祥真實名」而請。頌11言——

誦其殊勝真實名　是甚深義廣大義
無比大義寂吉祥　初善中善及後善

誦真實名具二義，一為甚深、一為廣大。通常皆說中觀（Madhyamaka）為甚深、瑜伽行（Yogācāra）為廣大，故說中觀之龍樹及說瑜伽行之無著（Asaṅga），有「二大車」之名。此處說誦真實名實可將之理解為「瑜伽行中觀」（Yogācāra-Madhyamaka）。釋迦說經時雖未有此名相，然而理趣卻合。瑜伽行中觀即為現證如來藏的法門，亦為現證不二法門的法門，若用後代名相，更可說其為現證了義大中觀、大圓滿的法門。

以其具此二義，故為三善道。《依月官論》說，初善為見道、中善為修道、後善為無學道。此即謂由一法門可次第圓滿三道，由證初地，歷二至十地而得圓成佛果。是亦名為「一乘」（ekayāna）。於《勝鬘經》（*Śrīmālādevī-sūtra*），謂一乘即如來藏法門，聲聞、緣覺、菩薩等三乘，皆須入一佛乘始得現證如來藏，即與本經同一理趣。

復次，中觀即為智慧，以其可悟入甚深勝義諦理；瑜伽行即為方便，以其建立世俗色身、印契等，故行者須依中觀作抉擇與決定，依瑜伽行作觀修而成現證。此即智慧與方便雙運之修證。須知於觀修時，依中觀抉擇實不離瑜伽行（不離本尊與壇城而作抉擇或決定），作觀修及現證時亦不離甚深中觀（不離大中觀見而觀修本尊壇城，至證果時，亦持見地作果位觀修）。以此之故，即將此說為諸佛密意（頌14），而其修習則是「大幻化網大續」（本經亦可說為妙吉祥大幻化網續）。

故請問16頌，實亦涵甚深義、廣大義，非一般經典之請法可比。

2 答問

答問六頌，謂釋迦牟尼舒廣長舌，示現微笑以淨除「**一切世間三惡趣**」，是即謂「一切世間」皆有「三惡趣」（頌18）。

此重意義已詳說於＜無畏譯記＞[32]。此義與「**一切世間三惡趣**」不同，蓋如此說時，則唯說一世間，失「周遍」義。

32 見拙《聖妙吉祥真實名經梵本校譯》，頁72（台北：全佛文化，2008，下引同）。

又，依沈衛榮校勘，第18頌若譯為長行，應意譯為「示現淨除一切世間三惡趣、光明遍照三世間、調伏四魔諸怨敵之微笑」。是即頌文淨除、遍照、調伏等三者，皆用以修飾「微笑」。拙見以為，此亦可視為不共義。具此義，則「聲音陀羅尼」的義理更明顯。

本經說妙吉祥大幻化網，實依聲音陀羅尼而施設，下來將有說明，而凡經續中說微笑、嘻笑、種字、文字等，亦必與聲音陀羅尼有關。此處用三句片語來修飾「微笑」，即由釋迦的答問已顯示全經觀修理趣為聲音陀羅尼門。

所以於第22頌，釋尊即囑秘密主「**心一境性而諦聽**」，心境合一而聽，即一邊聽一邊觀修，心與所緣境相合，此即更能顯出聲音陀羅尼門的特色。

隋・慧遠法師《大乘義章》卷十一，說「咒術陀羅尼」言——

> **第三咒術〔陀羅尼〕得有三種：一以現在修習力故能為咒術〔陀羅尼〕；二依禪定能為咒術〔陀羅尼〕；三以實智深入法界咒術法門能為咒術〔陀羅尼〕。**[33]

此處所說「咒術陀羅尼」即「密咒道陀羅尼」，亦即相當於聲音陀羅尼，本經應為上說之第三種之「**以實智深入法界咒術〔陀羅尼〕法門**」，是亦可說為「密咒道」中之無上瑜伽。

---

33 見大正・四十八，頁685b。

3 觀六種姓

觀照六種姓，為釋迦正說本經正文前之觀照。關於六種姓，上來已說其義。然而，何以須作此觀照？此則為施設一切有情皆是「密咒大種姓」故。換言之，即謂一切有情皆可入密咒道，是故始能說為周遍，說為淨除一切世間三惡趣。而密咒道者，則實為觀修如來藏的不二法門。

上來說前分竟。

（二）正分

於本經正分，先說「幻化網現證菩提」，然後說諸壇城，此即為本經主要內容。

1 六壇城說

諸家論師，若將「幻化網現證菩提」一分視為一獨立壇城，與其餘壇城平行，則謂本經說七壇城。但若將六壇城皆攝在幻化網內，即只為六壇城。二者比較，以六壇城說為長，今先依此而說。

甲 幻化網現證菩提

此分僅得三頌，但卻可視之為統攝全經壇城，因為六密咒王都是「本初佛」（Adi-Buddha）。本初佛本來唯一，但於智境與識境雙運中，卻可依其自顯現的不同功德，施設為六。此正如佛內自證智本來唯一，但卻可施設為五智。

於頌25言 ——

言詞主尊宣偈頌　頌中具六密咒王
彼是無生之法有　無二相應而現前

此已明說六密咒王為「**無生之法有**」。由勝義的「**無生**」，相應現前而成世俗的「**法有**」，亦可說為勝義世俗菩提心雙運，這即是不二法門。由是知壇城現前亦同此義。

第26頌的 a ā 等十二種子字，以《月官論》最為明顯。論中將「一切乘」統攝為「波羅蜜多乘」（顯乘）與「金剛乘」（密乘）之所化，依前者，此十二種字分為六對，表六波羅蜜多；依後者，則表五智及空性（共六者）之見修。妙吉祥友尊者釋論則重在說明「法界自性心」，故說十二種字皆住於此，是即謂其皆住於佛內自證智境界。

至於六密咒王，依念智稱的說法，六密咒王分別住於六壇城主尊心輪，成智慧尊，其配合如下 ——

金剛薩埵	——	五字文殊
毗盧遮那佛	——	般若智化身
不動佛（阿閦）	——	斷煩惱
寶生佛	——	辯自在
無量光佛	——	金剛利
不空成就佛	——	智身

《月賢稱論》的配置與之相同，但他另立四方報身佛之密號，將東方不動佛名為「金剛吽迦羅」、南方寶生佛名為「金剛日」、西方無量光佛名為「蓮花舞自在」、北方不空成就佛名為「天馬」。於此六佛心中各有智尊，智尊心間有根本輪，其上又有十輻輪或八輻輪等，六密咒王即分別坐於此等輻輪上。此詳見於其釋論。如此施設，可能是為了相應

頌26的「**我是佛即智化身**」一句，以六密咒王為「智化身」（住在智慧尊心中的化身）。

整個幻化網現證菩提壇城諸尊，皆由種字、咒字或頌字生起。拙譯妙吉祥友《妙吉祥真實名誦教授》[34]所說，即是這個壇城的觀修，用一壇城攝六壇城的意義十分明顯，由此即知依字及音生起壇城諸尊的情況。至於《月賢稱論》所施設的壇城，基本上亦同一理趣。

月賢稱所說的「幻化網現證菩提壇城」，實以妙音（Manjughoṣa）為主尊。妙音為妙吉祥的異名，但名為妙音時，則能突顯聲音陀羅尼門的理趣。於壇城中，妙音住於毘盧遮那佛臍輪，六面六臂，六密咒王「**隨無二妙音而行**」，這已顯示六壇城都以此一壇城為根本的理趣。其後更說，以「言說主」等三頌生起六輪，成「幻化網現證菩提」，統攝義更加明顯。

至於壇城的觀修，月賢稱論未詳說，茲據妙吉祥友所說儀軌釐清如下 ——

先修調心七支，然後由ཧཱུྃ字放出細忿怒尊清淨壇場。再由種子字生起護輪，於護輪中又由種字生起四大及須彌山等。此種種為瑜伽乘修生起次第之共觀修。

壇場中部為五方佛座，大毘盧遮那居中，坐於獅座，餘五報身佛依其方位而座（分別坐於龍、馬、象、孔雀、金翅鳥座）。大毘盧遮那佛為法身，心輪智慧尊為八臂妙吉祥。

智尊妙吉祥心輪上有十二輻輪，其十二輻即 a ā 等十二種字，外緣為光明、內緣為密咒。

---

[34] 見本書附錄。

此十二輻輪之內，有六輻輪，輪外緣分佈十二種字，每輻一對；內緣為密咒（六個音節，每音節佈一輻）。輻上亦佈密咒（亦六音節）。

毘盧遮那臍輪上有無二妙音，此為法身本初佛。臍輪表生機（名為「大樂法源」），妙音即住於此法源之上。如是表徵如來法身與法身功德雙運。

於此更施設報身五方佛及第六報身佛金剛薩埵等六部。中為金剛薩埵與毘盧遮那，前者坐於前述大毘盧遮那下方，後者坐於上方。餘為金剛吽迦邏住東方（相當於不動佛）、金剛光住南方（相當於寶生佛）、蓮花舞自在住西方（相當於無量光佛，即阿彌陀佛）、天馬住北方（相當於不空成就佛）。諸尊顏色手印及六密咒王配合，均詳見於釋論。

諸佛心輪皆有輻輪，上佈種字，邊緣佈咒字，為根本輪；根本輪上復有輻輪，亦上佈種字、邊緣佈咒字，此即為密咒王所住之地。於是由此等字生起各壇之眷屬，圍繞各壇主尊而住。眷屬為菩薩、天女等，已於月賢稱釋論中說。

於此六壇城的分部、六密咒王、六種姓等的配合，有如下表[35]：

---

35 Alex Wayman 在 *Chanting the name of Mañjuśrī* (Motilal Banarichdars, 1985)中所說的配合，與此表不同。主要原因是他認為月賢稱將金剛薩埵說為事業部的主尊；至於不空成就佛，他卻據念智稱之說，歸之為「菩提心金剛部」（Bodhicittavajra）。念智稱說源自遊戲金剛。這種將兩位論師所說揉合為一的做法，未必妥當，因為遊戲金剛主七壇城，本與月賢稱主六壇城不同，故他的說法可以存疑。

本表的依據，亦據月賢稱。於「金剛界壇城」，明說「**上來十四頌，以金剛薩埵轉五字文殊**」，是則豈為將金剛薩埵歸事業部，忿怒王又變成是智身呢？月賢稱於「天馬壇城」，亦說「**上來以十五頌，以不空成就佛轉智身輪**」，天馬壇城即事業部，此又豈能說主尊為金剛薩埵？此六壇城種之配合，細讀月賢稱論即可知。

壇城	佛部	主尊	密咒王	種姓
金剛界壇城	菩提心金剛部	金剛薩埵	五字文殊	密咒持明種姓
法界智壇城	如來部	毘盧遮那佛	般若智化身	三觀修種姓
大圓鏡智壇城	金剛部	不動佛	斷煩惱	能照世間大種姓
平等性智壇城	寶部	寶生佛	辯自在	大頂髻大種姓
妙觀察智壇城	蓮花部	阿彌陀佛	金剛利	世間出世間種姓
成所作智壇城	事業部	不空成就佛	智身	最上大手印種姓

至於主七壇城的論師，則將幻化網現證菩提壇城獨立，不視之為統攝六壇城的幻化網，此當於說七壇城時更說。

乙　六壇城結構

「幻化網現證菩提」一壇城，總攝六壇城。六壇城者，即金剛界大壇城及五智壇城，主尊為報身金剛薩埵及五方報身佛。

《妙吉祥友論》及《月賢稱論》依瑜伽乘傳規說六壇城，每一壇城雖有主尊，但實際上每一壇城皆為六壇城的綜合。如是建立，充份體現帝釋梵網的意趣。帝釋梵網上每一網結皆有寶珠，每一寶珠皆攝入網上其餘寶珠的影像，顯一即是多、多即是一的義理。

此如金剛界大壇城，以金剛薩埵為主尊，主尊中輪之上方安置毘盧遮那佛壇城、四方則為不動、寶生等四佛壇城，六密咒王則分別住於各報佛心輪而成智尊。如是成最近主尊之輪。

毘盧遮那壇城眷屬為四金剛母，即金剛薩埵母、金剛寶母、金剛法母、金剛業母等。不動佛壇城眷屬則為四金剛王，如化身金剛薩埵、金剛王、金剛愛、金剛善哉。如是施設五壇城，皆為主尊報身金剛薩埵眷屬（詳見於《月賢稱論》）。

四佛壇輪之四隅安四守護女，即花、香、燈、塗〔香〕四女。

此四佛壇輪之外，復施設一輪，安置賢劫十六尊，四尊一組，分居四方，分別為四報身佛壇城眷屬。此如東方四尊為彌勒、化身妙吉祥等四尊，皆詳見於月賢稱論。是為第二輪。此可以圖略示如下 ——

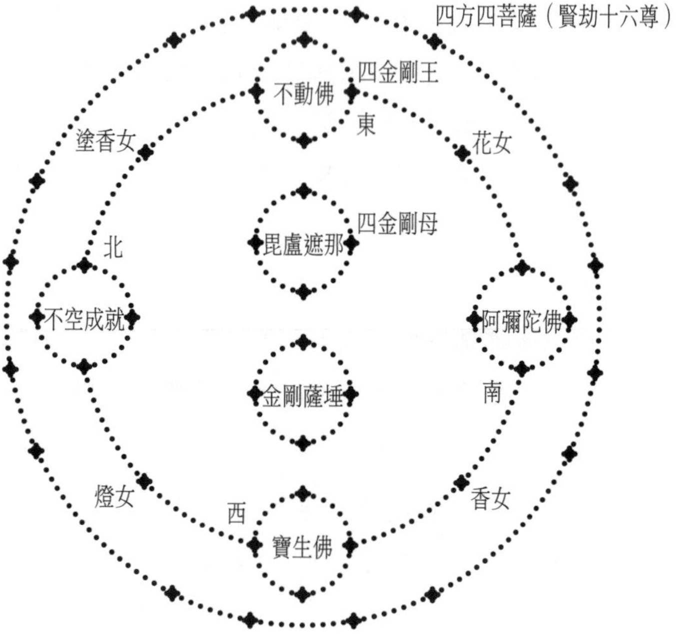

金剛界大壇城

如是除主尊外，五佛中毘盧遮那以四金剛母為眷屬，餘四佛各以四金剛王為眷屬，即共25尊。再加四守護女，即主尊近輪共29尊聖眾。次輪16菩薩，如是即共45尊，皆為主尊眷屬。

六壇城的結構大致仿此。具五如來、賢刼十六尊或餘十六菩薩、四攝（鈎、索、鎖、鈴）、八供養等。亦即，同一聖者，可同時在諸支分壇城中出現。此如一珠可攝諸珠影（多即是一），但一影亦可投射於一切珠（一即是多）。這是「幻化網」的最根本理趣。

至於各壇城的眷屬，及一壇中各支分壇城的眷屬，皆詳見於《月賢稱論》，此不復贅。

2 七壇城說

瑜伽乘阿闍梨有主張本經具七壇城，如遊戲金剛、念智稱等。此即據本經第四至第十品，每品成一壇城。

七壇城的觀修，已無文獻可稽，於本經藏譯釋論及儀軌中，無一詳說七壇城，反之，六壇城則有月賢稱及妙吉祥友的文獻。但在超巖寺（Vikramaśīla）大學者無畏作護（Abhayākaragupta）的《圓成瑜伽鬘》（*Niṣpannayogāvalī*）中，卻有觀修本經七壇城的資料。[36]

無畏作護是十一世紀末至十二世紀初的大學者，時代比阿底峽（Atīśa, 982-1054）約晚半世紀。與七、八世紀的妙吉祥友、月賢稱比較，或可說七壇城的觀修為後起，但他這篇論典對藏傳密法影響甚大，並從而影響漢土。

愛沙尼亞男爵鋼和泰（Alexander von Staël Holstein, 1877-1937）於1926年七月應邀參觀故宮佛像，他於寶相樓發現一些佛像的造型，完全根據《圓成瑜伽鬘》，共有787尊之多。後來哈佛大學的 Walter E. Clark 教授，曾依故宮文獻跟進研究，

---

36 此由 Alex Wayman 率先提出。《圓成瑜伽鬘》有藏譯，收《西藏大藏經》北京版，no. 3962。現存梵文本共有三本，B. Bhattacharyya 博士將此三梵本整理，並摘要英譯，即以原論梵名出版（Baroda: Oriental Institute, 1949），此即本文之所據。此外，B. Bhattacharyya 尚有 *Indian Buddhist Iconography* 一書（Makhopadhyay, 1968），亦提供了一些有用的資料。《圓成瑜伽鬘》一書對西藏影響甚大，我國清故宮的「六品佛樓」中諸尊造象，即見此論的影響，詳見羅文華《龍袍與袈裟》（北京：紫禁城出版社，2005）。

其著作[37]對佛學界甚有影響。這些佛菩薩的造型，相信即是由西藏喇嘛將《圓成瑜伽鬘》之所說，移入漢土。這亦是漢藏佛學研究的一個題目。

今依 B. Bhattacharyya，將筆者認為跟七壇城有關的資料，述說如下 ——

甲　幻化網現證菩提壇城

於《圓成瑜伽鬘》，稱此為「法界辯自在壇城」（Dharamadhātu Vāgīśvara Maṇḍala）。

壇城主尊為妙音（Mañjughoṣa），此為妙吉祥另一示現相。當用此示現相時，一般即表義為聲音陀羅尼門的觀修，此前已說。

妙音獅子座上結跏趺座，金色光明，閃耀如旭日初升。具種種衣飾莊嚴，頭戴五佛寶冠。

四面，現秘密寂靜相、主面黃色、右面藍黑色、後面紅色、左面白色。

八臂。二主手結法輪印。餘三右手，依次持劍、持箭、持金剛杵；餘三右手，依次持般若經卷、持弓、持金剛鈴。

第一輪（最內輪），有八頂髻尊（uṣniṣa）住於八方。其外為不動、寶生、阿彌陀、不空成就等四佛住於四方，分別乘象、馬、孔雀、金翅鳥座。四隅則為四佛母，即佛眼（Locanā）、麻麻機（Māmaki）、白衣（Pāṇḍara）及度母

[37] *Two Lamaistic Pantheons*（Haward, 1937）。

（Tārā），另有四門金剛守護。

第二輪，東方有十二地尊（Bhūmi）；南方有十二波羅蜜多女（Pāramitā）；西方有十二自在尊（Vaśitās）；北方有十二陀羅尼尊（Dhāriṇi）。四門守護為四無礙解尊（Pratisamvit），其四隅則為四天女，即嬉女（Lāsyā）、鬘女（Māla）、歌女（Gītā）、舞女（Nrtya）。

第三輪為十六尊大菩薩，四方各有四尊。東方四尊為普賢（Samantabhadra）、無盡意（Akṣayamati）、地藏（Kṣitigarbha）、虛空藏（Ākāśagarbha）；南方四尊為金剛幢（Gaganagañja）、寶掌（Ratnapāni）、海意（Sāgaramati）、金剛藏（Vajragarbha）；西方四尊為觀自在（Avalokiteśvara）、大勢至（Mahāsthāmaprāpta）、月光（Candraprabha）、網明（Jāliniprabha）；北方四尊為無量光（Amitaprabha）、智積（Pratibhānakuta 即化身妙吉祥名號）、除憂暗（Sarvaśokatamo-nirghātamati）、除蓋障（Sarvanivaraṇaviṣkambhi）。

十方守護為十忿怒明王，分別住於上下八方。四隅住八供養天女，每隅住二尊。

第四輪住八諸天，如帝釋（Indra）、夜摩（Yama）等。

四輪之外為十五天王（如梵天）、九曜、四大力神、八蛇神、八阿修羅王、八夜叉王、二十八宿等。

乙　金剛界壇城

壇城主尊為大毘盧遮那，於此壇城中，大毘盧遮那名為

「金剛界」(Vajradhātu)。於獅子座上結金剛跏趺坐。頭有頂髻，五方佛住頂，具種種衣飾莊嚴，身白色。

四面示寂靜相，中面白色、右面黃色、後面紅色、左面綠色。

八臂。二主手結覺支印(bodhyangi mudrā)、另二手結定印(dhyāna mudrā)、餘二右手依次持唸珠與箭；二左手依次持法輪與弓。

最內初輪，四方住四金剛母：東方薩埵金剛母(Sattvavarjī)、南方住寶金剛母(Ratnavajrī)、西方住法金剛母(Dharmavajrī)、北方住事業金剛母(Karmavajrī)。是為主尊之親近。

其外次輪，四報身佛依次而住，東方不動佛象座、南方寶生佛馬座、西方阿彌陀佛孔雀座、北方不空成就佛金翅鳥座。

四報身佛各有四大菩薩環繞，是為十六大菩薩。東方不動佛四眷屬菩薩，東方為金剛薩埵(Vajrasattva)、南方為金剛王(Vajrarāja)、西方為金剛善哉(Vajrasādhu)、北方為金剛愛(Vajrarāga)。南方寶生佛四眷屬菩薩，東方為金剛寶(Vajraratna)、南方為金剛光(Vajratejas)、西方為金剛笑(Vajrahāsa)、北方為金剛幢(Vajraketu)。西方阿彌陀佛四眷屬菩薩，東方為金剛法(Vajradharama)、南方為金剛利(Vajratikṣna)、西方為金剛語(Vajrabhāṣa)、北方為金剛因(Vajrahetu)。北方不空成就佛四眷屬菩薩，東方為金剛業(Vajrakarma)、南方為金剛羅剎(Vajrarakṣa)、西方為金剛拳

（Vajrasandhi）、北方為金剛夜叉（Vajrayakṣa）。

四隅為四天女，即嬉女、鬘女、歌女、舞女。

外輪為賢刧十六尊大菩薩。東方四尊為彌勒（Maitreya）、不空見（Amoghudarśi）、除蓋障（Sarvāpāyañjaha）、除憂暗（Sarvaśokatamonirghātamati）；南方四尊為香象（Gandhahasti）、大精進（Suraṅgama）、金剛幢（Gaganagañja）、智幢（jñānaketu）；西方四尊為無量光（Amitaprabha）、月光（Candraprabha）、賢護（Bhadrapāla）、網明（Jālinīprabha）；北方四尊為金剛藏（Vajragarbha）、無盡意（Akṣayamati）、智積（Pratibhānakūta）、普賢（Samantabhadra）。

最外輪為四隅守護女：金剛香女（Vajradhupā）、金剛花女（Vajrapuṣpa）、金剛燈女（Vajraaloka）、金剛塗香女（Vajragandhā）。此外復有四門守護。

若將這個壇城的施設，跟月賢稱所說的「金剛界大壇城」比較，可以說二者實為相同。以此例彼，相信其餘五智壇城，無論主六壇城或七壇城者，施設應亦相同，所不同者，主要為「幻化網現證菩提」壇城。故此處於五智壇城不贅。

3　五字文殊與無上瑜伽

在本經中，雖然五字殊跟其他密咒王並列，但其實可以視之為對餘密咒王的統攝，甚至可以說，餘五密咒王皆由五字文殊生起。

也許正是這樣，所以才有六壇城的系統。這系統，先由「幻化網現證菩提」壇城統攝餘六壇城，再由「金剛界大壇城」統攝五智壇城。這說法，可引妙吉祥友的《妙吉祥真實名誦教授》為證。

這個觀修，以大毘盧遮那佛為主尊，但在諸密續中，眾所周知，妙吉祥可以代替大毘盧遮那佛，也可以代替金剛薩埵。所以七個壇城中除了五智壇城必須以五方佛為主尊外，餘二壇城實即以妙吉祥為主尊（上來已說，當將大毘盧遮那視為妙吉祥時，大毘盧遮那可名為「金剛界」）。

觀修中，六壇城皆由行者自心之智輪生起，智輪上則有妙吉祥智慧勇識。妙吉祥友將此施設稱為「金剛菩提心壇城」。

由誦「真實名」，先放射出金剛菩提心壇城諸尊，作事業已，攝為環繞大毘盧遮那的眷屬，此應即相當於經中的「金剛界大壇城」。

其後於五智壇城，由智慧勇識放射出毘盧遮那壇城諸尊，作事業已，攝為大毘盧遮那的親近眷屬。其餘四佛壇城，則經放攝而住於大毘盧遮那佛的四方。如是六壇城即成一幻化網。由此即可見統攝之義。

於此幻化網，妙吉祥友有兩點未說明。

一、毘盧遮那佛壇城諸尊既成為大毘盧遮那的近親，那麼，中央寶座既已為大毘盧遮那所坐，則毘盧遮那當住何處？

這一點，應依餘密續例（例如以金剛薩埵主尊的《大幻化網秘密藏續》），毘盧遮那佛應住於大毘盧遮那的上方。但行者於觀修，則應視此二尊無二。

二、六密咒王住於六報身佛之智尊心輪，是則於此處觀修，原應住於金剛薩埵心輪之五字文殊，於此觀修中應住何處？

此問題亦不難解決，因為亦可視大毘盧遮那為金剛薩埵（此時大毘盧遮那名為「妙吉祥金剛」Mañjuvajra），是則五字妙吉祥必住於大毘盧遮那之智尊妙吉祥智勇識心中。

當弄清了上來所說之後，便知六壇城觀修見地實深於七壇城。

然而這種統攝義，在早期經典亦已見到。今且一說。

出現妙吉祥的經典，屢見於阿彌陀佛諸經。這系列經典，最早為支婁迦讖（Lokaṣena）於後漢中平年間（178-189）譯出的《無量清淨平等覺經》，所以可相信大概於西元一世紀，這類經典已經流行。及至西元四世紀時，東晉竺佛念譯出《菩薩處胎經》，已有一品專說妙吉祥。更不用說後漢安高世早已譯出《文殊師利問法身經》。是故可知顯乘經典，有關妙吉祥經典的結集，時代應尚早於龍樹。

在密續中，目前所知以妙吉祥為主名者，最早當為於西元三世紀結集的《文殊師利根本儀軌經》二十卷[38]，布頓將之列為事續部。於此密續，其實已顯不二法門的義理，但尚未見有五字文殊之名。

反而在《大乘瑜伽金剛性海曼殊室利千臂千鉢大教王

38 宋天息災譯，收大正・二十，no. 1191，梵名*Āryamañjuśrī-mūlakalpa*。

經》[39]中，此經結集當跟《根本儀軌經》時代相差不遠，則於經中已有「五字」。

經說五門，名為 1 無生門；2 無動門；3 平等門；4 淨土門；5 解脫門。

又說五門有五字，分別為 a、ra、pa、ca、na，是即五字文殊之五字。此五門五字，分別與五方佛相應（唯於淨土門，不說阿彌陀佛，而代之以「觀自在王如來」）。

經言 ——

1 無生門：「說入阿（a）字觀本寂無生義。是毘盧遮那如來說。」

2 無動門：「說入囉（ra）字觀本空離塵義。是阿閦（不動）如來說。」

3 平等門：「說入跛（pa）字觀本真無染著離垢義。是寶生如來說。」

4 淨土門：「說入左（ca）字觀本淨妙行義。是觀自在王如來說。」

5 解脫門：「說入曩（na）字觀本空無自性義。是不空成就如來說。」

此處所說，即五字文殊之五字，由是成五方報身佛。其壇城者，茲略舉二例如下 ——

39 唐・不空譯，收大正・二十，no. 1177a。

經中釋迦為曼室師利（妙吉祥）十六大士菩薩摩訶薩說「金剛三摩地」，此應即「金剛界大壇城」。此十六大菩薩見於本經幻化網現證菩提壇城，又見於金剛界大壇城，今於此經中成為受法的主名，足見其在妙吉祥法門中的重要性。

依不空譯，此十六大菩薩名號如下 ——

東方四尊：1 普賢，密號金剛手；2 不空王，密號金剛鈎召；3 摩羅，密號金剛弓；4 極喜王，密號金剛喜波羅。

南方四尊：1 虛空藏，密號金剛藏王；2 大威德光，密號金剛光明；3 寶幢摩尼，密號金剛幢；4 常喜悅，密號金剛喜智。

西方四尊：1 觀自在王，密號金剛眼；2 曼殊室利（妙吉祥），密號灌頂五金剛慧；3 妙慧法輪，密號金剛場；4 聖意無言，密號金剛聖語。

北方四尊：1 毘首羯磨，密號金剛毘首羯磨轉法輪王；2 難敵精住力，密號金剛慈力迅疾灌頂；3 摧一切魔怨，密號金剛暴怒；4 金剛拳法界王，密號堅跡金剛。

經中又說六金剛力士為壇城護法，名為大樂、大笑、一髻尊、降三世、四足尊、閻曼德六足尊。於當為四方上下之六方護法。

次說無動門，出十方大菩薩；1 上方上意菩薩；2 下方持世菩薩；3 東方普明菩薩；4 東南方不思議菩薩；5 南方廣意菩薩；6 西南方無邊智菩薩；7 西方無邊音聲吼菩薩；8 西北方益音菩薩；9 北方無盡慧眼菩薩；10 東北方賢護菩薩。此十尊即為東方不動佛壇城的主要眷屬。

其餘三門，亦皆類此，如是五門皆有若干大菩薩為壇城主尊眷屬。此類經典，相信必對觀修壇城的密續起先導的作用，尤其對於瑜伽乘，當阿闍梨造儀軌時，不可能不參考這類「大教王經」的資料。所以五字文殊便顯得特殊重要。筆者懷疑，北京故宮「六品佛樓」中的梵華樓，上下兩層各有六壇城，下層寂靜尊，上層忿怒尊，很可能即是五字文殊的六密咒王壇城，以及五方佛壇城（另一寂靜壇城供奉宗喀巴，那是將宗喀巴的上師壇代表大毘盧遮那壇，其密咒王應該即是五字文殊）[40]。

五字文殊對小中觀來說，是五識、五蘊、五大的空性；對大中觀來說，則是由佛內自證智境方便施設為五智，再由五智方便施設為五識，如是施設方便與方便生，即令觀修可轉識成智。此中妙吉祥智慧勇識為法身（佛自內證智），方便施設為五字文殊，五字文殊則方便生起密咒王，是即方便生，與上來所說義理相應。

故欲理解本經壇城建立，理解五字文殊實為關鍵。此便亦即是無上瑜伽乘對本經壇城觀修的要點。

無上瑜伽乘論師於說本經時，都未詳說如何施設觀修壇城，但若據月官、布頓、薩迦班智達的說法，他們應該都將七壇城總歸為妙吉祥的壇城。

此如布頓及薩班所說，觀金剛界大壇城雖以大毘盧遮那為主尊，但當行者觀修時，應先觀自成妙吉祥，然後刹那轉為

40 筆者於2008年夏，由羅文華教授接引參觀梵華樓，當時即討論及此，樓中所奉諸尊雖未必可跟月賢稱的壇城結構完全相應，但相信亦可看出一些痕跡。

大毘盧遮那。此即仍然將壇城主尊歸於妙吉祥。

這觀修方式，跟瑜伽乘相比，是不將妙吉祥智慧勇識等本初佛作為本初佛置於五方佛的心輪，索性直接由其轉化為報身佛，這便體現了無上瑜伽所強調的大平等性，智境與一切識境平等，別別識境亦當然平等，由是便可施設為轉化。

這轉化理，其實亦見於妙吉祥不二法門系列諸經，此如轉波旬為釋迦身說法等，是即為密意，所以便可以據此密意，由觀修陀羅尼門而成轉依，得轉識成智。

於諸釋論及儀軌中，月官的廣釋最能顯示出以無上瑜伽攝一切乘的理趣。

（三）後分

1　讚如來智

於說壇城觀修後，本經有五頌讚如來智。若依月官，則五頌分配五智，月賢稱則不同，認為五頌是讚六壇城，此即將158頌分為二分，前半偈讚金剛薩埵壇城（即金剛界大壇城）；後半偈讚毘盧遮那佛壇城；其餘四頌分別讚不動佛、無量光佛、寶生佛、不空成就佛壇城。

二種說法亦實無甚差別，因為如果將毘盧遮那佛等同金剛薩埵，則158頌仍然是全頌讚法界智。前已說在瑜伽乘的觀修中，常將法身妙吉祥（妙吉祥智慧勇識）與大毘盧遮那、金剛薩埵、毘盧遮那視為一體（其實這也貫澈了如來藏見地），是則說六壇城，實仍只說五智。

第158頌云 ——

勝施金剛我皈依　真實邊際我皈依
於空性藏我皈依　諸佛正覺我皈依

本頌讚清淨法界智，亦即讚中央毘盧遮那佛壇城。

月官釋云，「**勝施**」即指法界智，此即將智境中一切識境得以顯現，視為法界智的殊勝布施、如來法身的布施。此即說如來藏，為修如來藏之密乘人說。

月官釋「**真實邊際**」為非識境。此即謂識境所落的邊際不真實，但法界智則具常、樂、我、淨四邊際，此即真實。是亦說如來藏，為二乘行人說。以離彼等落於邊際，成四顛倒。

於「**空性藏**」，是將法界智（佛內自證智）說為空性，月官說為「**從無生而生**」，即空性中有一切法生起，實亦說如來藏，但為落於二轉法輪見地之菩薩乘行人說。隨順彼等執空，而令彼等得離斷滅。

於「**諸佛正覺**」，月官說此為「**捨成就與智成就**」，此即轉依，轉捨識覺而成依止於智覺，此說如來藏，為瑜伽行之菩薩乘行人說。隨順彼等，以轉識成智為道。

是故此頌，即為種種乘行人說清淨法界智。故說本經通達一切乘。下來四頌同。

第159頌云 ——

諸佛貪樂我皈依　諸佛色身我皈依
諸佛欣悅我皈依　諸佛遊戲我皈依

本頌讚大圓鏡智，亦可說讚東方不動佛壇城。

說「**諸佛貪樂**」，即說如來法身功德，由此功德始有情器世界顯現，故月官說「**貪樂**」為「**貪有情利益**」。此為觀修如來藏的行人而說，令其知「大樂」之自性。

說「**諸佛色身**」，實以此說識境自顯現理，此為二乘行人說，以二乘唯重視色身佛，故隨順而說皈依色身，由色身而知法身，即知如來藏理。

說「**諸佛欣悅**」，即謂諸佛欣悅於識境，是即說欣悅於空性藏，此如龍樹《中論•觀六種品》所言：「**是故知虛空，非有亦非無**」。此依如來藏，隨順空性見菩薩乘行人而說。

說「**諸佛遊戲**」，此以一切法為法界莊嚴，此種種莊嚴（種種化身）即諸佛遊戲（幻化舞）。此為菩薩乘瑜伽行者，以彼等以「現觀莊嚴」為轉依故。

是故於此頌，亦對種種根器說大圓鏡智。大圓鏡中，一切法自顯現而無餘，可依種種乘之見地而理解，從而入於不二。

第160頌云 ——

諸佛微笑我皈依　諸佛戲語我皈依
諸佛正語我皈依　諸佛有法我皈依

本頌讚妙觀察智，亦即讚西方阿彌陀佛壇城。故全頌說「**語**」，如微笑等。

說「**諸佛微笑**」，此與第18頌之「**示現微笑以淨除，一切世間三惡趣**」相應。微笑即為淨除，此與觀修如來藏以淨除「客塵」為義相應。故此乃為觀修如來藏行人說。

說「**諸佛戲語**」者，以智境無可說，唯展現為識境而說，於勝義，此亦可視為戲論。此即《入楞伽經》所言之「**言說法相**」（舊譯為「說通」），二乘唯依釋迦言教，是唯依「諸佛戲論」，故此句即為彼等而說。

說「**諸佛正語**」，此即謂佛以如夢、如幻等以喻空性，此即正語，此實由佛智以視識境，故如是施設空性，故本經即以「**諸法正語之皈依**」引導菩薩乘之持空為究竟者，誦真實名。

說「**諸佛有法**」，即隨順菩薩乘瑜伽行者，以瑜伽行說有故。說有者，即視一切法有皆為法界莊嚴而成觀修，由是得證如來藏果，此實為彌勒瑜伽行之宗旨。

故知此頌實亦為一切乘說妙觀察智，種種根器皆可由誦真實名而得入妙吉祥法門。

第161頌云——

由無而生我皈依　從佛因生我皈依
由虛空生我皈依　從智因生我皈依

本頌讚平等性智，亦即讚南方寶生佛壇城。寶生壇城以一切法自顯現為寶，喻如摩尼寶珠可生一切寶，故本頌即說「**生**」見。

「**由無而生**」者，即「**無生生一切**」，是觀修如來藏之甚深見，亦是根本見。故此句即為觀修如來藏者而說，由本經觀修可得無生法忍。

「**從佛因生**」，乃為二乘行人而說，佛說十二因緣，二乘即依此生滅因緣而說生滅，以佛說故，即說為「**佛因**」。此非以佛為生因，但以佛說之因以為因。故此句為二乘行人說，隨順其見地而令入道。

「**由虛空生**」，是隨順菩薩乘之空性見者，一切法實性即如來藏性，如來藏性於二轉法輪說為空性，說為深般若波羅蜜多。故此處強調為「**由虛空生**」以為隨順。

「**從智因生**」者，如來藏以一切識法皆依於智境而隨緣自顯現，故可說為「**從智因生**」。瑜伽行者以一切識法皆為法界之莊嚴，實即如來藏義。此句即如是說，以隨順彼等而成引導。

本頌實亦為一切乘說平等性智，依其理解，導其入道。

第162頌云 ——

> **於幻化網我皈依　諸佛戲舞我皈依**
> **一切一切我皈依　〔如來〕智身我皈依**

本頌讚成所作智，亦即讚北方不空成就佛壇城。成就一切識境自顯現為佛大悲功德，亦可說為諸佛示現之事業。與前161頌比較，當說功德時，依生因而說，一切有情皆以生為大德故；於說事業時，則以諸法自顯現而為說，以此即為如來法身之殊勝事業。二頌同說識境自顯現，但著重點則不同。

說一切法之顯現為「**幻化網**」，即說幻化網為周遍自顯現。故《月官論》說「**幻化網為樂空無二**」、《妙吉祥友論》說「**宣說幻化網之遍現**」。故此句實為觀修如來藏之行人說。

說一切法之顯現為「**戲舞**」，即如說成所作智之第147頌所言：「**化身亦為最勝身**」，以其「**隨順世間作義利**」。是開示二乘行人，化身佛作世間義利亦為遊戲（幻化舞），如是隨順彼等唯依化身佛教，而導之以入一佛乘道。

說一切法之自顯現，強調其為「**一切一切**」者，實如龍樹《中論・觀如來品》所言：「**如來所有性，即是世間性**」。此即謂一切識境中之一切法（一切一切），既是世間法，即具如來所有性。故此句開示菩薩乘之持空性見行者，若謂一切法空性，則如來當亦為空性，此不應理（《中論》中已說），故當知如來藏見，入智識雙運之不二法門以說「**一切一切**」。

說一切法而說其為如來之「**智身**」者，即隨順瑜伽行者所主之轉依，轉依亦可說為轉捨「識身」而成「智身」，故欲求轉依，當知如來智身即如來藏，應皈依而求得如來藏果。

上來說讚五智竟。筆者說此五頌皆攝四種行人，隨順其見地以為開導，是不共說，僅供讀者參考。

2 六輪功德

其後即為「六輪功德」。依月賢稱所說，六輪功德分說六壇城之觀修利益，其配合如下 ——

1 第一輪功德說大毘盧遮那壇城。應即是金剛界大壇城。

2 第二輪功德說「第二壇城」，應即是清淨法界智壇城。

3 第三輪功德說蓮花舞自在壇城，應即是妙觀察智壇城。

4 第四輪功德說金剛吽迦羅壇城，應即是大圓鏡智壇城。

5 第五輪功德說「一切義成就壇城」，應即是平等性智壇城。

6 第六輪功德說「天馬壇城」，應即是成所作智壇城。

六輪功德義，月賢稱已有詳釋，每一壇城之每一聖尊皆具別別功德，壇城亦有其別別功德，然而六輪功德皆以金剛持、金剛手之名而說，此亦能顯以「幻化網現證菩提壇城」為總攝之義，由是明顯壇城建立之理趣。其所說功德已見於其釋論，於此不贅。

六　結語

綰合上來所言，本經實藉「幻化網現證菩提」壇城，令行者藉觀修而得現證妙吉祥不二法門。「二」即相依或相對，甚深之二法，則為相礙緣起中之智境與識境，能現證智識二境雙運，則為甚深不二，是為究竟不二法門。故又可施設法異門為如來藏、為菩提心。

不二法門可成轉依，即轉識成智。其究竟觀修，須以了義大中觀如來藏見為見地，作抉擇及決定，其觀修法門，於今則名為大圓滿。

觀修大圓滿法，先於識境中修，然後離識境入非識境，再由非識境入智境。此中離識境入非識境階段，即修六根圓通，於本經所說，即為聲音陀羅尼門。

修聲音陀羅尼，即依種子字、咒字而修。本經則將頌文字句亦視如密咒，由彼生起壇城聖眾，此詳見於月賢稱之釋論，及妙吉祥友之教授。[41]

[41] 筆者另有＜如來藏與種子字＞一文，為紀念王堯先生八十壽辰而作，今收入《如來藏三談》（台北：全佛文化，2011），讀者可以參考。

種字、密咒音節、頌文音節皆由字母構成，此說為三：一者發聲，即將音讀出；二者表聲，此即所發聲音之涵義；三者生聲，是以生聲為發聲之因，此如種字、咒字之形。依此次第施設三門：一、現字形而成發聲；二、釋聲義而成表聲；三、觀字輪而成生聲。

於此中有基道果。觀字輪（生聲）為基、誦出而現字形（發聲）為道、依義抉擇而生起聖眾（表聲）為果。

此如月賢稱於說「金剛界大壇城」時，以「**大生機者實無生**」（Mahāprāṇo hy anutpādo）一句頌文生起金剛薩埵母，以「**此即遠離於言說**」（Vāgudāharavarjitah）一句頌生起金剛寶母。依前所說，即行者由觀頌句文字，於是發聲，復依聲義尋思抉擇，如是生起聖尊。

漢人觀修有一困難。若繙譯為漢文，則難成字輪；若不繙譯，則難以尋思抉擇。幸而此困難亦可解決。以觀修時，實生起字鬘光明而修，重點在於光明，而非筆劃，由是可用明點鬘以代替字鬘；於發聲，僅隨聲而成明點即可；即於表聲之義，隨想亦隨成光明。於是於光明之明點聚中，基道果三無分別而生起聖者。

基道果三無分別，即識境中之根境識三無分別、智境中之身智界三無分別，如是觀修，即入聲音陀羅尼。

讀者可試依妙吉祥友尊者所造之「教授」觀修，若廣修者，則更月賢稱論以生起壇城聖眾。即使是試行修習，亦當得益，以能得觀修聲音陀羅尼之樂故。

吉祥。

西元二千又八年農曆歲次戊子，於中秋後三日造此導論竟。唯願以此少分功德，回向此情器世間，能得善妙吉祥，災難刀兵之名亦復不聞。

無畏於圖麟都，
旋即有杭州行腳。

正文

繙譯説明

〔一〕此書所收之三篇釋論繙譯，所依藏譯分別為：

1. 月官《聖文殊師利名等誦廣釋》，藏題為 *'Phags pa 'jam dpal gyi mtshan yang dag par brjod pa'i rgya cher 'grel pa*；梵題為 *Ārya-mañjuśrī-nāmasaṃgīti-mahātīkā*。收北京版《西藏大藏經》no. 3363。

2. 妙吉祥友《名等誦註釋》，藏題為 *Mtshan yana dag par brjod pa'i 'grel pa*；梵題為 *Nāma-samgīti-vṛtti*。收北京版《西藏大藏經》no. 3355。

3. 月賢稱《聖文殊師利名等誦と名づくる註釋》，藏題為 *'Phags pa 'jam dpal gyi mtshan yang dag par brjod pa shes bya ba'i 'grel pa*；梵題為 *Ārya mañjuśri-nāmasaṃgīti-nāma-vṛtti*。收北京版《西藏大藏經》no. 3358。

〔二〕譯時参考下列日譯：

1. 月官の《文殊真実名義経釈》，栂尾祥雲訳。收《栂尾祥雲全集（別巻IV）—— 後期密教の研究上》（京都：臨川書店，1989）。

2. *Mañjuśrī-mitra*《文殊真実名義経註疏》，栂尾祥雲訳。收《栂尾祥雲全集（別巻IV）—— 後期密教の研究上》（京都：臨川書店，1989）。

3. *Candra-bhadra-kīrti*《文殊真実名義経疏》，栂尾祥雲

訳。收《栂尾祥雲全集（別卷IV）—— 後期密教の研究上》（京都：臨川書店，1989）。

日譯時有省略，當為栂尾先生所省，非所據藏本有異。

〔三〕譯時参考下列漢譯經論：

1. 林崇安譯著《聖妙吉祥真實名經廣釋》，台灣：諦聽文化，2001。

2. 談錫永譯著《聖妙吉祥真實名經 —— 梵本校譯》，台北：全佛文化，2008。

〔四〕譯時参考下列英文著作：

1. Alex Wayman, trans. *Chanting the Names of Mañjuśrī: The Mañjuśri-nāma-saṃgīti. Sanskrit and Tibetan Texts*. New Delhi, Motilal Banarsidass, 1999.

2. Philip Lecso, edited. *Manjushri Namasamgiti Study Guide*. Online text, 2009.

〔五〕此三篇釋論，分別為月官、妙吉祥友、月賢稱三位論師對《聖妙吉祥真實名經》中一百六十二根本頌、長行與結頌之句義作釋義。藏譯原文並非先出根本頌，然後釋每頌句義。現為方便讀者閱讀，故本書於三篇釋論中，皆先出根本頌原文，然後出相應之釋文。根本頌原文則依談錫永上師所譯之《聖妙吉祥真實名經 —— 梵本校譯》。由於依梵本故，根本頌譯文與藏譯釋論中之頌文每有差異，此應與當時流通之梵文版本非唯一種有關。梵本頌文與藏譯之重要差異可見於本書釋論中之腳註。

〔六〕本書中，月賢稱之釋論附有科判。此科判乃譯者依釋文而造。以便讀者明瞭如何依頌文可開展為六壇城。

〔七〕月賢稱所釋為六壇城，然本論當可總修，即將六壇城攝為一壇城而修，此義可見於妙吉祥友之《妙吉祥真實名誦教授》。此修習儀軌已經由談錫永上師繙譯，今附錄於此，以便讀者知總、別兩種修法之差別，此差別見於《解深密經》所說，即總法瑜伽與別法瑜伽。兩種修法皆須依上師灌頂始能修習，希讀者尊重此傳統。

最後，本書繙譯其不足處與疏漏處，尚祈讀者高明賜正。

月官釋論

《聖妙吉祥真實名誦廣釋》

《聖妙吉祥真實名誦廣釋》
── 妙吉祥誦釋明燈善妙經

月官　造論
馮偉強、黃基林　校譯

梵名：*Ārya-Mañjuśrī-nāmasaṃgīti-mahāṭīkā*

藏題：*'Phags pa 'jam dpal gyi mtshan yang dag par brjod pa'i rgya cher 'grel pa*[1]

皈依世尊妙吉祥智慧勇識

增減本性空　自性為大樂
孺童持花劍　向彼作皈依
密續圓滿句　甚深讚頌品
堪為作辨析

此乃余於怙主世自在，如所聞而錄。彼等具知且具聞眾，若不了其須要，則不得而入。

然則，此密續所說者何？其須要為何？其極須要為何？

[1] 此翻譯所依藏譯，收北京版《西藏大藏經》no. 3363。

其關聯者何？[2]

答曰：

其所說為妙吉祥乃唯一智慧識；其須要乃了悟各乘之義；其極須要乃成就三身五智。其關聯乃依於方便及方便生之性相關聯而住。

故此密續為等同虛空之續，是為事續、行續、二俱續、瑜伽續、無上瑜伽續等一切續之釋續。此由（經中頌文）「**一切密續最勝主**」（114 頌）可以明知。此亦〔說〕一切乘障礙之關鍵，可由〔頌文〕「**以種種乘方便道**」（135頌）此句而知。

但有各種不同典籍，皆依一己意樂而解說。然彼等執持自分別為實有，故彼等僅通達此密續之支分〔而尚未通達全續〕。

於此，且先說其攝義。〔此分為三〕：緣起圓滿、密續正分、與隨喜。

（1）緣起〔圓滿〕分三：眷屬、上師、開示圓滿。

（2）密續正分：

是一字密續[3]，阿字為主故。

以「**惡外道獸（極怖畏）**」（47頌）及「**一切義利三德性**」（140頌）開示外道見。

---

2 行者無間串習之所依為「須要」；串習力現前之所得為「極須要」；悟知究竟法義為「關聯」。此三者即為對一經之現證。見蓮花生《口訣見鬘》（*man ngag lta ba'i phreng ba zhes bya ba bzhugs so*）。

3 由頌28「**阿字一切字中勝**」可知。

以「是四聖諦宣說者」（50頌）及「以不退轉故不還」（51頌）開示聲聞見。

以「麟角喻獨覺者師、種種出離中出離」（51頌）開示獨覺之道果。

以「種種表義色法義、具心與識之相續」（123頌）及「及意所生種種色」（79頌）開示瑜伽行見。

以「以無二而說無二」（51頌）開示雙運體性如幻。

以「安住二諦理」（53頌）及「住於真實之邊際」（47頌）開示最上安住義。

以「於真實際離字句」（77頌）開示無上密咒究竟義。

以「是能積集二資糧」（57頌）開示積集福德智慧資糧。

以「每一剎那善觀察」（141頌）開示一剎那憶念中圓滿生起本尊。

以「金剛吽聲作吽吼、執持金剛箭兵器、金剛劍能斷無餘、金剛眾持諸金剛」（71/72頌）開示以三儀則（生起本尊）。

以「金剛法座具無餘」[4]（114頌）開示生起〔金剛〕座。

以「戴冠作智灌」（84頌）開示灌頂儀軌與其支分。

以「一切惡趣悉清淨」（119頌）開示燒屍儀軌。

以「智火熾燄極光明」（118頌）開示火供儀軌。

4 此句藏文為 rdo rje gdan ni ma lus ldan，與梵文根本頌稍異。詳見此頌之【無畏譯記】。

以「**知一切禪定支分**」（146頌）開示彼等各宗之修道。

以「**超越支分與算數、持於第四禪之頂**」（145頌）開示無相次第[5]。

以「**一切形相無形相、十六半半持明點**」（145頌）開示有相之圓滿次第[6]。

以「**以及大廣博壇城**」（33頌）開示壇城，由是覺悟一切壇城義。

為開示各別壇城，以「**彼大毘盧遮那佛**」（42頌）為種姓，開示五方佛壇城。

以「**最上淨住喬達摩**」[7]（94頌）開示釋迦牟尼壇城。

以「**怖畏金剛能怖畏**」（66頌）開示怖畏金剛壇城。

以「**六面怖畏忿怒王**」（67頌）開示六面童子壇城。

以「**訶羅訶羅毒百面**」（67頌）開示百面妙吉祥壇城。

以「**閻鬘德迦障礙王**」（68頌）開示閻鬘德迦壇城。

以「**如是五面具五髻**」（93頌）開示種種妙吉祥相之壇城。

以「**吉祥星宿曼荼羅**」（104頌）開示吉祥星宿壇城。

以「**自在天**」（148頌）開示毘紐天壇城。

---

5 此當指「寂止」。詳見無垢友《頓入無分別修習義》（*Cig car 'jug pa rnam par mi rtog pa'i bsgom don*）。於中，云：「**不住於相者，寂止之等持；隨一不離相者，勝觀之等持。不生相者，寂止；不滅相者，勝觀**」。收沈衛榮〈無垢友尊者及其所造《頓入無分別修習義》研究〉(2005年)。

6 此當指「勝觀」。見註4。

7 藏本作gtsang gnas「淨住」。梵本則作「沐身」，以此喻為淨住。

以「**天中天**」（148頌）開示梵天壇城。

以「**天帝**」（148頌）開示帝釋天壇城。

以「**阿修羅主**」（148頌）開示羅睺天壇城。

以「**天師**」（148頌）開示木曜星壇城。

以「**摧壞天**」（148頌）開示天曜壇城。

以「**摧壞天王**」（148頌）開示羅剎王楞伽城十首壇城。

以「〔**自在**〕**王**」（148頌）開示大天壇城。

以「**以般若劍及弓箭**」（150頌）開示具妙吉祥智慧勇識自性之壇城。

以「**眾主**」等（49頌），於地、道、解脫門，開示對妙吉祥智慧勇識之讚揚。

以「**等持身為最勝身、一切受用身之王、化身亦為最勝身**」（146/147頌）開示果。

彼等及五智皆由此攝受，當知是為圓滿讚揚。

如是對攝義極了知已，復為對句義更易了知，由是〔開示下來〕等等：

1 **爾時吉祥金剛持　　難調能調眾中勝**
降三世間勇猛者　　金剛自在秘密主

「**爾時**」，謂《大幻化網密續》一萬六千品中，說畢一萬五千九百九十九品時。「**吉祥金剛持**」者，說其眷屬圓滿成就中之金剛手。「**吉祥**」指具二種色身。於中，「**金剛**」即空性，相當於法身。「**持**」，相當於三身無分別自性身。

「**難調**」，指所調伏，謂三毒。「**能調**」，指調伏者，謂三身。「〔**眾中**〕**勝**」，則謂金剛手。而以彼能降伏一切難調眾，是故稱為「**勇猛者**」。又彼能降伏地下，地面、及地上，故謂彼「**降三世間**」。〔彼亦稱作〕「**金剛自在秘密主**」。「**金剛**」即空性。「**自在**」，謂以其能了悟空性義。稱彼作「**秘密主**」，以此義不共於聲聞緣覺〔二乘〕。或說「**秘密**」，謂密咒乘。「**主**」，謂金剛手。

2 眼圓滿開如白蓮　　面如盛放青蓮花
自手執持勝金剛　　須臾不斷作旋擲

金剛手之形相為何？說其雙目如白蓮花開。白蓮花具白色、妙根、妙香、妙蘂及五瓣。此猶如金剛手不被煩惱污染、能成就二資糧、能降伏他眾、具慈悲〔心〕、及能利益五種姓有情。或「**眼圓滿開如白蓮**」，可謂金剛手具不被罪障污染之五眼，猶如蓮花出於污泥而不染。

「**住於盛開蓮花座**」者[8]，謂住於盛開蓮花座，雖處輪迴而不被污染。而「**自手執持勝金剛**」，謂〔金剛手〕執持金剛杵於胸，以象徵證悟無二智。彼須臾間旋舞〔金剛杵〕，則象徵對他眾作事業。

上來乃對不共眷屬宣說。

---

[8] 藏本此句作 pad ma rgyas pa'i gdan la bzhugs，意為「**住於盛開蓮花座**」。不見梵本。

3 〔化現〕無數金剛手　顰眉波紋等〔現相〕
勇猛調服難調者　勇猛且極怖畏相

〔此〕開示五百忿怒尊共眷屬之形相。彼等之忿怒相，說為「顰眉波紋等〔現相〕」。「顰眉」，謂〔忿怒尊〕顰眉等相，次第具足如下：其髮及鬚黃色捲曲、眼紅色、卷舌而上牙壓着下唇、〔身〕短而肥壯、腹大而垂、四支伸展、肢端如金剛杵尖、以屍林及惡毒裝飾為其莊嚴、武器熾燃放光，頭帶頸飾、及住於熾炎中等，是即「〔具〕次第等」[9]。

若問：「誰具此諸等〔相〕」？答云：「無量無邊金剛手」。以其能降伏難調眾，故稱「勇猛」。以其具忿怒形相，故謂「極怖畏相」。又以其〔身穿〕虎裙, 故謂「勇猛」。

4 自手向上作旋擲　金剛杵尖出勝光
智慧方便之大悲　利益有情極殊勝

自毛孔放出金剛尖，即謂利他。「自手向上作旋擲」，謂自利。此即以大般若門證悟自利，以大悲門作利他，故此方便饒益有情最為殊勝。

5 具足悅樂作隨喜　顯現忿怒身形相
於行佛行怙主前　眾皆恭敬作曲躬

彼等一切〔金剛手〕眷屬亦對妙吉祥智慧勇識之事，

9 藏本此句作 rim par ldan pa ste sogs，意為「〔具〕次第等」。於梵本不同。

「**具足悅樂作隨喜**」。

其忿怒尊之形相已曾開示。〔彼等作佛事業。「佛」（sangs rgyas）者〕，sangs 謂捨成就，rgyas 謂智成就[10]，而「事業」則謂息災、增益、懷愛、誅滅〔四種事業〕。「**怙主**」者，謂彼等以此四種事業作眾趣依怙。而金剛手〔與其眷屬〕俱，安住於〔世尊前〕，「**恭敬作曲躬**」。

6 向彼怙主等正覺　世尊如來作敬禮
雙手合掌作恭敬　於前端坐而告白

安住已，〔金剛手眷屬〕向世尊如來、等正覺〔敬禮〕。此即大師圓滿，謂釋迦牟尼。稱其「**如來**」者，以其證悟不二之如如性而作眾趣之事〔謂利益六趣有情〕。〔稱其「**薄伽梵**」[11]者〕，以其能摧壞四魔，故謂「**壞**（bcom）」。以其具五智，故謂「**有**（ldan）」。以其超越常斷二見，故謂「**出**（'das）」。稱其「圓滿」者，則謂彼具無畏等力及不可思議之大功德，而「**正覺**」則謂三身。是故〔金剛手〕「**於前端坐**」，坐在大師圓滿釋迦牟尼前，身躬敬，持清淨語及具意勝解，「**合掌**」而作身行。「**告白**」，為接合前後文之用語。

---

10 「佛」梵文為 buddha. 但此篇釋文則分析藏文 sangs rgyas 來 解釋「佛」此詞。疑藏譯於此對梵本有所改動。

11 此處釋「薄伽梵」, 亦將其分析藏文bcom ldan 'das（壞、有、出）來釋。

7 請利益我饒益我　　遍主願能慈念我
令我得能如實得　　幻化網現證菩提

「**遍主**」者，謂〔世尊〕以大悲而遍入諸有情故。「**請利益我饒益我**」，謂〔世尊〕對金剛手作饒益。「**願能慈念我**」，謂〔願〕證得無二智，故〔金剛手〕祈請世尊宣說〔大幻化網之〕密續，以大幻化網門具殊勝方便，能令我等圓滿現證菩提。此頌乃〔金剛手〕為求自利而祈請（請問自事）。

8 無智泥中成沒溺　　有情煩惱亂心性
利益一切有情眾　　願令獲得無上果

復次，〔金剛手〕為求利他而祈請（請問他事）。

「**煩惱**」，謂五毒或三毒。此等煩惱令有情「**亂心性**」，受極度困苦。是故謂彼等「**無智**」，即無明。〔有情〕於「**無智泥中成沈溺**」，謂其沈溺於輪迴生死泥中。而「**有情**」者，謂六趣有情。能令彼等得涅槃樂，即能「**利益**」（諸有情）。「**願令獲得無上果**」者，謂為令〔六趣有情〕證得法身，而作祈請。

9 等正覺尊祈開示　　世尊教主世間師
證大誓句真實智　　勝解諸根心行者

若思維對何境而祈請，則謂對「**等正覺尊**」。「**世間**」者，謂六趣有情。〔「**師**」（bla ma）者〕，bla謂佛之密意，而ma謂教導、引伸、或生起〔佛之密意〕。「**教主**」，謂不受「未證悟」、「邪證悟」、「或疑惑」所礙。「**大誓句**」，謂不能超越彼。「了悟〔真〕性」[12]，謂如所有智，契入真如。「勝解諸根心行者」，謂彼得盡所有智，能了知一切所度有情之根心。

如是大師，即我所祈請之處。

10 於世尊之智慧身　　於大頂髻言詞主
妙吉祥智慧勇識　　出自顯現智化身

「於世尊之智慧身」，謂妙吉祥智慧勇識之法身，亦即「意」。「大頂髻言詞主」，謂〔法〕身之自性，以〔大頂髻〕不為菩薩以下作顯現。此乃無比及無礙之標誌。而「言詞主」，則謂其語圓滿成就。稱作「主」，謂其具此無盡之語。謂「出自顯現智化身」，以其非因緣所生故。

11 誦其殊勝真實名　　是甚深義廣大義
無比大義寂吉祥　　初善中善及後善

12 過去諸佛皆已說　　於未來亦當演說
現在究竟等正覺　　亦遍數數作宣說

具有如是身之妙吉祥智慧勇識，誦其真實名，乃最勝。故祈請開示其義。

「妙」（'jam pa），乃法身，不被種種分別苦所污染故。「吉祥」（dpal），乃色身，一切有情皆吉祥故。「智」（ye

---

[12] 藏本此句作 de nyid mkhyen，意為「了悟〔真〕性」。與梵本「真實智」不同。

shes），謂能了知智本依之義。「**勇識**」（sems dpa'），謂為有情利益而其心勇猛。「**名**」，即名相。「**真實誦名**」，謂無謬誤。「**殊勝**」，謂其無人能所匹敵。「**甚深義**」，謂其現證非為心境。「**廣大義**」，謂如是義無所周遍。「**無比大義**」者，「**大義**」謂如彼意串習，能生〔大義，此義〕悉具足自利利他；「**無比**」，謂〔其修習果〕非聲聞緣覺〔修習〕果同。「寂吉祥」，謂能離二障之身。「**初善中善及後善**」者，過去佛已説，謂「**初善**」；現在佛今説，謂「**中善**」；未來佛當説，謂「**後善**」。或「**初善**」為見，「**中善**」為修，「**後善**」為果。「**亦遍數數作宣說**」，謂莊重而說。

13 **大幻化網大續中　　大金剛持歡喜眾**
持密咒眾無量數　　唱讚宣揚請善說

「**大續**」，謂於四種〔密〕續中特別殊勝者。「**幻化網**」為此續之名。「**於…中**」，謂於一萬六千品中，今請宣説此讚頌品。「**金剛**」，謂空性。「**持**」，謂能了悟此〔空性〕義。「**大**」，謂無所匹敵，為報身。「**持密咒**」，謂了悟雙運之自性為法身。「**無量**」，謂無數化身。「**歡喜〔眾〕**」，謂祈請諸佛以歡喜〔心〕，讚頌妙吉祥智慧勇識之義，及宣説其義。

14 **怙主願我能受持　　諸等正覺之密意**
直及至於出離時　　我堅心意而受持

「**怙主**」乃一切有情之怙主，而「**等正覺**」乃三身。

「**密意**」則謂三身無分別。故「**願我能受持**」，謂願我等能得〔三身〕無分別義。「**直及至於出離時**」，謂直至未證得無住涅槃間，我等以堅固心而受持。

15 為諸有情請宣說　　隨順有情心差別
令其無餘斷煩惱　　令其無餘離斷滅[13]

此為求利他而說。

「**令其無餘斷煩惱**」者，〔「**煩惱**」〕謂煩惱障，而「**斷**」謂能清淨此等煩惱。「**無智**」謂所知障。「**無餘離**」者，謂清淨一切煩惱障及所知障。「**隨順有情心差別**」，謂如諸根之差異，祈請宣說義理。「**有情**」，謂具煩惱之補特伽羅。「**請宣說**」，謂祈請宣說於讚頌品中種種乘之義理。

16 如是密主金剛手　　至如來前作啟請
合掌告白而恭敬　　告已恭坐於其前

「**密主**」，謂其能於密咒得自在，此乃金剛手。「**如來**」，謂行無顛倒義。「**至如來前作啟請**」，謂啟請〔如來〕說種種乘之義理。「**合掌，告已恭坐於其前**」，謂以恭敬身儀於釋迦牟尼現前而住。

（上來請問十六頌）。

---

[13] 梵 ajñāna-hānaye，可直譯為「**離無智**」。此處用意譯。詳見《聖妙吉祥真實名經梵本校譯》（台北：全佛文化，2008）內【無畏譯記】。

17 **時釋迦牟尼世尊　　等正覺者兩足尊**
自面門出微妙舌　　靈動卷舒而廣長

當下，〔釋迦〕解說〔大幻化網〕續之加行。

「**爾時**」，謂無間過去而住於〔釋迦〕眼前之當時。（「**釋迦**」〔出有壞〕者），以其能摧壞天魔、死魔、煩惱魔、蘊魔等四魔，故謂「**壞**」；以其具大圓鏡智、平等性智、妙觀察智、成所作智、法界體性智等五智，故謂「**有**」；以其乃釋迦族王，故謂「**釋迦**」；釋迦語默，以其十力摧滅四魔，故謂「**牟尼**」。「**等正覺者兩足尊**」者，「**兩足**」謂天與人，而釋迦牟尼乃〔天與人之〕殊勝者。「**自**」，謂釋迦牟尼自身。「**面門出微妙舌**」，謂其色與形俱圓滿。「**長**」，指其長度，而「**廣**」，則指其濶度。「**靈動卷舒**」，謂由舌生出光明，能於欲界等三界作顯現，調伏四魔及怨敵。

18 **示現微笑以淨除　　一切世間三惡趣**
光明遍照三世間　　調伏四魔諸怨敵

緊接其後，〔世尊〕示現微笑而淨除三惡趣，此乃作清淨行之要義。

19 **以能周遍三世間　　美妙梵音作答讚**
讚彼秘密〔自在〕主　具大力之金剛手

「**梵音**」，謂六十支〔音韻〕。「**美妙**」者，以此悅意妙樂之語遍滿欲界等三界，由是對「**彼秘密〔自在〕主，具大力之金剛手**」之請問而答說。

20 **善哉吉祥金剛持　　善哉汝是金剛手**
汝為利益諸世間　　故是具足大悲者

〔若問釋迦牟尼世尊〕所說者何？

〔彼云：〕金剛手乃「**具足大慈悲者**」。為利益諸有情，「**汝**」示現為金剛手，現無自性身。誦妙吉祥之名號，由此名生唯一義。由是清淨障礙，消除罪業而遠離一切垢。

21 **誦彼妙吉祥智身　　真實名有大義利**
能作清淨除罪障　　於我精勤應諦聽

「**於我精勤應諦聽**」者，「**於我**」謂釋迦牟尼，而「**精勤**」則謂無間斷。

22 **我今當為秘密主　　為汝善妙作宣説**
心一境性而諦聽　　唯然世尊此善哉

〔上來〕，「**善哉吉祥金剛持**」，謂彼為自利而請問，故稱「**善哉**」。「**善哉汝為金剛手**」，謂彼為利他而請問，故稱「**善哉**」。「**為汝善妙作宣說**」者，謂由於金剛手請問自他義，故釋迦牟尼對其說道與果之義。而〔金剛手諦聽時〕心不散亂，故謂「**心一境性而諦聽**」。

「**唯然世尊此善哉**」乃連接語。

（上來答問六頌。）

23 **爾時釋迦世尊觀　　一切密咒大種姓**
即密咒持明種姓　　以及三觀修種姓

世尊釋迦牟尼觀照一切眷屬種種不同種姓。或觀照與本尊雙運之「**密咒**」種姓、或觀照具圓滿次第福緣之「**大種姓**」、或觀照（修）共生起次第與圓滿次第，稱為「**一切**」之補持伽羅、或觀照彼等補持伽羅，喜好單尊之「**密咒持明種姓**」。或「**觀照三種姓**」，即觀照身語意之種姓。

24 **世間出世間種姓　　能照世間大種姓**
最上大手印種姓　　及大頂髻大種姓

「**世間**」，謂以顛倒識作假施設。「**出世間**」，謂於涅槃中斷盡謬誤。「**能照世間**」，謂〔照明〕外道種姓，以其恆常相續前世。「**大種姓**」，謂回遮外道後而觀照波羅蜜多之補持伽羅。「**最上大手印種姓**」者，「**手**」謂超越識之空性，「**印**」則謂以此空性無不周遍。「**大**」謂能了悟如是〔空性〕之補持伽羅實無所匹敵，故謂「**最上**」。觀照「**大頂髻大種姓**」，謂觀照彼等不能被壓伏，故為殊勝無上之補持伽羅。

（上來觀六種姓二頌）。

25 **言詞主尊宣偈頌　　頌中具六密咒王**
彼是無生之法有　　無二相應而現前

「**言詞主**」，謂釋迦牟尼。「**偈頌**」，謂由攝集廣說，而攝集幻化網讚頌品之義。所宣說者何？自下來「**具六密咒王**」之字詞生起。「**密咒**」者，即雙運。「**王**」者，非尋常道故。「**六**」者，謂阿（a）字之組別（元音）。「**具**」者，謂具方便之種子字aṃ字。「**無二相應而現前**」者，於世俗諦，謂輔音與元音無二；於勝義諦，謂明空無二。「**無生**」，乃勝義諦。「**法有**」則為世俗諦。「**宣說**」者，謂以無分別之方便，對諸眷屬宣說。

以此開示緣起圓滿，並解說密續加行。

a, ā, i, ī, u, ū, e, ai　o, au, aṃ, aḥ shito hṛdi /
jñāna-murtir ahaṃ buddho buddhānāṃ tryadhva-vartināṃ

oṃ　vajratīkṣṇa duhkhaccheda prajñā-jñāna-murtaye
jñāna-kāya vāgīśvara arapacanaya　te namaḥ[14]

26 **a ā　i ī　u ū　e　ai　　o au aṃ aḥ 安住於心**
三身無分別諸佛　　我是佛即智化身

27 **嗡金剛利斷煩惱　　般若智化身智身**
辯自在五字文殊　　我今向汝作皈依

復次，開示其密續主體。

14　藏譯月官釋文中，對此二頌之音譯作註釋。

此即「**以種種乘方便道**」（135頌），而說種種乘之道。一般而言，於種種乘攝集其不可思議者有二種，即波羅蜜多乘及密咒乘。

從波羅蜜多乘之門來說，a, ā 乃布施波羅蜜多；i, ī 乃持戒波羅蜜多；u, ū 乃忍辱波羅蜜多；e, ai 乃精進波羅蜜多；o, au 乃禪定波羅蜜多；aṃ, aḥ 乃般若波羅蜜多。彼等並以長短音之差異來表示世間與出世間。於中，世間之布施謂施者、受施者、及施物三者而施捨。出世間之布施則謂三輪清淨。如是即知持戒等亦同理。

若從密咒乘來說，a, ā 乃光明而無分別之大圓鏡智；i, ī 乃離一切偏見之平等性智；u, ū 乃了知輪迴涅槃二者無二智之妙觀察智；e, ai 乃任運成辦有情利益之成所作智；o, au 乃彼等無分別智之法界體性智；aṃ 謂彼等智具空性；aḥ 謂以此智與空無分別之義，為自身修習之要義。

若問如何修習般若與智無二之義？故說sthito，以此開示住處圓滿，吉慶且悅意。hṛdi乃謂心要。若問此心要者何？jñāna謂五智，而murtir則謂相續，謂以此〔五〕智作相續修習之義。ahaṃ謂我，謂修習瑜伽者之義。buddho謂佛果。buddhānāṃ 則謂二種身。tryadhva-vartināṃ 則謂三身無分別。以其無分別義具五智，故謂 oṃ。以彼智斷一切種種分別，故謂vajratīkṣṇa，即金剛利。duhkhaccheda謂斷除煩惱。prajñā-jñāna謂般若與智，乃意。以其智相續不斷，故謂 murtaye，即相續。jñāna-kāya謂智身，乃身。vagīśvara謂語自在，乃語。如是此身語意，由觀察無生之見而生，故謂 a。串習大樂修行，故謂 ra。如是以此修習，儘管有謬誤而如蓮花不受污染，故謂 pa。由共生起次第及圓滿次第之行而解脫，故謂

ca。以覺而了知一切法無生，故謂 naya。能離對果之希求，故謂 te。此等義無謬誤，故謂 namaḥ。

以此等而說密續之義，攝集而成密咒。

（上來幻化網現證菩提次第三頌）。

28 如是世尊諸佛陀　　等正覺由 a 字生
a 字一切字中勝　　是具大義微妙字

「**如是世尊諸佛陀**」，謂上來所說之三身。「**正等覺由阿字生**」，謂阿字乃無生，由了悟無生而生〔正等覺〕之要義。「**阿字**」謂無生，乃第一義。「**一切字**」，謂世俗諦中一切諸法。「**勝**」者，謂無分別。以此而修行，自利利他由是生，故謂「**大義**」。以其乃無謬誤之道，故謂「**微妙字**」。

29 大生機者實無生　　此即遠離於言說
是一切說殊勝因　　令一切語放妙光

「**由內生起實無生**」[15]者，謂於一切法，法性無生而周遍。若說無生之自性，實「**遠離於言說**」，以其非為心境。「**是一切說殊勝因**」者，謂於無生而生一切。「**令一切語放妙光**」者，謂生起種種。此如是依妙吉祥智慧勇識之自性門來讚嘆。

---

15 藏本此句作khong nas 'byung ba skye ba med，意為「**由內生起實無生**」。與梵本不同。此謂由如來法身內生起，是即由智境生起一切識境，以智境具大生機故。

30 大供養者之大貪　　一切有情令歡喜
大供養者之大瞋　　一切煩惱大怨敵

「**大供養**」，為〔妙吉祥〕智慧勇識受供養處，故謂大供養。「**大貪**」，謂貪著有情利益。「**一切有情令歡喜**」，令一切所化〔種姓〕持續喜悅。「**大供養者之大嗔**」，即謂一切法空性無我。以其空性無我，能破一切煩惱，故謂「**一切煩惱大怨敵**」。

31 大供養者之大癡　　以愚癡心除愚癡
大供養者之大忿　　即大忿恚之大敵

「**大供養**」者，如前（頌30）之所說。「**大痴**」，即般若。「**愚痴心**」，即大般若，以此去除無明，故謂「**除愚痴**」。「**大忿**」，即妙吉祥智慧勇識。「**大忿恚**」者，能遠離一切種種分別心。「**大敵**」，即能除一切種種分別之義。又「**大忿恚之大敵**」，大忿恚為妙吉祥智慧勇識，而「**大敵**」謂妙吉祥所征伏者。

32 大供養者大慳貪　　一切慳貪皆斷除
大愛欲以及大樂　　大喜悅與大享樂

「**大慳貪**」，即妙吉祥智慧勇識。「**一切慳貪皆斷除**」，謂一切貪欲皆斷除。「**大愛欲**」，謂信心生起處。「**大樂**」，即法身。「**大喜悅與大享樂**」，謂二種色身能令一切有情歡喜。

33 **大形色與及大身　　大顯色與大形相**
大名與及大廣大　　以及大廣博壇城

「大形色與及大身」，謂以大色及大身之門作利益有情之義。「大顯色」，謂於白色等種種門利益有情。「大身量」[16]，謂「身」廣、「量」長。「大名」，為一切有情認許。「大廣大」，謂遍滿於一切有情。「大廣博壇城」，謂以一切壇城之門利益有情。

34 **大般若劍執持者　　持大煩惱鈎勝者**
具大名稱大美譽　　大顯現及大明照

「般若」，即空性，以此為兵器斷種種分別。「持」，具妙吉祥義。「大〔煩惱〕鈎」，謂能於煩惱淤泥中引導出。「大名稱」，謂對一切所調化皆聞其名。「大美譽」，謂功德無餘圓滿。「大顯現」，謂報身，而「大明照」，謂法身。

35 **賢者持此大幻化　　成就大幻化義理**
其樂為大幻化樂　　能幻大幻化所幻

「賢者持此大幻化」中，「賢者」謂通達有情利益，謂化身。「大幻化」，謂種種方便。「持」者，謂〔人生〕第五期[17]。「成就大幻化義理」，謂以生起次第之本尊門成就利

---

16 藏文lus bongs che「大身量」此詞不見於梵文根本頌。

17 佛家以人生第五期為死亡，此處即謂死亡為大幻化。

益。「**其樂為大幻化樂**」，謂以圓滿次第之門〔成就利益〕。「**能幻大幻化所幻**」，謂以生起次第及圓滿次第之共門利益有情。

36 大布施主最上尊　　大持戒者最殊勝
大安忍者具堅忍　　大精進者勝摧伏

今開示十波羅蜜多門之讚嘆。

布施有四種，即財施、無畏施、法施、及慈施。〔「**大**」者〕，謂此乃對三輪無所緣之出世間布施。此布施主乃妙吉祥智慧勇識，故稱其「**最上尊**」。

持戒有三種，即攝律義戒、饒益有情戒、及攝善法戒。「**大**」者，謂此乃對三輪無所緣之出世間〔持戒〕。「**持〔大淨戒〕殊勝者**」謂智慧勇識。

安忍有三種，即耐怨害忍、安受苦忍、諦察法忍三種[18]。「**大**」者，謂此乃對三輪無所緣之出世間〔持忍〕。「**具**」謂智慧勇識。「**堅忍**」謂不變。

精進有三種，即被甲冑精進、加行精進、及無厭足精進。稱其「征伏者」，以彼以精進力征伏輪迴故。

---

18 解深密經卷四地波羅蜜多品記載忍辱波羅蜜之類別，包括耐怨害忍（能忍受他人所作之怨害）、安受苦忍（能忍受所受之眾苦）、諦察法忍（能審諦觀察諸法）等三種。

37 **大禪定中住等持　大般若而持身者**
大力大方便具足　大願是勝智大海

禪定有二種，即止與觀。止乃〔心〕緣於一處。觀乃〔觀〕人法〔二〕我空。「**大**」者，謂此乃對三輪無所緣之出世間〔禪定〕。「**住等持**」，謂具智慧勇識。

般若有二種，即因般若與果般若。因般若謂聞思修三者。果般若謂無顛倒義。　「**大**」者，謂此乃對三輪無所緣之出世間〔般若〕。「**持身**」，謂智慧勇識。

「**力**」者，謂他人不能得之十種〔力〕。「**大**」者，謂此乃對三輪無所緣之出世間〔力〕。「**方便**」者，謂具不可思義之乘門。「**大**」者，謂此乃對三輪無所緣。「**願**」者，謂生起有情利益。「**勝智**」者，謂具如所有智及盡所有智。「**海**」者，謂具無盡智。

38 **大慈之類無量數　大悲則具殊勝意**
大般若者具大慧　大方便者大作業

今從慈悲事業及神通之門作讚嘆。

「**大慈**」，謂無偏，具無量慈。「**大悲則具殊勝意**」，謂智慧勇識。「**大般若者具大慧**」，謂唯彼智慧勇識。「**大善巧**」[19]，謂通達有情利益，而「**大方便**」，謂以種種乘之門。

19　藏文mkhas pa chen po「大善巧」，此詞不見於梵文根本頌。

39 **具大神通之能力　　大勢用及大疾速**
大神通亦大名稱　　大力用為征伏者

「**具大神通之能力**」，謂具不可思議神通，例如穿越建築牆壁、以無礙身作一切行、冒煙燃火〔等神通〕。「**大勢用**」，謂能摧破他力。「**大疾速**」，謂速疾於有情利益。「**大神通**」，謂智慧勇識。「**大名稱**」，謂其無所匹敵。「**大力用為征伏者**」，謂能調伏所化者。

40 **三有大山能摧壞　　大金剛持不可摧**
大殘暴即大緊張　　大怖畏中施怖畏

「**〔三〕有大山**」，謂三有，其大「**摧壞**」者，指無明。「**不可摧**」，謂明空無分別。「**大金剛持**」，謂悟入〔明空〕無分別之義。「**大殘暴**」，謂智慧勇識，而「**大緊張**」，謂以忿怒事業作調伏。「**大怖畏**」，謂我執，而「施怖畏」，謂開示離邊際之智。

41 **尊勝大明之怙主　　尊勝大密咒上師**
住於大乘義理中　　是大乘道尊勝者

「**怙主**」，謂對其尊敬之意。「**種姓**」[20]，則謂五〔種姓〕。「**尊勝**」，謂智慧勇識。〔「**上師**」〕（bla　ma）者，bla　謂佛之密意，而ma謂發出〔此密意〕。云何佛之密意？乃

[20] 藏文rigs「**種姓**」，此詞不見於梵文根本頌。

「**最勝大密咒**」，以其離邊。「**住於大乘義理中**」，謂其具菩薩道與果。以其對有情開示此如是之道，故謂「**是大乘道尊勝者**」。

（上來金剛界大壇城十四頌）

42 **彼大毘盧遮那佛　　具大寂默大牟尼**
自大密咒理出現　　具大密咒自性理

「**大毘盧遮那佛**」，是以五部為莊嚴之壇城。〔於中〕，「**佛**」謂斷圓滿與智圓滿之法身。「**大毘盧遮那**」謂相好莊嚴之報身。「**大成就**」[21]，謂以十二佛業作利益有情之化身。「**大牟尼**」，謂釋迦牟尼。「〔**具**〕**大牟尼**」，謂智慧勇識具釋迦牟尼佛功德之義。「**大密咒理**」，謂生起次第與圓滿次第。於中，

生起次第分外生起次第，內生起次第及甚深生起次第。外生起次第者，本尊或多或少皆可，唯修單尊。內生起次第者，修雙尊。甚深生起次第者，則修氣脈。圓滿次第者，能了知此等一切皆無自性。「**出現**」，謂〔出現〕三身。「**具大密咒自性理**」，謂智慧勇識具生起次第與圓滿次第之共自性。

21 藏文mdzad che「**大成就**」，此詞不見於梵文根本頌。

43 十波羅蜜多能得　　十波羅蜜多安住
十波羅蜜多清淨　　十波羅蜜多理趣

今讚嘆波羅蜜多，十地與不可思議法門。前已説畢十波羅蜜多。「證得」，謂汝證得智慧勇識之義。「住十波羅蜜多中」，謂住於利益有情之義。「清淨」，謂了悟一切波羅蜜多無分別。「理趣」，謂對有情開示十波羅蜜多。

44 十地自在之怙主　　安住於彼十地中
具十智清淨我性　　十智清淨受持者

「怙主」，謂智慧勇識。「十地自在」，謂能於十地得自在。「安住於彼十地中」，謂住於十地而利益有情。「十智」，即法智、類智、他心智、世俗智、苦智、集智、滅智、道智、盡智與無生智。「清淨」，謂了知聲聞之智無自性。「我性」，謂智慧勇識。

45 十行相十義義利　　寂默主十力遍主
行相無餘成利益　　於十行相大自在

「十行相」[22]，乃〔一者〕執持一；〔二者〕執持因；〔三者〕執持食；〔四者〕執持作者；〔五者〕執持具自力；〔六者〕執持常；〔七者〕執持一切雜染處；〔八者〕執持極清淨性；〔九者〕執持具瑜伽；〔十者〕執持未解脱解脱

22 十行相見《辯中邊論》大正・十七，頁470上。

性。「**十義**」之義，謂智慧勇識亦了解外道之十義。「**牟尼主**」，謂釋迦牟尼自在調伏〔四〕魔。「**十力**」，謂處非處智力、種種勝解智力、靜慮等持智力、解脱等至智力、染淨智力、業與業異熟智力、遍趣行智力、宿住隨念智力、死生智力、與漏盡智力[23]。以此十力利益有情而作遍主，故謂「**作諸利益至無餘**」[24]。

於作利益有情時，能被罪過所不染耶？

〔答〕：〔若能〕「**於十行相大自在**」，〔則不受染〕。「**十自在**」者，即壽自在、業自在、資生自在、勝解自在、願自在、神通自在、生自在、法自在、心自在及智自在[25]。以具此十自在，故不為罪過所污染。

46 **無始來時離戲我　　清淨我如如性我**
真實語而如其語　　如語而行不異語

今讚嘆三身門。初，讚嘆法身門。「**無始**」，謂因位為空性。「**離戲論**」，謂離諸罪過。「**清淨我如如性我**」，謂自性空。「**真實語**」，謂報身，其真實語，指大乘。「**如其語**」，謂真實諦。「**如語而行不異語**」，謂眷屬成就，即十地菩薩。

---

23 見《瑜伽師地論》（卷第四十九）T30，p0569a。

24 藏本此句作 kun gyi don ni ma lus byed，意為「**作諸利益至無餘**」。與梵本稍異。

25 見《佛說十地經》（卷第六）T10，p0561a。

47 以無二而說無二　　住於真實之邊際
由是無我獅子吼　　惡外道獸極怖畏

「**無二**」，乃勝義諦世俗諦無異離。〔「**說無二**」者〕，謂由此了悟而對有情開示無二。「**住於真實之邊際**」，謂開示此密續見地之教語。其「**真實邊際**」即無顛倒義，但無住於此正理之境，亦不住於一切密續及經論之境，及超越心意。「**由是無我獅子吼**」，謂化身，如獅子〔吼叫〕人法二無我之聲。譬如，獅子乃猛獸之王，以一音征伏一切無餘猛獸，令其怖畏。智慧勇識亦然，以無我之音，令如同惡獸之外道怖畏。

48 周遍一切不空趣　　疾速猶如如來意
勝者勝敵勝怨敵　　大力猶如轉輪王

「**周遍一切**」，謂行於一切時、一切處。「**不空**」，謂行於有情作利益。「**力**」[26]者，謂以十力作益。「**疾速猶如如來意**」，謂速疾於有情利益。〔「**勝者最勝勝怨敵**」者〕[27]「**勝者**」，謂聲聞；「**最勝**」，謂菩薩。「**勝怨敵**」，謂能斷盡一切障礙之佛陀。如是以化身作利益有情方便，此即猶如自轉輪王之門作利益。「〔**施**〕**大力**」，謂以種種方便門利益有情。

[26] 藏文stobs「**力**」此詞不見於梵文根本頌。

[27] 藏本此句作rgyal ba dgra rgyal rnam par rgyal，意為「**勝者最勝勝怨敵**」。於梵本稍異。

49 **眾之主尊眾之師　　眾王眾主具自在**
以其執持大威德　　大理不受他人引

〔「**眾之主尊**」者，〕「**眾**」謂聲聞，而「**主尊**」則謂成化身之釋迦牟尼。復次，〔「**眾之師**」者〕，「**眾**」謂獨覺，而「**師**」則謂獨覺之阿闍黎，例如三部怙主[28]。復次，〔「**眾王**」者〕，「**眾**」謂菩薩比丘，而「**王**」則謂報身之毘盧遮那。復次，「**眾主**」謂離邊智之法身。「**具自在**」，謂智慧勇識具此等一切義。「**大威德**」，謂智慧勇識，而「**愛護**」[29]，則謂其所化者。「**持**」，謂由於具悲心而不捨離。「**大理**」，謂大乘，而「**不受他人引**」，謂對他人不作願求。

50 **語王語主辯無礙　　言説之主詞無邊**
以真實語説真實　　是四聖諦宣説者

〔「**語王**」者，〕「**語**」謂不了義語；「**王**」則謂化身。〔「**語主**」者，〕「**語**」謂大乘之語；「**主**」則謂圓滿受用身。「**辯無礙**」，謂能得語之義理。「**言説之主詞無邊**」，謂既了悟後，復為他人説真實語。「**四聖諦**」，謂於聲聞道解説四諦為苦諦、集諦、滅諦、道諦。「**宣説者**」，謂智慧勇識。

28　佛部怙主為妙吉祥；金剛部怙主為金剛手；蓮花部怙主為觀世音。

29　藏文gces par「**愛護**」此詞不見於梵文根本頌。

51 以不退轉故不還　　麟角喻獨覺者師
種種出離中出離　　大本有中唯一因

「**以不退轉故不還**」，謂四雙八輩[30]，此乃聲聞之果。「**師**」，謂智慧勇識，以其導一切有情。「**獨覺**」，謂彼等以逆行十二因緣方法而修之補特迦羅，彼具大般若，為能斷我之阿闍梨，不喜作有情利益。其種姓具極度我慢，以自身般若觀察而修止觀。「**麟角喻**」，謂其果猶如麟之獨角。「**種種出離**」，謂三十七菩提分。「**生起**」[31]，謂如小鳥群飛。「**大生起**」[32]，謂無論何時於有情利益都不生起不勝解，故謂「**唯一因**」，以此乃菩提心之精要。

52 阿羅漢漏盡比丘　　離欲調伏諸根境
得安樂亦得無畏　　得清涼亦無垢濁

「**阿羅漢漏盡比丘**」，謂迦葉等阿羅漢以不可思議變幻利益有情。「**離欲**」，謂內持寂靜。「**調伏諸根境**」，謂調伏外〔所緣〕境。「**得安樂**」，謂得涅槃；「**得無畏**」，謂除四魔。「**得清涼**」，謂離彼顯現為貪之苦。「**無垢濁**」，謂離礙。

---

30 四雙八輩，即四向四果之聖眾。四雙：預流「向」及預流「果」為一雙，如是一來、不還、阿羅漢各一雙。八輩：預流向、預流果、一來向、一來果、不還向、不還果、阿羅漢向、阿羅漢果。佛住世時，教團即四雙八輩之集合，故四雙八輩亦謂教團之賢聖眾。

31 藏文 'byung ba「**生起**」此詞不見於梵文根本頌。

32 此詞藏文為'byung ba chen po。'byung ba可解作「生起」或「大種」。按此釋文之上文下理，頌文末句應譯為「**大生起是唯一因**」。此與梵本不同。

53 **圓滿明行足　善逝世解勝**
無我無我所　安住二諦理

「明」，謂增上定學。「足」，即戒、慧學處二者之表徵。「善逝」，謂智慧勇識。「世勝解」，指了悟所化者之〔心〕續。「無我無我所」，謂離自〔心〕續之分別執。「二諦」，即世俗諦與勝義諦。「安住」其「理」，謂了悟〔二諦〕無差別。

54 **已到輪迴彼岸邊　所作成辦住於岸**
唯一智中所浮現　以般若器作斷除

「輪迴彼岸」，即見道。「到…邊」，謂第十一地。「所作成辦」，謂圓滿二資糧。「住於岸」，謂得涅槃。「唯一智中所浮現」，謂由如所有、盡所有之門而利益有情。「般若器」，謂空性。「作斷除」，謂〔除〕一切實事。

55 **妙法之具明法王　能照世間故最勝**
法之自在法之王　是妙善道宣說者

「妙法法王」，謂無謬誤之正見。「具明」，謂無執着之智，是即為修。「能照世間故最勝」，謂對種種顯現不貪求，是即為行。「法」，謂輪迴涅槃。「自在」，謂能證得自主。「法之王」，謂智慧勇識。「妙善道」，謂〔勝義世俗〕諦無二之道。「宣說」，謂為有情〔而宣說〕；「者」，謂汝自性。

56 **義成就及願成就　　一切分別盡捨離**
無分別界無窮盡　　勝妙法界無有盡

「義成就」，謂自利，而「願成就」，則謂他利。「一切分別盡捨離」，謂離能執所執。「無分別界無窮盡」，謂無增上與減損之義。「勝妙法界無有盡」，謂具足無盡功德，是一切凡夫愚痴所轉依。

57 **具福得積福資糧　　智為大智之生處**
唯知有無之智者　　是能積集二資糧

〔「具福得積福資糧」〕，謂「福」由積集福德資糧而生。「智」，謂智慧資糧。「大智」，謂無上智。〔「唯知有無之智者」中〕，「智」即謂如所有智、盡所有智；「知有無」即謂於一切邊際中解脫。「二資糧」，謂福德資糧、智慧資糧。「積集者」，謂智慧勇識。

58 **常住遍勝觀行者　　定中所觀具智尊**
內自證智不變動　　本初最勝持三身

「常」，謂法身。「遍勝」，謂征伏輪迴。「觀行者」（rnal 'byor）中，rnal 即謂法性，而 'byor 則謂心與其相應。「具」，謂具足。「定」，即止觀。應如是思惟，則謂「所觀」。「智」，謂般若。「具」，謂智慧勇識。「智尊」，謂其超越九地以下。「各各」[33]，謂輪迴涅槃；「自證」，

[33] 藏文 so so「各各」，此詞不見於梵文根本頌。

謂〔自證〕於心；「**不變動**」，謂於輪廻涅槃，心識皆不動搖。「**最勝**」，謂自證；「**持三身**」，謂法、報、化三身；「**持**」，謂智慧勇識所持。

59 **佛陀五身性　　遍主五智性**
頂冠五覺性　　五眼持無著

「**佛陀五身性**」，謂具法身、報身、化身、自性身、大樂身。「**遍主**」，謂為有情利益而周遍。「**五智性**」，謂大圓鏡智等。「**五覺性**」，謂毘盧遮那佛等。「**頂冠**」，為智慧勇識之頂嚴。「**五眼**」，謂肉眼、天眼、法眼、佛眼、慧眼。「**持無著**」，謂無貪著。

60 **一切諸佛之生者　　無上尊勝諸佛子**
無生處而智出有　　離三有者法生處

「**一切諸佛之生者**」，即汝智慧勇識為三時一切佛之父母，由如是門而讚嘆。「**無上尊勝諸佛子**」，即汝〔智慧勇識〕亦為一切善逝之子，由如是門而讚嘆。

更者，假若智慧勇識之自性已離一切因緣，如是稱作「**尊子**」有否生處之過失耶？

非也。智慧勇識者，其三有自性無生，故無生處可言，由是無生處之過失。

或曰：若智慧勇識之自性於三有無生，但於心境中卻覺有實事性，此豈非過失耶？

非也。「**法**」謂一切輪迴涅槃。其「**生處**」者，即謂其依一切緣而生，本性則無生。〔由是〕「**離三有**」，故無實事性之過失。

復次，若一切無生，則各各有法皆各自無生，此豈非患「**多**」之過失耶？

此實無「**多**」之過失。有法雖無量而各各為異，但其本性則唯一而無生，故〔下頌云〕：「**唯一不壞金剛性**」，故無「**多**」之過失。

61 **唯一不壞金剛性　即生即作世間主**
虛空中生自然生　大般若智如大火

「**不壞**」，乃不可分割。「**金剛**」，乃空性。「**性**」，則具空性周遍一切之義。

若行離多之道，此豈非有行道或作意之過失耶？

非也。若以「**即生即作世間主**」作抉擇時，此實開示自聲聞緣覺至佛之密意，故無〔行〕道之過失。

若云生否，智慧勇識以因緣而成就故，此豈非患有為造作之過失耶？

非也。故云：「**虛空中生自然生**」。以從因緣而不生，而等同虛空自然生，故無造作之過失。

若云如虛空，虛空乃無思無念之境，此豈非患斷見之過失耶？

非也。〔故云：「**大般若智如大火**」。〕「**般若**」為空性，而「**智**」則為明。以明空無分別，故無斷見之過失。此無分別如「**大火**」燒除種種分別。

62 遍照大光明　智光遍照耀
智炬世間燈　大威光燦爛

若云大火，以火燃燒後而無實事，此豈非患無物之過失耶？

非也。故云：「**遍照大光明**」。以此〔「**遍照**」〕即無分別，於〔「**大光明**」中〕定有顯現，故無無物之過失。

若云如〔大光明〕般〔遍〕照，則有能照所照二法生起。此豈非患無明之過失耶？

非也。故云：「**智光遍閃耀**」。此如星不受雲所覆蔽而遍閃耀，智亦如是般無所不知，故無無明之過失。

若云閃耀，此豈非有方分之過失耶？

非也，故云：「**智炬世間燈**」。於此無方分與區別，故無方分之過失。此如智慧勇識般，「**大威光燦爛**」。

63 明王尊勝密咒主　密咒王作大義利
希有頂髻大頂髻　虛空主現種種相

「**尊勝密咒**」乃阿字，即無生。能內自證無生則謂「〔**密咒**〕**主**」。「**明王**」者，乃於一切密咒中得自在。「**密咒王作大義利**」，即作本尊雙運之義利。「**希有頂髻大頂髻**」，即具無礙力之身。「**虛空**」即空性，而「**主**」即智慧勇識。「**現種種相**」，乃對有情〔而現〕。

64 **諸佛我性最勝有　　〔觀照〕世間歡喜眼**
由是隨現種種色　　大仙供養且尊重

「**諸佛**」即三世善逝，而「**最勝有**」即智慧勇識。以其具喜悅一切有情之智慧眼，故以種種色身利益有情。「**仙**」，指無過失之佛。稱其「**大**」，乃謂其具功德。以此等為汝作供養，乃至以語作讚誦。

65 **具持密咒三種姓　　受持大誓句密咒**
護持三寶為最勝　　最上三乘說法者

「**三種姓**」即身、語、意。「**密咒**」具般若與方便。故「**持密咒**」者，謂契入他之所持。「**最勝**」，謂以其無所匹敵。「**三寶**」，具應作頂於頂上之義。「**三乘**」，謂以聲聞、緣覺、菩薩乘之門作有情利益。

66 **不空罥索能勝伏　　金剛罥索大攝受**
金剛鐵鈎大罥索　　怖畏金剛能怖畏

「**有義**」[34]，謂利益有情；「**罥索**」乃大悲之罥索。「**勝伏**」謂能勝伏輪迴。「**大攝受**」，謂攝受有情。「**金剛**」即空性；「**罥索**」即大悲。「**金剛鐵鈎大罥索**」，為護門者之標

34　藏文 don yod「**有義**」，此詞不見於梵文根本頌。

誌。謂其「**大**」，以其為索與鈴之標誌。「**怖畏金剛**」，謂以大威德壇城中十三本尊之門利益有情。「**能怖畏**」，謂五毒轉為五智。

（上來清淨法界智二十五頌）

67 六面怖畏忿怒王　　六眼六臂皆具力
張牙露齒佩髗鬘　　訶羅訶羅毒百面

「**六面怖畏忿怒王、六眼六臂皆具力、張牙露齒佩髗鬘**」，謂以六面童子壇城中十三本尊利益有情。「**訶羅訶羅**」即謂一點一點穿鑿[35]。「**百面**」，謂以百面尊壇城門利益有情。

68 閻鬘德迦障礙王　　具金剛力怖畏相
金剛名稱金剛心　　幻化金剛具大腹

「**閻魔敵**」（gshin rje gshed）者，gshin 為死王；rje 為生命主；gshed 為忿怒之對治。或gshin 為三界有情；rje為我之自身，gshed　為生起圓滿二次第。以其能滅除四魔，故謂「**障礙王**」。彼於閻魔敵之壇城作利益有情。而能知此等一切壇城無自性，故謂「**具金剛力**」。稱其「**具怖畏相**」，以其能令〔有情〕對輪廻界〔生怖畏〕。稱其「**金剛名稱**」，以其於空性中作種種顯現。「**金剛心**」，即空性與種種〔顯現〕無

[35] 於穿鑿時，每一鑿即發一hal（訶羅）聲。

分別。「**幻化金剛**」（sgyu 'phrul rdo rje）者，sgyu 為幻術，即空性；'phrul 指顯現種種；rdo rje 為無分別。「**大腹**」乃忿怒身。

69 金剛生處金剛主　　金剛心髓如虛空
不動一髻具傲慢　　所著大象生皮衣

「**金剛生處金剛主**」，謂於〔金剛〕空性中顯現〔金剛〕空性化身。「**金剛心髓如虛空**」，即譬喻與〔譬喻〕義。「**不動**」，即堅固。「**一髻具傲慢**」，謂其頭髮。「**所着大象生皮衣**」，謂其肩披。

70 發哈哈聲大肉緊　　發嘻嘻聲嚴畏相
發哄笑聲發大笑　　金剛笑聲大雷音

「**發哈哈聲大肉緊**」，謂其向他眾開示方便與般若。「**發嘻嘻聲嚴畏相**」，謂其對自相續作實修。「**發哄笑聲**」，即示歡喜。「發大笑」，即示極歡喜。「**發出金剛大笑聲**」[36]，謂其開示空性。

71 金剛薩埵大薩埵　　金剛王者具大樂
金剛暴惡大歡喜　　金剛吽聲作吽吼

「**金剛**」，即空性。「**薩埵**」（sems dpa'）者，sems為明

[36] 藏本此句作rdo rje gad mo cher sgrogs pa，意為「**發出金剛大笑聲**」，與梵本稍異。

解，dpa' 為無分別。「大薩埵」，謂其〔利益〕他眾。「金剛王者具大樂」，指報身。「金剛暴惡大歡喜」，指忿怒身。「金剛吽聲作吽吼」，謂名句（字母）[37]。

72 **執持金剛箭兵器　　金剛劍能斷無餘**
金剛眾持諸金剛　　獨股金剛能退敵

「執持金剛箭兵器，金剛劍能斷無餘」，謂意印相門。「金剛眾持身金剛」[38]，即謂其〔金剛眾〕持金剛身，是指身門。「獨股金剛能退敵」，謂以空性回遮輪迴。

73 **惡目生起金剛火　　髮鬘即如金剛燄**
金剛遍入大遍入　　金剛眼為一百眼

「惡目生起金剛火」，謂彼具智眼。「髮鬘即如金剛燄」，謂其頭髮。「金剛遍入大遍入」，謂其妙安住。「金剛眼為一百眼」，謂彼具不可思議眼。

74 **金剛尖毛遍於身　　集金剛毛成一身**
指甲端如金剛尖　　金剛堅固厚硬皮

「金剛尖毛遍於身」，謂一切毛髮如細小金剛杵安住。「集金剛毛成一身」，謂一切身遍滿金剛〔杵〕。「指甲

37　此處暗指種子字。

38　梵本根本頌無藏文sku「身」一詞之對應。

端如金剛尖」，謂一切支分如同金剛杵尖。「金剛堅固厚硬皮」，謂彼具金剛皮。

75 持金剛鬘具吉祥　　金剛莊嚴為莊嚴
哈哈高笑成妙音　　六種子字金剛音

「持金剛鬘具吉祥，金剛莊嚴為莊嚴」，謂其具金剛莊嚴。「哈哈高笑決定吼」[39]為無能勝之語。「六種子字金剛音」即 a, ra, pa, ca, na, ya。

76 以妙音發大響聲　　三世間中唯一音
既周遍於虛空界　　較世間音為最勝

「妙音發大響聲」謂智慧勇識。「三世間中唯一音」，謂其〔妙音〕於三有無所不聞。「於虛空界作聲吼」[40]，謂彼對遍虛空界之有情發甚深廣大吼聲。「諸有聲中為最勝」[41]謂成諸行中最勝。

（上來大圓鏡智十頌）

---

39 藏文nges par sgrogs「決定吼」此詞不見於梵文根本頌。

40 藏本此句作nam mkha'i khams na sgra sgrogs pa，意為「於虛空界作聲吼」，與梵本不同。

41 藏本此句作sgra dang ldan pa rnams kyi mchog，意為「諸有聲中為最勝」，與梵本不同。

77 如如真實而無我　　於真實際離字句
宣說空性具力尊　　甚深廣大發雷音

「**如如真實而無我**」，謂人我法我皆空。「**於真實際離字句**」，謂〔如如〕超越言說及名言，棄除諸見，由是名言消除，所有宗輪悉皆隱沒。「**宣說空性具力尊**」，即智慧勇識，乃於一切尊中之最勝。〔「**甚深廣大發雷音**」者〕，「**甚深**」即密咒乘；「**廣大**」即波羅蜜多乘；「**發雷音**」即對所調化而發。

78 法螺大樂音　　法犍椎大音
於無住涅槃　　十方鳴法鼓

「**法螺大樂音**」，即〔上頌〕所言之甚深。「**法犍椎大音**」，即〔上頌〕所言之廣大。然則，如其所說之智慧勇識本性為何？故云「**於無住涅槃**」，以此具離邊義。而其說周遍一切〔界〕，故云「**十方鳴法鼓**」。

79 無色或具上妙色　　及意所生種種色
吉祥光照一切色　　是持影像無餘者

「**無色**」，即法身。「**上妙色**」，即報身。「**及意所生種種色，吉祥光照一切色，是持影像無餘者**」，即化身。復次，說「**意所生**」，即指瑜伽行見[42]。

---

[42] 藏文之 rnal 'byor spyod pa，即瑜伽行派。然月官於此處實指唯識宗，當時唯識派流行，故通稱唯識宗為瑜伽行派。

80 **無能勝故稱大主　　於三界中大自在**
住於最極聖道中　　樹大賜福之法幢

「**無能勝故稱大主**」，謂其具無等而周遍一切之義。「**三界**」，即欲界等。「**自在**」，則謂於此〔三界〕得權力。「**聖道**」，即八支[43]。「**最極**」，即十一地。「**大賜福**」，謂其圓滿而具一切功德。「**法**」，謂一切輪迴涅槃。「**幢**」，謂彼等〔諸地〕之頂。

81 **三界唯一孺童身　　耆年長老或生主**
亦持三十二種相　　端嚴受三界鍾愛

「**三界**」，即欲界等。「**孺童身**」，即妙吉祥童子所現〔身〕。「**耆年長老或生主**」，謂於聖羅漢之門利益有情。「**三十二相**」，即七處隆滿相、長謂相、足跟廣平相、身廣長相、身毛右旋相、眉間白毫相等，以十二相為莊嚴。「**端嚴受三界鍾愛**」，即具指甲如赤紅色等八十隨形好。

82 **具世間解功德師　　辯才無礙世間師**
三界歸心勝怙主　　皈依無上救護處

「**世間**」，謂了知輪迴無自性。「**解**」，謂了知涅槃無自性。「**師**」，即智慧勇識。「**辯才無礙世間師**」，乃諸有情主。「**勝怙主**」，即涅槃。「**界**」，即輪迴。「**歸心**」，謂對

43　此即說八聖道，即正見、正思惟、正語、正業、正命、正精進、正念、正定。此乃三十七道品之總結。

有情現端嚴〔相〕。「皈依」，謂無餘教化。「救護」，謂能調伏。「無上」，謂無匹敵之智慧勇識。

83 遍空受用樂　一切智智海
劈破無明殼　能壞三有網

若問：是否唯於此處作所教化之利益？故云：「遍空受用樂」。此義謂所教化之利益遍滿虛空。「一切智智海」，即盡所有智。以此利益有情，能「劈破無明殼」。「無明」者，謂不知業因果、〔三〕寶與〔二〕諦。此礙於解脫與涅槃，如同蛋殼。「劈破」者，謂去除無明障。（故下云：「能壞〔三〕有網」）。「有」即三有，「網」即無明，「能壞」即摧破。

84 無餘煩惱息　渡越生死海
戴冠作智灌　等正覺莊嚴

然此非唯止於摧破無明。故更云：「無餘煩惱息」。「生死」即生老病死四者。「海」喻為難渡。「渡越」即喻為到涅槃。「智」，謂了知住於本始之義。「灌〔頂〕」，謂以此〔智灌〕而得自在。「冠」，謂以持正等覺之莊嚴，作為毘盧遮那之頂嚴。

85 **三苦諸苦皆寂息　　三盡無邊三解脫**
一切障礙悉得離　　住於虛空平等性

「**三苦**」即行苦、壞苦、苦苦。「**諸苦**」即八苦。能於此等得解脫，故謂「**寂息**」。「**三盡**」即身語意三者清淨。「**無邊**」即無餘。「**三解脫**」即證三身。「**一切障礙**」乃煩惱障與所知障。能清淨〔二障〕，故謂「**悉得離**」。「**住於虛空平等性，超越一切煩惱垢**」，謂平等住。

86 **超越一切煩惱垢　　三時無時住究竟**
一切有情之大龍　　功德頂冠之冠頂

「**三時無時住究竟**」，謂後得智。「**一切有情**」，即六趣有情。「**大龍**」，即喻為佛。「**功德頂冠**」，謂十地菩薩。「**冠頂**」，謂成彼等最高之智慧勇識。

87 **從諸蘊解脫　　妙住虛空道**
持大如意寶　　寶中勝遍主

「**身**」[44]，即色。「**諸**」，即聲、香等。「**解脫**」者，謂對此等一切之超越。此如〔《金剛經》〕云：「**若以色見我，以音聲求我，是人行邪道，不能見如來**」[45]。「**妙住虛空道**」，謂專注於空性義。如是智慧勇識為利他而設如意寶、如意樹、善妙門等喻，以此等門利益有情，故謂「**寶中勝〔遍**

44 藏文為 lus 身。此詞不見於梵本根本頌。

45 見《金剛般若波羅蜜經》（大正藏 卷八，752頁上）。

主〕」。

88 **大如意樹極豐茂　　最勝廣大善妙瓶**
能作有情諸利益　　慈憫有情能利樂

唯以利他為主，故謂「能作有情諸利益」。彼亦對有情「能利樂」。「慈憫」者，即怙佑。

89 **知淨不淨復知時　　了知誓句具誓主**
知根器且知時機　　亦精通於三解脫

「知淨不淨」，謂知弟子根器差別；「知時」，則謂知教法次第。「遍主」[46]，謂其大悲無所不遍。「了知誓句」，謂其不逾越〔誓句〕而作有情利益。「知時機」，謂知應否調伏，應否不調伏之時機。「知根器」，謂知所調化根器之利鈍差異。「三解脫」，即聲聞乘、緣覺乘、菩薩乘。其「精通」者，乃智慧勇識。

90 **具功德者知功德　　知法讚嘆生吉祥**
一切吉祥中吉祥　　具福名稱淨善名

「具功德」，謂成就自利；「知功德」，謂成就利他。〔「知法吉祥生吉祥」[47]者〕，「法」，即輪迴涅槃〔二

46 藏文khyab bdag「遍主」此詞不見於梵文根本頌。見此頌之【無畏譯記】。

47 此句藏文為chos shes bkra shis bkra shis 'byung，意為「知法吉祥生吉祥」。詳見此頌之【無畏譯記】。

法〕。「知」，即知〔其二法〕無自性。「吉祥」，乃無間斷，是為見；「生吉祥」，是為果。〔「一切吉祥中吉祥」者〕，「一切吉祥」，是為修；「吉祥」，是為行。「名稱」，謂智慧勇識，以其名聞於諸有情。如何名聞？以「淨善名」。

91 **大法筵中大蘇息　　得大歡喜與大樂**
恭敬承侍悉具足　　勝喜吉祥名稱主

「大蘇息」，謂於自種種分別心中蘇息。「大法筵」，謂令一切所化生歡喜悅樂。「大歡喜與大音樂」[48]，以種種方便作演奏。「恭敬承侍悉具足」，謂成諸有情供養之所依。「勝喜」，謂金剛喻定，即十一地。「名稱」，謂於一切經續中名聞。「主」，即智慧勇識。「吉祥」，謂〔二者〕：悟入自利後而通達之清淨吉祥；以悲心作有情利益之利他吉祥。

92 **具勝施勝最尊勝　　無上皈依皈依處**
大怖畏之最勝敵　　怖畏消除更無餘

「具勝」，謂具三十二相與八十隨形好。〔「施勝」中〕，「勝」乃大乘；「施」謂向十地菩薩開示。「尊勝」，乃十地菩薩之主。「無上皈依皈依處」，即智慧勇識。「世間敵」[49]，謂輪廻。以其能於〔輪廻中〕作依怙，乃無上皈依。故謂「最勝」。「怖畏消除更無餘」，指消除輪廻。

---

48 藏文 rol mo「大音槃」，此詞不見於梵文根本頌。

49 藏文 'jig rten dgra「世間敵」，此詞不見於梵文根本頌。

93 **頂髻分結成分髻　結吉祥草戴頂冠**
如是五面具五髻　五髻各繫花冠帶

「**頂髻**」，謂於頭頂長髮結成〔髻〕者。「**分結**」，謂以寶簪簪定。「**分髻**」，則謂〔結髮〕於頂，而餘髮則下垂。髮「**結吉祥草**」，謂綑住長髮而尖端不綑。「**戴頂冠**」，謂以種姓主戴於頂上。「**如是五面具五髻**」，謂以五面文殊壇城利益有情。〔「**五髻各繫花冠帶**」者〕，「**五髻**」即五面之髮各別有旁髻；「**花冠帶**」即結成莊嚴。

94 **持大禁戒作圓頂　以梵行為最上戒**
苦行究竟大苦行　最上沐身喬達摩

「**作圓頂**」，謂剃頭髮與口髭。此乃比丘之規矩。此亦相當於梵行者〔之規矩〕。「**大禁戒**」，即聲聞、緣覺之苦行。而「**最上戒**」，即持明行。「**苦行究竟大苦行**」，謂十二種[50]。若問誰作如此行者？答云：「**喬達摩**」，即釋迦牟尼。而其住處圓滿，為善淨住[51]，即如王舍城鷲峰山等處。

---

[50] 此疑謂十二頭陀。於《佛說十二頭陀經》云：「阿蘭若比丘。遠離二著形心清淨行頭陀法。行此法者。有十二事。一者在阿蘭若處。二者常行乞食。三者次第乞食。四者受一食法。五者節量食。六者中後不得飲漿。七者著弊納衣。八者[仁-二+旦]三衣。九者塚間住。十者樹下止。十一者露地坐。十二者但坐不臥。」（大正藏，第十七冊 No. 783，720頁下）。

[51] 梵本以「沐身」喻為善淨住。

95 **梵婆羅門知淨梵　　於梵涅槃得證時**
釋離度脫度脫身　　解脫寂性之寂者

「梵」，即善生之色身。「婆羅門」[52]，即妃后之中脈。「淨梵」，謂於初禪天，自惡不善法成清淨。「於梵涅槃得證時」，謂〔得〕第二金剛喻定。〔「釋離度脫度脫身，解脫寂性之寂者」〕，「釋離」謂自輪迴〔釋離〕；「度脫」謂得涅槃；「度脫身」謂善逝身；「解脫」謂自種種分別中解脫；「寂」指煩惱障；「寂性」指所知障。

96 **涅槃寂滅與寂靜　　妙出離即盡邊際**
淨除苦樂至究竟　　離欲即為諸蘊盡

「寂滅」謂菩薩；「寂靜」謂佛；「妙出離即盡邊際」謂声聲聞與緣覺。「淨除苦樂」，謂超越輪迴涅槃眾邊際。「至究竟」，謂非為心境。「離欲」即離貪等欲，「諸蘊盡」即更不具有漏蘊。

97 **無能勝亦無倫比　　不明不現不能顯**
不可分之周遍行　　微細無漏離種子

「無能勝」即四無畏[53]。「無倫比」謂法身離邊際。如上來之所説義，〔法身〕於識覺境為「不明」，於心境為「不

52 藏文「梵」與「婆羅門」互掉。今依梵本，初說「梵」，次說「婆羅門」。

53 四無畏即一切智無所畏、漏盡無所畏、説障道無所畏、説盡苦道無所畏。

現」，於教法為「不能顯」。「不變」[54]，謂以相續而常住。「一切行」，謂生起種種。「周遍」即智慧勇識。「微細」謂難通達；「無漏」謂離煩惱；「離種子」謂離無明。

98 **無塵離塵與離垢　　遠離過失離疾患**
妙悟遍覺之自性　　遍智遍知故善妙

「無塵」即法身。「離塵」即報身。「離垢」即化身。「遠離過失離疾患」謂智慧勇識。「妙悟」謂以願力而醒覺。「〔遍〕覺之自性」則謂與有情之利益相和合。若問如何相和合[55]？答云：〔以「遍智遍知」而相和合〕。「遍智」即如所有智，「遍知」即盡所有智。「善妙」謂無分別。

99 **超越心識與法性　　得持色相無二智**
無分別而無功用　　三世正覺作事業

「超越心識與法性」即離尋伺識。「得持色相無二智」謂明空無分別。「無分別而無功用」乃事物成存在之正理。「三世正覺」謂過去、現在、未來〔諸佛〕。彼等作一切佛之事業，故謂「作事業」。

---

54 藏文 mi 'gyur「不變」此詞不見於梵文根本頌。

55 相和合，意即「雙運」，無異離且無變異。

100 佛陀無始終　本初佛無因
唯一智眼淨　如來具智身

「佛陀無始終」者，「始」即生，故空；「終」即滅，故空。「本初佛」即法身。以其離一切因緣，故謂「無因」。「唯一智眼淨」者，謂具智眼之報身。彼說大乘，故謂「淨」。「如來具智身」謂化身。

101 大言說者辯自在　言說權威言說王
說者中尊最尊者　言說獅子無能勝

「大言說者辯自在」，謂其能通達不了義語。「言說權威言說王」，謂其能通達了義語。「說者中尊最尊者」，謂其能通達不了義與了義二者。無補特伽羅能勝伏彼，故謂「言說獅子」。而彼無有匹敵，故謂「無能勝」。

102 具勝喜而遍見者　具火鬘為眾樂見
吉祥德相具光輝　手光嚴飾光音光

「遍見者」，謂對有情〔作遍見〕。由是生起安樂，故謂「具勝喜」。「具火鬘為眾樂見」，謂眾皆適悅。「熾焰妙光吉祥相」[56]，即無分別意。「手光熾盛光照耀」[57]，謂對一切有情顯示其嚴飾。

---

56 此句藏文為'od 'bang 'bar ba dpal gyi be'u，意為「熾焰妙光吉祥結」，與梵本稍異。

57 此句藏文為lag na 'od 'bar snang ba po，意為「手光熾盛光照耀」，與梵本稍異。

103 **大良醫中最勝者　　能除痛刺故無比**
亦是無餘諸藥樹　　能作煩惱病大敵

〔「**大良醫中最勝者**」〕，謂彼如殊勝大醫，能除有情痛刺，是故無比。「**無餘諸藥樹**」，即八萬四千法蘊。而〔其所能醫治〕之諸病，即八萬四千煩惱。以〔諸藥樹〕能摧滅〔煩惱病〕，故稱為〔煩惱之〕「**大敵**」。

104 **可喜三界標幟相　　吉祥星宿具壇城**
十方虛空無盡際　　廣大樹立勝法幢

「**可喜三界中殊勝**」[58]，即三世間之調伏者。「**吉祥星宿具壇城**」，謂以吉祥星宿之中圍門利益有情。〔「**十方虛空無盡際**」者〕，「**十方**」即住處；「**虛空**」即廣大；「**無盡際**」謂時間。若問如何廣大？則答：「**廣大樹立勝法幢**」，以其對諸所調化立善。

105 **世間廣大唯一傘　　慈悲壇城為所具**
吉祥蓮花舞自在　　廣大遍主大寶傘

「**世間**」，即諸有情。「**傘**」，謂能於種種煩惱熱苦中作依怙。「**唯一**」，謂無所匹敵。「**廣大**」，即周遍一切。「**慈**」，謂願一切有情能得樂。「**悲**」，則謂願一切有情能離苦。與此二者不異離，乃「**壇城**」。「**吉祥**」，謂二色

58 藏本此句作sdug gu 'jig rten gsum gyi mchog，故譯為「**可喜三界中殊勝**」，與梵本不同，然意義則無別。

身。〔彼二者〕不被過失所染，故謂「**蓮花**」。何謂「**舞自在**」？譬如無論如何作舞，唯以身作行而無他。如是，智慧勇識無論如何作事業，唯利益有情而不作其他。「**廣大遍主**」，則如前之所說。「**寶傘**」，謂於諸欲求生時，傘能於苦熱中作依怙。

106 一切佛大王　　持諸佛性身
諸佛大相應　　諸佛唯一教

「**諸佛大威光**」[59]，謂其能普照一切。「**持諸佛性身**」，謂其具足三身。「**諸佛大相應**」，謂於〔真〕諦無異離。「**諸佛唯一教**」，謂無生之自性乃唯一。

107 吉祥金剛寶灌頂　　一切寶主自在者
一切世間自在主　　一切金剛持主尊

「**金剛寶**」，謂以寶冠及金剛冠〔作灌頂〕，是故灌頂吉祥。「**一切寶主自在**」，謂於諸欲求現時而得自在。「**世間自在**」，即觀自在色身。「**一切…主**」，謂利益所化。「**金剛持**」，即金剛手。「**一切…主尊**」，即妙吉祥。

---

59 藏本此句作sangs rgyas kun gyi gzi brjid che，可譯為「**諸佛大威光**」，與梵本不同。

108 一切佛大心　住一切佛意
一切佛大身　一切佛辯語

「**一切佛大心、住一切佛意**」，說金剛手自性。「**一切佛大身**」，說妙吉祥自性。「**一切佛辯語**」，說觀自在自性。

109 金剛日之大明照　金剛月之無垢光
離根本欲即大欲　種種色為熾燄光

「**金剛日之大明照、金剛月之無垢光**」，謂以念誦之方便，詮釋般若與方便之自性。念誦之方便有二：壇城輪之念誦法，與單尊之誦讀法。壇城之念誦法，謂如同智慧勇識壇城之生起而如是生。上顎生起月輪，乃方便之自性。下顎生起日輪，乃般若之自性。舌上生起金剛〔杵〕，乃無漏之自性。於元音與輔音中念誦。此外〔單尊〕之念誦亦同。

「**離欲**」，即〔法〕相乘；「**大欲**」，即密咒乘。「**等等**」[60]之義，乃兼攝二者之義。「**種種色**」，謂以種種乘利益有情。

110 佛金剛跏趺　持佛唱讚法
吉祥蓮花生　持一切智藏

「**金剛**」，即空性義。「**跏趺**」，謂於空性中平等住。「**佛**」，謂由此門而得涅槃。彼為利益情而現二種色身，故

60 梵文根本頌無此詞，說根本欲與大欲，已有等取二者之意。

謂「**持佛有情法**」[61]。於輪迴中住而不為諸過失所污染，故謂「**吉祥正覺蓮花生**」[62]。「**一切智**」，即盡所有智。「**藏**」，即如所有智。

111 持諸幻化王　　廣大佛持明
金剛利大劍　　清淨勝文字

「**王**」，謂輪廻涅槃之尊。以其具種種方便，故謂「**諸幻化**」。「**廣大**」，謂具佛之十八不共法，即十力、〔四〕無畏[63]等。若問：誰具此等？答曰：「**佛持明**」。亦即具捨成就與義成就之智慧勇識，以彼持〔十八不共法〕。「**金剛利大劍**」，説標幟與表義。標幟者，以右手持劍為標幟。表義者，以金剛〔杵〕表義為空性。以〔劍〕之利斷除無餘分別。而空性義如同劍，故説劍。「**清淨勝文字**」，亦説標幟與表義。標幟者，乃〔手〕執般若經。表義者，即「**勝文字**」，阿字。以其喻為無生，故謂「**清淨**」。

---

61 藏本此句作sangs rgyas 'gro ba'i chos 'dzin pa，故譯為「**持佛有情法**」，與梵本不同。

62 藏文sangs rgyas「正覺」一詞，實見於梵文根本頌: buddha-padmobhavah śrīmān。

63 見《阿毘達磨俱舍論卷》第二十七，分別智品第七之二：「**且初成佛盡智位修不共佛法有十八種。何謂十八。頌曰。十八不共法、謂佛十力等。論曰。佛十力四無畏三念住及大悲。如是合名為十八不共法。**」（大正藏，第二十九冊，No. 1558，140頁上）

112 **大乘能斷諸苦惱　　金剛法為大兵器**
金剛甚深勝中勝　　金剛覺如義理知

「**大乘**」，謂具菩薩之道果。以此能於輪迴得救度，故謂「**能除諸苦惱**」。「**大兵器**」，乃劍等；「**金剛法**」，即經卷。「**金剛甚深**」，謂意。〔「**勝中勝**」（jina-jik）者〕，jina 即語；jik 即身。「**金剛覺**」，即了知空性之般若。「**如義理知**」，即知其一切。

113 **波羅蜜多盡圓滿　　於一切地具莊嚴**
究竟清淨法無我　　正智如月心光燦

「**波羅蜜多**」，謂十地。「**圓滿**」，謂證悟之義。「**地**」，謂初地至十一地。「**一切**」，謂聲聞、緣覺之地。「**具莊嚴**」，謂智慧勇識具〔以上〕此等之一切。「**究竟清淨**」，乃第一義諦。「**法無我**」，謂離人法二我。「**正智**」，即法界智。「**如月之光**」，乃報身。

114 **幻化網大精勤者　　一切密續最勝主**
全數金剛結跏趺　　而持無餘智慧身

「**大精勤者**」，謂具精進之化身。〔「**幻化網**」者〕，「**幻**」即空性、「**化**」即化現種種、「**網**」即無二義。「**一切密續**」分五：言詞續、義理續、二俱續、瑜伽續、無上瑜伽續。能成此等一切之根本續，故謂「**一切密續最勝主**」。又義理續可分六：續之自性、言詞、分類、性相、異門、事業。精通此等一切之智慧勇識，謂「最勝主」。〔「**金剛法座具無餘**」〕[64]，「**金剛法座**」謂開示生起本尊座之儀軌與支分。「**金剛**」，即空性。「**具無餘**」，謂具蓮花日月座。「**持無餘智慧身**」者，〔「**智慧**」〕，即五智；「**身**」，即五部〔種姓〕；「**持無餘**」，謂具眷屬。如是，由五部眷屬所具之門，成智慧勇識利益有情。

115 **普賢具妙慧　　地藏持眾生**
一切佛大藏　　持種種化輪

今，為說以十地菩薩之門利益有情，故說「**普賢**」、「**具妙慧**」，即妙吉祥；「**地藏**」、「**持眾生**」，即觀世音。以此相利益有情。「**一切佛藏**」，即五智無分別之法界智。謂其「**大**」，以其無所匹敵。如是以此智，說「**持種種化輪**」，即說以本尊顯現廣略之種種差別，作利益有情之義。

116 **一切有具勝自性　　一切有皆持自性**
是即無生法諸義　　諸法自性能執持

「**一切有**」，即一切輪迴涅槃。其「**自性**」乃空性。此即無分別，是故「**具勝**」。若能以平等住而持〔一切有〕之空性義，即謂「**一切有皆持自性**」。「**無生法**」者，謂於如是平等住中，無論如何皆不成就〔實事〕，但於後得則有種種，即「**諸義**」〔生起〕。「**諸法自性**」即謂〔無生法與諸義〕雙運

64 此句藏文為 rdo rje gdan ni ma lus ldan，與梵文根本頌稍異。詳見此頌之【無畏譯記】。

自性如幻。「執持」，謂能證悟此義。

117 **一剎那間大般若　　證一切法而能持**
現觀一切諸法者　　上智牟尼知究竟

「大般若」，謂智慧勇識。以其能一剎那間證悟一切法無自性，故謂「一剎那間〔大般若〕、證一切法而能持」。「一切諸法」，即一切輪迴涅槃法。「現觀」，謂於持無生而得解脫。四魔皆無能勝於〔「牟尼」〕。彼具「上智」，即了知如性之智。由是於輪迴中解脫，故謂「知究竟」。

118 **無動最極澄明我　　持於等正覺菩提**
即一切佛之現證　　智火熾燄極光明

「無動」，指為有情利益而無動。「最極澄明我」，謂能悅諸有情意。「持於等正覺菩提」，謂利他悉圓滿。「一切佛之現證」，謂法性義現前而得證悟，此猶如菴磨羅果置於掌心。「智火熾燄極光明」，謂能對治之智如火，燒掉種種分別心。

（上來妙觀察智四十二偈頌）

119 **最上所樂義成就　　一切惡趣悉清淨**
一切有情勝導師　　一切有情令解脫

「所樂義成就」，乃成就自利利他。「最上」，謂究竟到達第十一地。「**一切惡趣悉清淨**」，謂清淨一切有情之相續。於此應知觀想次第如下：應知埋葬遺體、焚屍、善住及護摩，由是「**一切惡趣悉清淨**」。以其能作一切有情之依怙，故謂「**勝導師**」。「**一切有情令解脫**」，此句易解。

120 煩惱陣中獨勇猛　　摧殺無知傲慢敵
具足樂空智吉祥　　具持勇健醜惡相

「**煩惱**」，指八萬四千煩惱。「**陣**」，即戰場。「**獨勇猛**」，謂智慧勇識。「**無知**」即無明；「**敵**」乃貪與瞋；「**傲慢**」即我慢；「**摧殺**」謂能去除。「**吉祥**」，謂二種色身。「**智**」乃覺，即法身。「**具足樂空**」，謂能從輪迴解脫。「**具持勇健醜惡相**」，謂以此等忿怒尊形相，振動一切百臂，舉步進止而作舞。

121 振百手而揮諸杖　　足進止而作舞者
百臂旋動而吉祥　　遍滿虛空之舞者

「**百臂旋動而吉祥**」，乃肢體之差別。「**遍滿虛空之舞者**」，乃所作業之差別。

122 大地壇城之分界　　以一足底力壓之
足拇指爪復抓壓　　淨梵天界之尖頂

「**大地壇城之分界**」，乃住處之差別。「**以一足底力壓之**」，乃坐相之差別。「**足拇指爪復抓壓、淨梵天界之尖**

頂」，乃廣大之差別。如是，智慧勇識具此等差別忿怒尊形相，作利益有情。於此，作成就者應當知降魔之儀軌，具有百面忿怒尊之我慢，及作忿怒尊之稱讚，即右伸、〔復〕左展、圓頂、〔擇〕氏宿〔日〕。其後，即可暢順進入儀軌。

123 不二法義即唯一　是最勝義不可壞
種種表義色法義　具心與識之相續

「**不二法義即唯一**」，其法義即離四邊之義。此為「**最勝義**」，以其乃離異門之最上義。亦為「**不可壞**」，以其不受輪廻過失所污染。「**種種表義**」，謂能知一切所調化之心相續。「**色法義**」，謂對凡所調伏皆變現合適之形相而作調伏。「**具心與識之相續**」，謂了知一切有情心相續。更者，不僅了知，亦於「**有境無餘皆具樂**」。

124 有境無餘皆具樂　樂空是即無上智
有法之貪超越後　於三有中具大樂

「**有境無餘皆具樂**」，説空性之唯一義。〔「**樂空是即無上智**」者〕，「**樂空**」謂得樂空者具貪著〔三有〕心，亦具足大悲。

若問：具大悲而不離貪著，會成輪廻否？答云：「**有法之貪超越後**」，謂捨離貪著之自相續。「**三有**」，謂欲界、色界、無色界之有。於此等生歡喜，故謂「**具大樂**」。

125 **清淨猶如白雲白　妙光猶如秋月光**
端嚴猶如初日輪　大紅爪甲具光輝

「清淨猶如白雲白、妙光猶如秋月光、端嚴猶如初日輪」，乃譬喻不為過失所污染。

126 **妙髻頂尖帝青寶　勝髮押以大青玉**
大摩尼珠吉祥光　佛所變現莊嚴具

「大紅爪甲具光輝、妙髻頂尖帝青寶、勝髮押以大青玉」，讚嘆三十二相、八十隨形好之門。「大摩尼珠吉祥光」，謂於譬喻門作讚嘆。「佛所變現莊嚴具」，謂於百億之四洲示現化身。

127 **百世間界皆震動　〔四〕神足具大趣向**
持大憶念具如性　四念住之等持王

「百世間界皆震動」，謂令輪迴動搖之義。「〔四〕神足具大趣向」，謂以勝解等持等四種神足利益有情。「具如性」，謂智慧勇識。彼具五智，故謂「持大憶念」。「四念住」，即身念住、心念住、受念住、及法念住。「等持王」，謂得金剛喻定。

128 **七覺支花香　如來功德海**
解八正道旨　知覺正覺道

「〔七〕覺支」，即正念覺支等七覺支。「花」，乃端嚴之義。其「香」，能令心滿足。「如來功德海」，謂具〔十〕力、〔四〕無畏、佛之〔十八〕不共法。「八正道旨」，即正見、正思惟、正語、正業、正命、正精進、正念、正定等八正道。能對此等得證悟，故謂「知」。「知覺正覺道」，謂自證無顛倒義。

129 **大愛著於諸有情　實無所著如虛空**
於諸有情意中生　疾速如諸有情意

「大愛著於諸有情」，謂對有情而說。儘管作有情利益而不為過失所污染，故謂「實無所著如虛空」。「於諸有情意中生」，謂以隨順有情之身而作開示。由是能疾速利益有情，故謂「疾速如諸有情意」。

130 **知一切有情根境　移一切有情心意**
知五蘊義之如性　持五蘊之極清淨

「知一切有情根境」，謂了知所調化心相續與根器之差異。故能誘導所調化之意，是謂「移一切有情心意」。「五蘊」，即色、受、想、行、識五者。知其「如性」，謂知無常、苦、及無我。由是能持無漏之五蘊，故謂「持五蘊之極清淨」。

131 **住諸出離之邊際　　能善巧於諸出離**
住諸決定出離道　　於諸出離能宣說

「住諸出離之邊際」，謂等捨而住金剛喻定。「能善巧於諸出離」，謂了知一切道。「住諸決定出離道」，謂自己以〔此道〕而行。如是以此道向他眾宣說，故謂「於諸出離能宣說」。

132 **拔除十二有支根　　而持十二清淨相**
具知四諦行相義　　八智覺知而受持

「十二支」，乃十二因緣。「拔除十二有支根」，即能清淨無明。「而持十二清淨相」，謂能清淨十二因緣。「具知四諦行相義」，謂能證悟苦、集、滅、道四諦。「八智覺知而受持」，謂能清淨八識聚。

133 **具有十二諦義相　　能知十六如如相**
以二十相成正覺　　一切勝解遍覺者

「具有十二諦義相」，謂了知四諦十二行相[65]理。「能知十六如如相」，謂證悟十六空之義。「以二十相成正覺」，謂五蘊各具苦、空、無常、無我等四種，故共為二十相。「一切勝解遍覺者」，謂能解悟輪廻涅槃一切法。

[65] 此處所說之四諦十二行相，可參考月賢稱釋論，詳見本書285頁。

134 **無量諸佛之化相　　令顯現為億萬身**
剎那現證於一切　　亦知一切剎那心

「**無量諸佛之化相、令顯現為億萬身**」，謂對一切作勝解者化現不可思議之單尊、壇城輪、靜忿身等諸身。「**剎那現證於一切**」，謂能於剎那邊際，通達法性義。「**亦知一切剎那心**」，謂能於剎那解悟一切有情一切心相續。

135 **以種種乘方便道　　令顯現為世義利**
由是三乘定出離　　而唯住於一乘果

「**以種種乘方便道、通達世間眾義利**」[66]者，「**種種乘**」，意說「乘」之門不可思議。於此當知，廣分有八萬四千〔門〕；中分有十二分教；略分有三藏、三乘、殊勝無上乘、外道諸乘云云。

於彼外道見者有二，斷見與常見也。於彼，隨順涅槃類經之阿闍梨，破自性我。於食屑師許我實事為正欲，〔破〕云：〔此我實事〕是有為、抑是無為？若是有為則成無常、若是無為則損實事。

諸餘增上因者，我當考察伽毘羅師之「我常」。〔破〕云：彼乃實事、抑非實事？若云非實事，則「我常」失壞；若云實事，則〔更破〕云：彼「我常」能作利益、抑不能作利益？若云彼不能作利益，則凡不能作利益者，猶如空花；若云彼能作利益。〔則破云〕能漸作利益抑頓作利益？若能

66　藏文為theg pa sna tshogs thabs tshul gyis 'gro ba'i don la rtogs pa po，與梵文根本頌畧異。

漸作利益者，即成無常；若能頓作利益，則成為諸少小者亦能作勇健者之事。

諸斷見者亦不應理，以其〔許〕斷後能生故、前際後際無欺故，不成「斷」之自性，是故諸〔斷見〕外道者即不如理。

諸內道者有三種，即聲聞乘、緣覺乘、菩薩乘。

聲聞乘者，斷除補特迦羅我之垢後，許法我二取為勝義。於彼許外境為粗色極微聚，此聚合許多不可分割之球形極微而成，〔由此許〕當知彼等亦具凡愚理。彼等極微雖可集聚、重甚或乃至無間隙而住，然若以六方分而作分別，則一極微亦不成立。一既不成，多亦不能成立。如是一、多皆不能成立，則外境義亦無。

緣覺者，於外境義為一多所妨難，然〔一多〕畢竟無有；〔彼〕許內能取之覺為勝義，然彼亦不成真實。以凡取不成境之境，其能取知，無論何時必為非理，譬如取不成白者之白，其能取知不能成立。若士夫得天授以棒，彼因此賦性，稱為有棒者則合理，若無棒，稱天授有棒者則為非理。

菩薩乘有二，即瑜伽行與中觀。

瑜伽行有二，即實相與虛相。於彼，實相許認知白、紅等種種相之映相為真；許離人我及法我之識為勝義。若對彼〔實相之執〕作區分，則復有二：〔一者〕許顯現為多而識則為一之體性真實；〔二者〕許顯現為多而識亦為多種真實。

第一非理。若境與識，為一抑或為異？若為一者，以多種相故，亦應成多種識；若境與識異，聲聞〔所說〕為何不行？

第二亦非理。若境受量所妨礙，何不亦妨礙覺知？復次，此相輪，以迷惑之識執取、抑以無迷惑之識執取？若以惑為所取，則與實相立宗相違；若以無惑為所取，則一切皆當已見為真實。

假相派承許二種行相。〔一者〕，以識之受用相而見〔識〕覺，〔二者〕為涅槃智。於涅槃智當知亦有二種，即具垢、及自證清淨。

依具垢之傳規，許此種種相輪於等持受用中不顯現，而於後得中顯現。若依自證清淨之傳規，則許見道後得無相輪。

此〔二者〕唯是領受，永不成理，以永落於識故。彼，汝之勝義識，乃生抑或不生？若生而後有，則其為由自生抑或由他生？若謂乃由自生，則自性成或不成？於自成則不須生，於不成則無有生。若或曰由他生，則此「他」為常抑或無常？若曰由常而生，以不變故，不能成為因。或曰由無常生，則以無常為時所攝故，即當問過去、現在、未來三者，從何者而生？以無過去、未來兩種相故，不能成為因；或曰由現在而生，以因果同時故，能生所生非理。故壞生而後有之宗。

若曰不生而有，則實無有不生而有者，猶如虛空花。

是故許為魔所執之〔識〕覺知為實事，即無有解脫之名，自身亦唯破滅。

中觀亦有二種，說諸法如幻，說極無所住。

幻宗非理，由量不能證成幻，且幻只是因由，非是真實，是故令如幻失壞。

〔若許〕極無所住，當知兩種相：即知勝義諦〔相〕及世俗諦〔相〕。勝義諦者有兩種：即異門及非異門；世俗諦者有兩種：正與倒。此乃最勝之宗，即無上密咒乘，除此之外別無他者。

然則波羅蜜多與密咒乘無別耶？於彼〔如是〕勇於思維者，於義，其差別僅如一塵，故無〔差別〕。於方便及道支，則〔見〕其差別不可思議。如云：「義一亦無惑，方便無多難，主宰利根故，咒乘最殊勝」。

如是彼由種種乘之門能利益眾生者，即汝智慧勇識也。

「**三乘**」，即聲聞、緣覺及菩薩乘也。

「**出離**」，說唯初地之諦，依三乘而得。究竟十一地之智慧者，乃唯依殊勝無上乘而得，故曰「**而唯住於一乘果**」。

136 煩惱界具淨我性　　盡諸業界能滅盡
平息暴流而渡過　　觀修稠林能出離

「**煩惱界具淨我性**」，謂能淨輪廻之果。「**盡諸業界能滅盡**」，謂能淨輪廻之因。「**於諸河海中渡過**」者[67]，「河」謂貪欲之河、〔三〕有之河、無明之河、我見之河。此等河如海〔暴流〕難以渡過，故謂「海」。若能於此等一切得解脫，故謂「**渡過**」。若問以何作渡過〔海暴流〕之方便？答云：以

67 藏文為chu bo rgya mtsho kun las brgal，意為「於諸河海中渡過」，與梵本不同。

「**觀修閑寂處**」[68]。「**觀修**」，即福德智慧二資糧雙運。「**閑靜處**」為出離，是即空性。如是於修習二資糧與空性中出現。

137 **煩惱隨煩惱雜染　　以及習氣皆捨離**
般若方便具大悲　　不空世間成義利

「**煩惱**」，謂貪、瞋、癡、妒、慢、邪見。「**隨煩惱**」，謂二十隨煩惱，即忿、恨、覆、惱、嫉、慳、諂、誑、憍、無慚、無愧等。「**雜染**」，謂具煩惱之意。「**習氣**」，即阿賴耶識。「**皆捨離**」，謂能於此等解脫。如是了達自利後，為有情說大悲、般若等。以此大悲與般若之門，於「**不空世間成義利**」。

138 **捨離一切概念義　　持於識境之寂滅**
具足有情諸意境　　趣入一切有情意

「**捨離一切概念義**」[69]，謂從相執中解脫。「**識**」，謂能執之識、「**境**」，謂外境。如是於心境中解脫，謂「**寂滅**」。「**具足有情諸意境**」，謂於所調化之心識上顯現本尊身。「**趣入一切有情意**」，謂了悟無分別智之義。

68 此句藏本與梵本不同，梵本作「**觀修稠林**」。

69 「**概念**」為意譯，傳統譯為「**想**」(‘du shes)。

139 **住入一切有情意　　於彼心中平等住**
滿足一切有情意　　一切有情意具樂

「住入一切有情意」，謂此無分別智住於一切有情之心相續。「於彼心中隨順住」[70]，謂隨順此等有情之心差別而說法。「滿足一切有情意、一切有情意具樂、捨離立宗之過失」[71]，是能利益有情至究竟。

140 **捨離立宗之過失　　一切迷亂皆消除**
於三世得無疑智　　一切義利三德性

「一切迷亂皆消除」，謂捨離邪分別。「於三義[72]得無疑智」，謂於三時[73]具離二意之心。「一切義利」，謂利益諸有情，以極成就，由轉依之菩薩以下，乃至外道以上作義利。若問如何利益外道，則答云：以「三德性」。此即以心力、塵、暗三種作義利。復次，轉究竟成就心而作義利，謂得「一切義利」。

141 **五蘊義於三時中　　每一刹那善觀察**
刹那現證等正覺　　具持一切佛自性

「五蘊」，謂色、受、相、行、識〔五〕蘊。彼〔五〕蘊除施設他法外，於三時中任何時作觀察，無論如何皆不

70　藏文mthun par「隨順」，此詞不見於梵文根本頌。

71　「捨離立宗之過失」本為140頌首句，藏本則攝入此處。

72　藏文don gsum「三義」，此詞不見於梵文根本頌。

73　梵本「三世」，藏作「三義」，但釋文說為「三時」。

可得，由是無自性。於此或設難：若云三時中任何時作觀察，然則剎那是否存在？答云：「**每一剎那善觀察**」。此即以三時中即剎那亦為非有，此猶如於極微有方分之過失。「**剎那現證等正覺**」，謂自十地至十一地，能於時間極限之一剎那而了悟。或當知本尊應以一剎那之念而圓滿生起。「**具持一切佛自性**」，謂金剛喻定。

142 **無支分身最勝身　　觀察諸身之邊際**
無餘色相能變現　　寶幢具大摩尼頂

〔「**無身之身勝妙身**」者〕[74]，「**無身**」，謂離分別之身，即法身；「**身**」，即報身；「**勝妙身**」，即化身。「**觀察諸身之邊際**」，謂由於通達而了知一切身。「**無餘色相能變現**」，謂對凡應調伏者皆以相應之色身作調伏。「**寶幢具大摩尼頂**」，說何所欲求皆能生起之譬喻。

（上來平等性智二十四頌）

143 **諸等正覺者所悟　　皆為無上佛菩提**
密咒生處無文字　　說為三部大密咒

「**諸等正覺者所悟**」，謂應通達者，或當應知者，乃「**無上佛菩提**」，即無住涅槃。若問其性相，答云：「**密咒生處無文字**」。此即離一切心境。如是，由此無生義，化現

74 頌首句藏文為lus med lus te lus kyi mchog。與梵本「**無支分身最勝身**」稍異。

其生之種種神變，故謂「**三部大密咒**」，此即生起身語意種種之義。

144 **生出一切真言義　　皆由無字大明點**
五文字者即大空　　百字亦實為空點

「**生出一切真言義**」，其一切義謂息災、增益、懷愛、誅滅。

於息災之事業，若僅能書寫、受持、執持或讀誦此〔密〕續，一切逆緣皆能寂息。

於增益之事業，能增廣諸受用，及能增益功德蘊。

於懷愛之事業，任何欲求皆能堅穩及能鉤召。

於誅滅之事業，乃消除、切斷、壓伏諸苦惱之事業。

此等事業，為修幻輪加行時所應知。

幻輪修習次第如下。於裹屍布或人皮，以黑羽翎作筆，染上死者之血與毒。持咒者成閻魔敵慢，於夜半向南方畫輪。以四線成九宮，半半分成三十二〔格〕，畫於水牛腹。於二者間放置成就物，寫ma-ra-ya〔三種子字〕。

修念輪次第如下：於輪幅有十，寫上十〔種子〕字。於其臍上放置成就物。放置時，密咒如下：

yama-rāja-sadomeya / yame doruṇa yodaya / yada yoni rayakṣeya / yakṣe yacchani rāmaya / chegemo māraya phaṭ / oṃ hrīḥ ṣṭrīḥ vīkṛtānana hūṃ phaṭ

以此咒作轉動。

此次第如下。以不受自身過失所污染之嘎巴拉〔天靈蓋〕鑲合成器，如上來所說作鉤召事業已，於勝善中〔修〕雙運，及以修念圓滿、壓伏、調伏、護摩等為前行。

又「**生出一切真言義**」，謂汝智慧勇識之義。「明點（thig le）」者，thig 謂正直，無謬誤；le 謂周遍一切。「**空**」，謂無自性。「**文字**」，謂世俗之表徵，即一切有情。「**百**」，謂表徵個別或眾多之詞。

145 **一切形相無形相　　十六半半持明點**
超越支分與算數　　持於第四禪之頂

「**一切形相**」，乃無等比相，即一切世俗本尊之輪。「**無形相**」，乃圓滿次第，了知本尊輪無自性。

或「**一切形相**」，說真相唯識；「**無形相**」，說假相（唯識）。

「十六」，謂十六脈瓣。「半」即心（輪）之八脈瓣。第二「半」謂四輪。「明點」，乃為菩提。此等脈管，如引水管，為血及血脂、與明點之所依。此等明點光住於種子字。復次，一時作成就者入閻魔父母慢，生起脈道之等持。以外為本尊相，內為脈道相。其右脈為血脈（rasanā），左脈為精脈（lalanā），中脈為阿哇都帝（avadhūtī）。此又有〔命脈〕具四相：白、黃、紅、色好。其所住依於脊柱。其粗細如稻桿之量。其長短自頂大樂輪至密處。此大脈如同大河，一切小河集聚於此。如是一切脈亦集聚其內。四輪依之，如依車軸而住。

於此，提下氣而燃起拙火，住於阿哇都帝，由是〔臍間〕幻化輪脈內一切生熱，明點如酥油般溶化而住。溶化後，觀想於密處大樂熾燃。

復次，燃起拙火，令心間法輪脈內一切生熱，觀想一切明點溶化後，於心輪領受〔大樂〕。

復次，燃起拙火，令喉間受用輪脈內一切生熱，觀想一切明點溶化後，領受大樂。復次，燃起拙火，令頭頂大樂輪脈內一切生熱，觀想一切明點溶化後，領受大樂。如是，此乃氣脈明點之次第修者。

「**持**」，乃具有義，具六神通乃至不可思議之神變。

上來開示有相之圓滿次第。

又，「**十六**」，謂十六空之境界。「**八**」，乃有境之八識聚。「**四**」，乃 evaṃ mayā 種子字，開示輪廻涅槃。於此有些阿闍梨主長此乃外壇城之線次第。「**超越支分與算數**」者，〔「**支分**」〕指一般密續觀修；離一切計數〔算數〕，任何自性皆不得成，任何思惟亦無。此實超越名言與一切法戲論。

復次，「**支分**」乃表徵戲論相之文字聚。「**超越算數**」，即滅錯亂分別而了知實事。如是令心安住，入大平等住。「**四禪**」，乃世間禪，即第一、第二、第三、第四〔禪〕。「**持於 … 之頂**」，謂於此等〔禪〕中最能成就上來所說之空性。

146 **知一切禪定支分　　等持種姓及傳承**
等持身為最勝身　　一切受用身之王

「**一切禪定支分**」，謂首楞嚴等三摩地，具不可思議。其「**知**」，謂通達生起、離計算之義。「**等持種姓**」，謂能證悟世間出世間一切等持。「**知傳承**」，謂以修習三摩地為果，知一切有情。如是通達三摩地，謂得「**等持身**」。此即實際上具智慧勇識義。「**等持身為最勝身、一切受用身之王**」，與下頌「**化身亦為最勝身**」，說此密續之果。以三身為果，乃世俗諦，而自性身實不可分，故為勝義諦。

147 **化身亦為最勝身　　受持諸化佛傳承**
周遍十方而化現　　隨宜世間作義利

「**周遍十方而化現**」，謂化身之特殊功德。若問：其所具有何特殊？答云：「**隨宜世間作義利**」，此即適應有情而作義利。

148 **天中天及諸天主　　天帝及阿修羅主**
無滅天主與天師　　摧壞天摧壞天王

「**諸天主**」即毘紐天（viśṇu）。「**天中天**」即百供施天。「**阿修羅主**」即羅睺天（rāhula）。「**天帝**」即帝釋。「**無滅天主與天師**」即木曜星（brhas-pati）。「**摧壞天**」即非天之主毗摩質多羅（bimmlatsitra）。「**摧壞天王**」即羅剎王楞伽城十首（lanka）。「〔**自在**〕**王**」即大天（mahadeva）。若設難：汝妙吉祥智慧勇識以種種世間形像化現，豈非受〔三〕有之過失所污染耶？非也。故說下頌：「渡過三有之荒野」等。

149 渡過三有之荒野　　唯一導師眾生師
世間十方名稱遍　　是為廣大法施者

〔「渡過三有之荒野」者〕，「有」即三有。其有法實無義而空，故喻為「荒野」（閑寂處）。能不受〔三〕有之過失所污染，故謂「渡過」。稱其「唯一導師」，以其乃無所匹敵故。彼亦為「眾生師」，以其無上故。彼智慧勇識之上更無匹敵者，故謂「世間十方名稱遍」。彼更說無漏法義，故謂「廣大法施者」。

150 具慈擐甲作莊嚴　　具悲鎧甲披甲者
以般若劍及弓箭　　作離煩惱無智戰

「慈」，謂對一切〔有情〕猶如獨子之父〔對其子〕之思念。「擐甲」，謂能防護障礙，不被瞋所害。「悲」，謂欲一切有情能離苦之思念。「鎧甲」，謂覆蓋上身之衣。以如此覆蓋上身之甲，常恆不斷利益有情。「以般若劍及弓箭」為印相，此易解。「煩惱」，即八萬四千煩惱。「無智」，即無明。「作離煩惱無智戰」，謂摧壞此等。

151 **勇猛降魔魔之敵　　四魔怖畏能除去**
一切魔軍能降伏　　世間導師正覺者

「**勇猛**」，謂不為他人所征伏。「**魔之敵**」，乃智慧勇識。「**降魔**」，謂滅除一切障礙。「**四魔怖畏能除去**」，謂滅除天魔、死魔、煩惱魔、蘊魔。「**一切魔軍能降伏**」，謂滅除魔與其眷屬。「**正覺者**」，謂智慧勇識。「**世間導師**」，謂對諸有情作導師。

152 **應禮應供應恭敬　　是應恆常受承侍**
最受尊敬及尊崇　　皈依最殊勝上師

如是對智慧勇識應當供養，應當讚嘆，應當禮敬，應當恆常承侍，應當尊敬，應當尊崇，應當敬禮，以彼於諸上師中最殊勝。

153 **一步能遊於三界　　如空無邊而跨步**
淨行者具三明淨　　具六神通六隨念

「**一步能遊於三界**」，謂以一剎那周遍利益有情。「**如空無邊而遮止**」[75]，謂不受輪迴過失所污染。「**三明**」，即有、無、與無二。「**淨**」，謂不受邊見所污染。「**六神通**」，即天眼通、天耳通、他心通、宿命通、神足通、漏盡通。「**六隨念**」，即佛隨念、法隨念、僧隨念、捨隨念、本

[75] 藏本作gnon，解為「**遮止**」，與梵本不同。

尊隨念、上師隨念[76]。

154 **菩提薩埵大勇識　　具大神足超世間**
成就般若波羅蜜　　能達般若如如性

「**菩提薩埵**」，謂能自利成就。「**大薩埵**」，謂利他成就。「**具大神足**」，謂具四神足。「**超世間**」，謂能於輪迴中解脫。「**成就般若波羅蜜**」，謂聞慧與思慧。「**能達般若**」，謂修慧。「**如如性**」謂得金剛喻定。

155 **一切自明與他明　　勝數取趣利一切**
超越一切諸譬喻　　能知所知殊勝主

於此等持性相中，「**自明**」乃具「有境」[77]；「**他明**」乃具對境。「**一切**」，謂了知一切有境與對境。「**勝數取趣利一切**」謂從金剛喻定出定而化現色身。「**超越一切諸譬喻**」謂離一切敵手。「**能知**」謂能量之理。「**所知**」謂所量之境。「**殊勝主**」謂從所知得自在。

156 **是為最上法施主　　宣說四種手印義**
為行三出離種姓　　作諸世間承侍主

「**最上法施主**」，特別而說四種手印義。「**作諸世間承**

[76] 見《阿毘達磨集異門足論》卷第十六（大正，第二十六冊，No. 1536，p0433上）。

[77] 成立「有」之依據，即為「有境」，故有境為性（義），對境則為相。

侍主」，上來已說。「為行三出離種姓」，即聲聞、緣覺、菩薩三乘。

157 **勝義清淨具吉祥　　廣大三界之勝福**
一切圓滿皆吉祥　　最勝吉祥妙吉祥

「勝義清淨具吉祥」，謂能證悟此等一切義。「三界」，即欲界等。「勝福」，謂能心富足而具無顛倒〔智〕。「一切圓滿皆吉祥」，謂對一切有情作調伏而化現諸身。若問：彼為誰？答云：「最勝吉祥妙吉祥」。

（上來成所作智十五頌）

復次，從五智門以二十敬禮句作讚嘆。每頌四句，各讚嘆一智。

158 **勝施金剛我皈依　　真實邊際我皈依**
於空性藏我皈依　　諸佛正覺我皈依

「勝施」，即法界智。「金剛」，乃無分別之五智。「我皈依」，謂皈依智慧勇識。「真實邊際」，謂非為心境。「空性藏」，謂從無生而生。「諸佛正覺」，謂捨成就與智成就。

159 **諸佛貪樂我皈依　　諸佛色身我皈依**
諸佛欣悅我皈依　　諸佛遊戲我皈依

「貪樂」，謂貪有情利益。「欲樂」，謂欲有情利益。「欣悅」，謂喜悅有情利益。「遊戲」，謂化現種種身。

160 **諸佛微笑我皈依　　諸佛戲語我皈依**
諸佛正語我皈依　　諸佛有法我皈依

「微笑」，謂息災之身。「戲語」，謂增益之身。「正語」，謂懷愛之身。「有法」，謂誅滅之身。

161 **由無而生我皈依　　從佛因生我皈依**
由虛空生我皈依　　從智因生我皈依

「無」，謂空性。「佛因生」，謂法身。「虛空生」，謂譬喻。「智因」，謂事義。

162 **於幻化網我皈依　　諸佛戲舞我皈依**
一切一切我皈依　　〔如來〕智身我皈依

「幻化網」，謂樂空無分別。「戲舞」，謂種種忿怒身。「一切一切」，謂一切輪廻。「智身」，謂明現之無分別身。「我皈依」，謂以身語意向汝作敬禮。

（上來讚五如來智五頌）

〔咒鬘〕

1. oṃ sarva-dharmābhāva-svabhāva-viśuddha-vajra a ā aṃ aḥ

2. prakṛti-pariśuddhāḥ-sarvadharmā yad uta sarva-tathāgata-jñānakāya-mañjuśrī-pariśuddhitām upādāyêti a āḥ

3. sarva-tathāgata-hṛdayaṃ hara hara oṃ hūṃ hrīḥ

4. bhagavan jñāna mūrte

5. vāgīśvara mahāpaca

6. sarva-dharma-gaganāmala-supariśuddha-dharmadhātu-jñāna-garba āḥ

今，說密咒義。

1. oṃ 謂五智。sarva-dharma 謂一切法。abhāva 謂無生。svabhāva 謂自性清淨。viśuddha 謂極清淨。vajra 謂金剛。a ā 謂無生。aṃ aḥ 謂自存在。

2. prakṛti-pariśuddhā謂自性全清淨。sarvadharmā yad uta 謂一切法無生。

3. sarva-tathāgata 謂一切如來。jñānakāya 謂智身。若思惟：誰具此智身？答云：mañjuśrī，即妙吉祥。pariśuddhita 謂全清淨。upādāyêti a āḥ 謂隨順我（而行）。

   sarva-tathāgata 謂一切如來。hara hara 謂散施。oṃ hūṃ hrīḥ 謂身語意。

4. bhagavan 謂世尊。jñāna 謂智。mūrte 謂頭冠。

5. vāgīśvara 謂辯自在。mahāpaca 謂廣大法。

6. sarva-dharma 謂一切法。gagana 謂如虛空。amala-supari 謂無垢且離垢。śuddha-dharmadhātu 謂法界全清淨。jñāna 謂智。garba 謂心要。āḥ 謂無生。

如是本密續之要義圓滿說竟。自隨喜功德門至讚頌易解，故於此不贅。

諸密續中殊勝主　名稱猶如日與月
生起所欲之珍寶　於一萬六千品中
是為甚深讚頌品　以此注釋而得明
三界輪迴諸有情　得見智慧勇識面
以種種乘方便道　無餘有情作義利
具多分別諸大眾　彼等各具種種欲
續義一字未擊中　故而造此明燈釋
速斷無餘邪分別

《真實名經廣釋》大阿闍梨月官圓滿造竟。

〔此釋於〕班智達神通智（mngon shes can）手中現。

大校閱翻譯師郭・法成（'Gos lhas btsas）與般若精進（Shes rab brtson 'grus）譯。

妙吉祥友釋論

《真實名誦廣釋》

《真實名誦廣釋》

妙吉祥友　造論
馮偉強　校譯

梵題：*Nāma-saṃgīti-vṛtti*

藏題：*Mtshan yang dag par brjod pa'i 'grel pa* [1]

皈依世尊語自在

文殊勝尊我皈依　手持經卷與利劍
有無分別網解脫　無垢寂靜能得證

1　此翻譯所依藏譯，收北京版《西藏大藏經》no. 3355。

1 **爾時吉祥金剛持　難調能調眾中勝**
降三世間勇猛者　金剛自在秘密主

「〔金剛持〕」具福智相，是故「吉祥」。

「難調」者，謂大自在天等。能調伏彼等者，則謂「難調能調」。於彼等難調能調眾中，有如那羅延天（narayana）等眾，以殺害阿修羅及其眷屬等惡有情作調伏。但世尊金剛持則以調馴而非殺害來調伏「難調」眾，是故謂「眾中勝」。亦彼能遠離一切怖畏，是故「勇猛」。謂其「降〔伏〕三世間」，以彼能於三界中降伏一切相。稱其「金剛自在」，謂彼是金剛部主，即阿閦部主尊。而彼以密咒作召集，由令諸眾得聞教法，故稱「秘密主」。

2 **眼圓滿開如白蓮　面如盛放青蓮花**
自手執持勝金剛　須臾不斷作旋擲

金剛手雙目開敷妙如蓮華，是故「眼圓滿開如白蓮」。「自手執持勝金剛」等句開示金剛手形相。謂其持忿怒相觀照所化有情，而自手則須臾間旋擲、揮舞最勝金剛〔杵〕。

3 **〔化現〕無數金剛手　顰眉波紋等〔現相〕**
勇猛調服難調者　勇猛且極怖畏相

〔此〕述金剛手諸眷屬。「顰眉」等，謂所屬此部之各各金剛手，其數無量無邊。此即呼應〔頌五〕末句：「悉皆恭敬作曲躬」。何以故，以金剛持等眾能遠離一切怖畏，調伏難調眾，皆為「勇猛」故。

4 **自手向上作旋擲　　金剛杵尖出勝光**
智慧方便之大悲　　利益有情極殊勝

彼等金剛手眷屬，自手揮舞金剛杵，旋轉其杵尖。對諸有情作無緣大悲，以智慧方便作佛事業，饒益諸有情，其所現功德最為殊勝。

5 **具足悅樂作隨喜　　顯現忿怒身形相**
於行佛行怙主前　　眾皆恭敬作曲躬

此頌回應〔頌四〕金剛手眷屬饒益有情。以彼等常憶念〔有情〕，持喜悅心來利益有情。彼等如能見「難調」眾諸有情得信解，則心生歡喜。如見所宣說教法能一次即被受持，及其法義能得了解，則心生悅樂。

又金剛手〔眷屬〕以忿怒身相來觀照「難調」眾諸有情。但彼等本質實非忿怒，而其自性則具大悲。謂彼等作「行佛行」，謂能完全圓滿波羅蜜多行等佛事業。以其具智而自在作佛事業，故稱彼等作「怙主」。「悉皆恭敬作曲躬」，則謂彼等皆向世尊曲身恭敬而敬禮。

6 **向彼怙主等正覺　　世尊如來作敬禮**
雙手合掌作恭敬　　於前端坐而告白

若問：如何能成「世尊」？答云：「如來」也。以「如來」由悟入才得現證，而「佛」則為一切法之現成。是故，〔金剛手〕持信心恭敬合掌，往世尊前請問。

7 請利益我饒益我　遍主願能慈念我
令我得能如實得　幻化網現證菩提

「遍主」為〔世尊〕稱號。「請利益我饒益我」，謂〔金剛手〕願世尊開示「真實名義」，令彼得饒益而得成就。「令我得能如實得，幻化網現證菩提」，謂此〔真實名義〕比聲聞等所證之菩提更具悅樂。故願世尊，為令彼能如實現證大幻化網密咒道次第，及能利益諸有情，而宣說「真實名義」。

8 無智泥中成沒溺　有情煩惱亂心性
利益一切有情眾　願令獲得無上果

如何利益諸有情？答云：〔令其得〕「無上果」，即佛果，以「有情煩惱亂心性」故。「煩惱」者，謂貪〔嗔痴〕等，有情以此而亂心，是故淤泯自身而沈溺於無智無明中。

9 等正覺尊祈開示　世尊教主世間師
證大誓句真實智　勝解諸根心行者

「等正覺」者，己如前所說。「世尊」，謂具一切莊嚴（skal ba; bhaga）。「世間師」，謂其向諸有情開示三昧耶，而「教主」，則謂向諸有情開示三乘。「大誓句」者，「誓句」謂「一時」，而世尊乃了知「一時」者。亦謂世尊熟知有情心性，故於任何場合都能因應而說法。「**根**」者，謂眼根等。而世尊了知有情之上中下根。故向下根說聲聞乘、向中根說大乘、向上根說密咒道。「**心行**」者，謂能了知〔有情〕心如何運作，亦即〔了知〕有情之〔上中下〕根。而密咒道乃為上根而說，以其能通達諸有情心性，故謂「**解**」。以世尊之「**心行**」圓滿，故謂「**勝**」。

10 **於世尊之智慧身　　於大頂髻言詞主**
妙吉祥智慧勇識　　出自顯現智化身

「**世尊**」，乃稱呼也。其「**智慧身**」謂智之自性身。「**大頂髻**」者，謂其頂髻大故，而佛之頭冠，即佛之自性，住於此。彼乃言說之主，故謂「**言詞主**」。彼具智身而沒有色身。「**出自顯現**」者，謂不需指示而能完全了知一切自性之真實。謂「**妙吉祥**」，以其具妙吉祥之音故。「**智慧勇識**」者，謂彼勇識能了知心性，且具智之自性。故謂彼勇識為清淨、奇異、真善、及純淨。智身與勇識之區別，乃身與心相之異也。

11 **誦其殊勝真實名　　是甚深義廣大義**
無比大義寂吉祥　　初善中善及後善

誦智勇識真實名時，如何開示其名？

以其非聲聞等之境界，故謂「**甚深義**」。以其說諸法無相故，故謂「**廣大義**」。以其具密咒道之義，故謂「**大義**」。以其超越諸等比喻，故謂「**無比**」。以其能令諸有情得善道，故謂「寂吉祥」。以其能令於初中後依次得「聞思修」三慧，故謂「初善中善及後善」。

12 **過去諸佛皆已說　　於未來亦當演說**
現在究竟等正覺　　亦遍數數作宣說

復次，過去佛已說，未來佛當說，而現在佛對已聚集或未聚集之所度諸有情再三宣說。是故，至尊妙吉祥之「真實名誦」乃無始無盡之勇識。而其相關之「真實名誦」亦是無始無盡之本文。

13 **大幻化網大續中　　大金剛持歡喜眾**
持密咒眾無量數　　唱讚宣揚請善說

世尊金剛手，自再三思惟，為能攝持所度諸有情，故請釋迦牟尼世尊開示。此〔幻化網〕大續，過去佛已說，而未來佛當說。於幻化網大續中，大金剛持具無量無數密咒身，心真誠歡喜而歌詠讚嘆，請問宣說。

14 **怙主願我能受持　　諸等正覺之密意**
直及至於出離時　　我堅心意而受持

以我等受持一切正等覺者之秘密「真實名誦」，及以我等受持一切佛之秘密，而請〔世尊〕開示。

因我等受持一切佛之秘密，故我等應當堅定作出離，堅固憶念「真實名誦」之自性，及以不忘心而受持，直至能證得涅槃。如是請對一切有情説其正義。

15　**為諸有情請宣説　　隨順有情心差別**
　　令其無餘斷煩惱　　令其無餘離斷滅

何故有煩惱？此乃習氣。是故要消除及遠離煩惱至無餘，亦如是要消除及遠離無智至無餘。[2]

為要消除及遠離無智至無餘，及隨順上中下諸有情心之差異，故請〔世尊〕以般若，乃至「真實名誦」來開示。

16　**如是密主金剛手　　至如來前作啟請**
　　合掌告白而恭敬　　告已恭坐於其前

「**密主**」等中，此如密主金剛手，請問如來已，以恭敬身而合掌，現前而住。

（上來請問十六頌）

17　**時釋迦牟尼世尊　　等正覺者兩足尊**
　　自面門出微妙舌　　靈動卷舒而廣長

「**時**」，即釋迦牟尼簿伽梵對秘密主作答之時。稱其「**世尊**」，以其具自在故。稱其「**釋迦牟尼**」，以其於釋迦族

---

[2] 此處所謂「**無智**」，乃指執空者而言，與具煩惱者之執有相對。

中示現能摧伏身語意故。稱其「**等正覺**」，以其能證悟無顛倒故。稱其「**兩足尊**」，以其乃最勝天人故。

釋迦如何作答，則述「**自面門…**」等。「**自面門出微妙舌**」者，謂其舌能生功德聚，是故妙善。〔釋迦〕伸展其廣長舌，微笑而示現。

18 示現微笑以淨除　　一切世間三惡趣
光明遍照三世間　　調伏四魔諸怨敵

何故〔世尊〕對「三界」現微笑？「**三世間**」者，謂地下、地面、及地上三者。而〔世尊〕於微笑中現光明，明亮照耀三世間。「**四魔**」，謂天魔等。彼等乃諸怨敵，以其破壞聖道之命根故。

復次，何故〔世尊〕對有情等現微笑？以其淨除〔一切世間〕地獄、餓鬼、畜生三惡趣故。此地獄等有情接觸〔世尊〕之微笑光明，由是彼等出離而生於諸天等。何故〔世尊〕展現其長廣舌？以世尊為示現人生諸領受為非有，故示現神通化變。

19 以能周遍三世間　　美妙梵音作答讚
讚彼秘密〔自在〕主　具大力之金剛手

〔世尊〕如何對秘密主作答？彼以「**梵音**」而答說。「**梵音**」乃出自梵天之音，故周遍三界而長住，或猶如步行而住。〔世尊〕以此悅意之音而對秘密主作答。

「**金剛手**」乃「〔**具**〕**大力之金剛手**」，以其能降伏三界，故謂「**大力**」。

20 善哉吉祥金剛持　　善哉汝是金剛手
汝為利益諸世間　　故是具足大悲者

「〔**金剛手**〕」為何利益有情？以其具大悲，愍念諸有情故，由是利益有情。

21 誦彼妙吉祥智身　　真實名有大義利
能作清淨除罪障　　於我精勤應諦聽

真實名誦者，謂誦「**妙吉祥智身**」之名也。何故誦其真實名？以「**真實名有大義利**」也。謂「**大義利**」者，以其能得佛果故。而誦其名能淨除六趣，摧破諸罪業，是故謂「**能作清淨除罪障**」。

22 我今當為秘密主　　為汝善妙作宣說
心一境性而諦聽　　唯然世尊此善哉

誦真實名能令得大益，而彼金剛手具大悲，故堅住於〔釋迦牟尼〕前精勤諦聽，是謂「**善哉**」。〔前20頌云〕「吉祥金剛持」乃說彼稱號。「善哉汝為金剛手」者，謂〔金剛手〕請〔釋迦牟尼〕開示大我性，是故謂其「**善哉**」。

「**秘密主**」，乃稱呼彼。謂〔釋迦牟尼〕向彼〔金剛手〕善妙宣說「真實名誦」，而彼應不為心轉而能一心聞法。

「**唯然世尊此善哉**」者，謂世尊對〔金剛手〕說「**心一境性而諦聽**」時，彼回應「**善哉**」，如是聞法。

（上來答問六頌）

23 **爾時釋迦世尊觀　　一切密咒大種姓**
即密咒持明種姓　　以及三觀修種姓

「**爾時**」，謂一瞬間。「**釋迦**」，謂牟尼，以其於釋迦族出身，能制御意故。「**密咒大種姓**」者，謂以大幻化網等續之種姓，為生起一切作行、證（rtog pa）之所依。「**一切**」，謂無餘。「**密咒持明種姓**」，謂其種姓攝一一種姓。「三種姓」，謂如來、金剛、蓮花之種姓。

24 **世間出世間種姓　　能照世間大種姓**
最上大手印種姓　　及大頂髻大種姓

「世間種姓」，謂普通優婆塞（upasaka）等有情種姓。「**出世間種姓**」，則謂聲聞、緣覺、菩薩種姓。「**能照世間大種姓**」者，以其能以自身照明世間智慧，故為最勝，是故謂「**大**」。「**最上大手印種姓**」，以如性為主而成〔業及智〕手印種族，是故「**最上**」。「**大頂髻大種姓**」，乃一字佛頂等種姓。於此等種姓，有福分者無福分者，能成器者非能成器者，對彼等本性皆一一觀察、觀照。此與言詞主有關連之偈頌呼應。

（上來觀六種姓二頌）

25 **言詞主尊宣偈頌　　頌中具六密咒王**
彼是無生之法有　　無二相應而現前

「六密咒王」，謂金剛利（Vajratīksna）等六密咒王。「無二相應而現前」，謂能執所執俱無二而現前。「無生之法有」，說此現為無二之法乃無生。

26 aā iī uū e ai　　o au aṃ aḥ **安住於心**
三身無分別諸佛　　我是佛即智化身

此偈頌為阿？說 a, ā 等，此乃住於彼等三世佛世尊之智身。亦即住於法界之自性心。故謂「我是佛」。

27 **嗡金剛利斷煩惱　　般若智化身智身**
辯自在五字文殊　　我今向汝作皈依

讚嘆金剛利等，以彼等乃名主，故應當說真實名。

上來，說幻化網現證菩提竟。

28 **如是世尊諸佛陀　　等正覺由 a 字生**
a 字一切字中勝　　是具大義微妙字

「**如是**」者，即開示分位。「**佛**」，乃最勝心故，能降伏四魔，故謂「**世尊**」。以其現證一切法，故謂「**等正覺**」。以彼由阿字等諸種子字生，故謂「**由阿字生**」。若彼不受字所拘限，何故謂由阿字生、故說阿字？阿字乃一切種子字中最微妙，以其即出世間。謂佛由此生，故〔阿字〕乃大義。以其乃最勝，故謂「**一切字中勝**」。

29 **大生機者實無生　　此即遠離於言説**
是一切説殊勝因　　令一切語放妙光

以其如於虛空與風中而生，故謂於〔內〕空而生[3]。阿字具一切法本來無生義，故謂「**無生**」。以無生之自性而「**遠離於言說**」。於一切言説因，以其為言説因之主，故謂「**是一切說殊勝因**」。以其统攝一切語，故謂「**一切語**」。以其具密咒自性光明之真妙善，故謂「**放妙光**」。

30 **大供養者之大貪　　一切有情令歡喜**
大供養者之大瞋　　一切煩惱大怨敵

於諸「**大供養**」等中，「**大供養**」者即謂能具大供養而

3　藏本此頌首句作khong nas 'byung ba skye ba med，意為「**由內生起實無生**」。與梵本不同。此謂由如來法身內生起，是即由智境生起一切識境，以智境具大生機故。

了知一切大供養之語義。以具大悲故而著於令一切有情聽聞正法心生歡喜，故謂「**大貪**」。「**大嗔**」，以其對具一切煩惱之大敵，乃為其所忿怒之怨敵故。

31 **大供養者之大癡　以愚癡心除愚癡**
大供養者之大忿　即大忿恚之大敵

愚痴心，謂心被無明黑暗所覆蓋。以此為因，根本去除住於〔六〕趣有情愚痴，故謂「**大癡**」。此即恰如謂疫病密咒能去除疫病。當魔等大忿怒等生起，以忍為武器去催伏此等忿怒，故謂「**大忿**」。以此而成忿怒之敵，故謂「**大忿恚之大敵**」。

32 **大供養者大慳貪　一切慳貪皆斷除**
大愛欲以及大樂　大喜悅與大享樂

以貪我與我所為因，而去除一切貪欲，故謂「**大慳貪**」。一切有情欲得成佛，謂「**大愛欲**」。能給予一切有情解脫樂，謂「**大樂**」。從甚深法要門給予諸有情喜悅。

謂「**大喜悅**」。於諸神變示現時所調化等能心生歡喜，謂「**大享樂**」。

33 **大形色與及大身　大顯色與大形相**
大名與及大廣大　以及大廣博壇城

「**大形色**」，謂以內心忿怒之樣相來滿足無餘有情。

「**大身**」，謂能超越人身。「**大顯色**」，謂示現種種形色及色相。「大身量」[4]，謂具堅強相。「**大名**」，謂有最勝名相。「**大廣博**」，謂能法施、財施、與無畏施。「**大廣博壇城**」，謂有諸天及其妃后眷屬圍繞廣大壇城。

34 大般若劍執持者　　持大煩惱鈎勝者
具大名稱大美譽　　大顯現及大明照

「**大般若劍執持者**」，謂能斷除諸外道之般若義。「**大煩惱鈎**」，謂調伏煩惱大象。「殊勝」，謂其能疏通煩惱大象之妨難。「**大名稱**」，謂名稱響遍三界。「**大美譽**」，謂捨一切自身而行有情事業。「**大顯現**」，謂內智顯現之自性。而「**大明照**」，則謂光輝遍現於外。

35 賢者持此大幻化　　成就大幻化義理
其樂為大幻化樂　　能幻大幻化所幻

「**持此大幻化**」，謂依大幻化自性之關聯而出現義，將其如形象持於心。以此而成依義之器，則謂「**賢者**」。〔彼〕於諸有情行大幻化義，令彼等明，故謂「**成就大幻化義理**」。對大幻化自性得成就，若能捨離此歡喜之執持，由是得樂，故謂「**其樂為大幻化樂**」。

〔彼〕開示任何異生亦為大幻化之義，並能正確證悟此等〔義〕，〔「**其大幻化義**」〕猶如於幻術中變現諸化身，由

4　藏文lus bong che「**大身量**」此詞不見於梵文根本頌。

是遠離對事物之實執，故謂「**能幻大幻化所幻**」。

36 **大布施主最上尊　　大持戒者最殊勝**
大安忍者具堅忍　　大精進者勝摧伏

稱「**大布施主**」，以其三輪清淨而布施。以此為主，故謂「**最上**」。「**大持戒**」者，謂能持捨離殺生等相之戒。於一切〔持戒者〕中，彼持戒最勝，故稱其「**殊勝**」。彼能忍受一切有情之迫害及忿怒，故謂「**大安忍者具堅忍**」。彼能伏魔，故謂「**大精進者勝摧伏**」，以其能征伏外〔識境〕。

37 **大禪定中住等持　　大般若而持身者**
大力大方便具足　　大願是勝智大海

「**大禪定中住等持**」，謂住於大禪定等持而觀六趣。「**大般若而持身者**」，謂持大般若身無二智。能征伏諸魔，故謂「**大力**」。以大施調伏有情，故謂「**大方便**」。

「**大願**」，謂我能導一切有情入無餘涅槃而圓滿前世願道。「**勝智大海**」，謂無分別智之寶所，由盡所有智而生。

38 **大慈之類無量數　　大悲則具殊勝意**
大般若者具大慧　　大方便者大作業

如上所言，以十波羅蜜多自性作特別殊勝開示已畢，今復以四梵住而作特別殊勝開示，故說「**大慈**」等。「**大慈**」乃瞋恚之友，其〔瞋恚之〕自性即「大慈之自性」，而此自性無量，故謂「**大慈之類無量數**」。有大悲之相續，故謂「**大悲**」。有最勝之般若，故謂「**具殊勝意**」。以大般若歡喜之自性，於一切有情能通達一切法而生歡喜，故謂「**大般若**」。以其具大智慧，故謂「**大慧**」。捨自性即大作業大方便。能成就大有情之利益，故謂「大善巧」[5]。對大煩惱具捨相之方便，故謂「**大方便**」。

39 具大神通之能力　　大勢用及大疾速
大神通亦大名稱　　大力用為征伏者

以大神通力之等持令諸魔不能動，故謂「**具大神通之能力**」。以其開示一切自性不動之實相，故謂「**大勢用**」。以其具心行之力，故謂「**大疾速**」。以其具大神通大神變，故謂「**大神通**」。以其為一切主，故謂「**大名稱**」。以其具神通而能征伏無量世界之他眾，故謂「**大力用為征伏者**」。

40 三有大山能摧壞　　大金剛持不可摧
大殘暴即大緊張　　大怖畏中施怖畏

以其能正確摧壞三有之廣大成長，故謂「**〔三〕有大山能摧壞**」。以其能得無間狙擊諸魔之機會，故謂「**能摧壞**」。以其能依如性制壓一切諸根等，故謂「**大金剛持**」。以其形相能調伏暴惡有情，故謂「**大殘暴**」。以其具勇建形相調伏暴逆諸有情，故謂「**大緊張**」。「**大怖畏**」，謂獅子等，對此等能

5 藏文mkhas pa chen po「**大善巧**」此詞不見於梵文根本頌。

作摧伏，故謂「**於大佈中施怖畏**」。

41 尊勝大明之怙主　尊勝大密咒上師
住於大乘義理中　是大乘道尊勝者

以其具智自在，故謂「**怙主**」。以其持大孔雀明妃等最勝明咒，故謂「**尊勝大明**」。以其親自開示正法，故稱作「**上師**」。「**大密咒**」，謂種子字等。而「**尊勝大密咒**」，謂此等最殊勝之種子字，即阿字之自性。「**大乘義理**」，謂波羅蜜多之理趣。住於此，則謂「住於**大乘義理中**」。何故住於此道？以住於此道較聲聞、緣覺殊勝，故謂「**是大乘道尊勝者**」。

（上來金剛界大壇城十四頌）

42 彼大毘盧遮那佛　具大寂默大牟尼
自大密咒理出現　具大密咒自性理

以其證悟一切法，故稱作「**佛**」。能於生死中具極端嚴而遍照，故謂「**毘盧遮那**」。能制御自身語意，故稱作「**大牟尼**」。以其乃最勝天人，故謂「**大寂默**」。以空性為主，以種子字、印契等次第生起尊身，故謂「自大密咒理出現」。此〔尊身〕自性具密咒道自性，故謂「**具大密咒自性理**」。

43 **十波羅蜜多能得　　十波羅蜜多安住**
十波羅蜜多清淨　　十波羅蜜多理趣

「**十波羅蜜多**」，謂布施、持戒、忍辱、精進、禪定、般若、方便、願、力、智。以其能證得此等波羅蜜多之自性，故謂「**十波羅蜜多能得**」。以其能住於此而給予諸菩薩諸波羅蜜多之成就，故謂「**十波羅蜜多安住**」。以其開示十波羅蜜多而令諸有情心生歡喜，故謂「**十波羅蜜多清淨**」。以其能令諸有情於十波羅蜜多之大道而得安住，故謂「**十波羅蜜多理趣**」。

44 **十地自在之怙主　　安住於彼十地中**
具十智清淨我性　　十智清淨受持者

以其具德自在，故稱作「**怙主**」。「**十地**」者，即歡喜地、離垢地、發光地、焰慧地、難勝地、現前地、遠行地、不動地、善慧地、法雲地等十地。以其乃諸地之主，

故謂「**十地自在**」。以其能置其心於此等十地，故謂「安住於彼十地中」。「**十智**」，即苦智、集智、滅智、道智、盡智、無生智、法智、類智、世俗智與他心智。能得此等十智清淨我之自性，則謂「**具十智清淨我性**」。以其能以無垢方便而常持十智清淨心，故謂「**十智清淨受持者**」。

45 **十行相十義義利　　寂默主十力遍主**
行相無餘成利益　　於十行相大自在

「**十行相**」，謂十諦，即世諦、第一義諦、相諦、差別

諦、觀諦、事諦、生諦、盡無生智諦、入道智諦、集如來智諦[6]。以量、緣決定處所與時，依他緣力而生，是名世諦。各各具甚深空性，是名第一義諦。逼惱者苦相、生者集相、淨者滅相、乘者道相，是名相諦。依於空性自性，於一相中，以此等無生無礙等方便開示差別，是名差別諦。徹底現證了義智，而不受能知所知所欺，是名觀諦。事者，即蘊、處，界，知此等相依而生，能如是證悟此等實事，是名事諦。能熱心遠離煩惱而得生，是名生諦。一切有為法盡，見其盡不盡，是故盡不生，是名盡無生智諦。以智、道，以功德、智聚集，契入一切法不生不滅智，是名入道智諦。於法雲地，能於一切事境遍集如來智，是名集如來智諦。

開示此十諦語義之要義，是為「**十義**」。稱「牟尼主（**寂默主**）」，以其乃聲聞緣覺之主。如來十力，即處非處智力、自業智力、種種勝解智力、種種界智力、根勝劣智力、遍趣行智力、靜慮解脱等持等至智力、宿住隨念智力、死生智力、漏盡智力[7]。以其具此等十力，故謂「**十力**」。以其遍一切，故謂「**遍主**」。以其利益無餘有情不離種種信解而得解脱，故謂「**作諸利益至無餘**」[8]。十自在者，即壽自在、心自在、願自在、資生自在、業自在、生自在、勝解自在、神通自在、法自在及智自在[9]。以其具此等十自在，故謂「**具十行相大自在**」。

---

6 見《十地經論》（卷七）T26，p0163c；《佛説法集經》T17，p0622a。

7 見《瑜伽師地論》（卷第四十九）T30，p0569a。

8 藏本此句作kun gyi don ni ma lus byed，意為「**作諸利益至無餘**」。於梵本稍異。

9 見《佛説十地經》（卷第六）T10，p0561a。

46 **無始來時離戲我　清淨我如如性我**
真實語而如其語　如語而行不異語

沒有始，故謂「**無始**」。若有始，則成無因而常住於有無。「**離戲〔論〕我**」，謂自身不被外內戲論所障。以其於一切時皆如如而住，故謂「**如如性我**」。其自身謂「**清淨我**」。「**真實**」，謂不被所欺，乃無邪見法之真實性也。其所說有此自性，謂「**真實語**」。不說欺他語，謂「**如其語**」。以其開示最上義而令得成就，故謂「**不異語**」。以其為有情利益，令彼得佛成就，如具最上義而成就，故謂「**如語而行**」。

47 **以無二而說無二　住於真實之邊際**
由是無我獅子吼　惡外道獸極怖畏

能執所執、能知所知是為二。由色等所執、眼等能執，乃成意（根）、法（境）等二法，若無此等二法，則謂「**無二**」。於真實之世俗諦中，〔世尊〕開示如性、真實、空性、無二、涅槃、法身、法性。住於此清淨、無二、如性之自性，世尊亦得無二真實之真實性。至此際之究竟，一切他真實性皆無，故謂「真實際」。以此自性，一切皆法界無動相。住於此相，謂「**住於真實之邊際**」。諸有情由我與我所而現貪、慢等，為開示去除此等自性，故謂「由是無我獅子吼，惡外道獸極怖畏」。以其能離我，故謂「**無我**」。具此無我自性，即得無我。「**獅子吼**」者，謂發出如獅子般能離怖畏之音聲。此即一切法無我之獅子音。屬於惡際處之惡外道，如野獸，故謂「惡獸」。能令彼等生怖畏，故謂「**惡外道獸極怖畏**」。彼等對於天罰、有我等有所臆測，故開示無我之法義，令彼等怖畏。

48 **周遍一切不空趣　　疾速猶如如來意**
勝者勝敵勝怨敵　　大力猶如轉輪王

以其得法界之自性，故稱彼能「**周遍一切**」，遍至法界中任何一界。以其能調伏一切有情，使其無礙而進取，故謂彼具「不空力」。以其彼如先前諸佛而行，故謂彼猶如「**如來**」。以其意疾速，故謂「**疾速猶如如來意**」，彼由意力賦予偈頌以正法。(「勝者最勝勝怨敵」者)[10]，以其破罪惡諸法，故謂「**勝者**」，於諸説者中特為殊勝，故謂「最勝」，及能降伏諸魔等怨敵，故謂「**勝怨敵**」。以其能得轉一字輪，制壓諸魔，故謂「**大力猶如轉輪王**」。

49 **眾之主尊眾之師　　眾王眾主具自在**
以其執持大威德　　大理不受他人引

以其説聲聞眾所學之法，故謂「**眾之主尊**」。以其乃菩薩眾之主，故謂「**眾之師**」。以其為住於壇城諸尊之引導者，故謂「**眾王**」。以其乃天人及阿修羅之主，故謂「**眾主**」。以其由成為「**主**」而得自在，故謂「**具自在**」。以其對一切有情有大威力，故謂「**大威德**」。以其具對一切菩薩之愛護，故謂「**威德**」。以其有大乘道之自性，故謂「**大理**」。以其不需對他人作願求，故謂「**不受他人引**」。此即

10 藏本此句作rgyal ba dgra rgyal rnam par rgyal，意為「勝者最勝勝怨敵」。於梵本稍異。

不藉他人，自身即能利益有情。

50 **語王語主辯無礙　　言說之主詞無邊**
以真實語說真實　　是四聖諦宣說者

以其正知種種語及對語之自性得自在，故謂「**語王**」。以其正知各法，由是說得法王之法，故謂「**語主**」。對此等天人、夜乂、乾闥婆等眾多語道中能通達其一切正確語及字源，及能以此等各各語音而說正法，故謂「**辯無礙**」。能分別對男性、女性、中性等善說諸法，故謂「**言說之主**」。以其語清淨，其妙韻非粗野非無意義，及其言說乃無邊所度之方便，故謂「**詞無邊**」。以其能開示此等各各正知信念，其具無欺語，故謂「**以真實語**」。真實者乃如性之境界。以其說具真實說之自性，故謂「**說真實**」。四〔聖〕諦，謂苦、集、滅、道。能說此等者謂「**四〔聖〕諦宣說者**」。

51 **以不退轉故不還　　麟角喻獨覺者師**
種種出離中出離　　大本有中唯一因

於第八地得無上菩提而不退轉，故謂「**不退**」。亦不往返生死，故謂「**不還**」。以其乃獨覺道之主，故謂「**麟角喻獨覺導師**」。「**大生起**」[11]者，謂具神通。若要成佛，此乃能得佛果之唯一因，故謂「**大生起是唯一因**」。

---

11 此詞藏文為'byung ba chen po。'byung ba可解作「生起」或「大種」。按此釋文之上文下理，頌文末句應譯為「**大生起是唯一因**」。此與梵本不同。

52 阿羅漢漏盡比丘　　離欲調伏諸根境
得安樂亦得無畏　　得清涼亦無垢濁

遠離煩惱，故謂「**比丘**」。能降伏煩惱賊，故謂「**阿羅漢**」。能斷盡內煩惱之人我執，故謂「**漏盡**」。能遠離及捨棄欲界、色界、無色界等，故謂「**離欲**」。能調伏諸根而不耽溺於其境，故謂「**調伏諸根境**」。能遠離一切惡趣，以其乃妄想執着煩惱之所依，故謂「**得安樂**」。能得一切法之平等性，故謂「**得無畏**」。能令一切有情之煩惱欲着成清涼，故謂「**得清涼**」。「**濁**」者，即具塵垢。故「無濁」者，即無塵垢，確實離一切濁而離煩惱。

53 圓滿明行足　　善逝世解勝
無我無我所　　安住二諦理

以其具足無學之三明及無學之身、語、戒等生活，故謂「**明行足**」。以其不再還來，故謂「**善逝**」。以其彼恰如善除疫病，能分別眾趣之生處及種姓，更能如實了解所有世間有情，故謂「**世解**」。以其乃一切之最勝，故謂「**勝**」。以其不執我所有，及不執我之自性為緣，故謂「**無我無我所**」。及其住於以世俗勝義二諦為理之根本經典，故謂「**安住二諦理**」。

54 已到輪廻彼岸邊　　所作成辦住於岸
唯一智中所浮現　　以般若器作斷除

「**輪廻**」者，謂於地獄、餓鬼、畜牲、人、天人等再三輪廻。以其能到輪廻彼岸而住於究竟，故謂「**已到輪廻彼岸邊**」。如是，以其通達輪廻自性即無生，甚至，涅槃亦無，無住而住而利益無餘有情，故謂「**所作成辦**」。以其能集福德智慧二資糧及見一切波羅蜜多之方住，住此境界即謂「**住於岸**」。於無數等作全觀察，了悟我等乃於唯一因而顯現，故謂「**唯一智中所浮現**」。「**般若**」如器仗。此般若器仗即「**般若器**」。以此摧破諸有情之邪思，故謂「**作斷除**」。

55 妙法之具明法王　　能照世間故最勝
法之自在法之王　　是妙善道宣説者

以其説正法，故謂「**妙法**」。以其以法王名義作灌頂，故謂「**法王**」。以其能除去諸有情住之無明因，故謂「**具明**」。以其發出智光明作增益，照耀諸有情，故謂「**照世間**」。以此為最上，故謂「**最勝**」。以其能對一切法作主宰，且住入一切法，故謂「**法自在**」。以其於輪廻中以法為端嚴，故謂「**法王**」。以其親自宣説〔輪〕涅為一之聖道，故謂「**妙善道宣説者**」。

56 義成就及願成就　　一切分別盡捨離
無分別界無窮盡　　勝妙法界無有盡

「**義**」者，謂〔十〕地與〔十〕波羅蜜多相之要義。「**成就**」，即完全成就，故謂「**義成就**」。以其於前菩薩位，正解願成就而得佛果，故謂「**願成就**」。以其於法界清淨位遠離由無明而生之分別，故謂「**一切分別盡捨離**」。

「**無分別界無窮盡**」者，謂遠離一切分別之如性，故即「**法界**」。「**勝妙**」者，謂其完全最勝；「**無有盡**」者，謂決不現為有〔自〕他之實事。

57 **具福得積福資糧　　智為大智之生處**
唯知有無之智者　　是能積集二資糧

「**具福**」，謂彼以福供養諸有情，故謂「**積福資糧**」。以其常具無二智之自性，故謂「**智**」。「**智之生處**」，乃一切知智之所依。以其受一切供養，故謂「**大**」。以其於一切知完全通達，故謂「具智」。以其了解一切法之有無、生滅等，故謂「**知有無**」。以其積集福德資糧、智慧資糧而得正成就，故謂「**是能積集二資糧**」。

58 **常住遍勝觀行者　　定中所觀具智尊**
內自證智不變動　　本初最勝持三身

以其住於一切關聯之形相[12]，故謂「**常住**」。以其視一切諸有情皆為端嚴，故謂「**遍勝**」。以其具無上般若、方便、智，故謂「**觀行者**」。以其持無分別定而離能觀所觀，故謂「**定**」。以其常思惟努力得佛果，故謂「**所觀**」。以其成一切有情之般若主，故謂「**智尊**」。以其自證各各之自性，故謂「**內自證**」。於道上一切時皆不變，故謂「**不動**」。最勝

12　佛家於說法，必說此法之「須要」，「極須要」與「關聯」。由於關聯，彼一切法無礙。今說「**其住於一切關聯之形相**」，即如華嚴宗所云，得事事無礙，事理無礙。

本初者，即謂阿字，其自性即謂「**本初最勝**」。以其具法、報、化三身，故謂「**持三身**」。

59 佛陀五身性　　遍主五智性
頂冠五覺性　　五眼持無著

以其了解諸法無顛倒，故稱「**佛陀**」。以其具法、報、化、自性、智等五身之自性，故謂「**五身性**」。以其於法界周遍一切，故稱「**遍主**」。以其具大圓鏡、平等性、妙觀察、成所作、法界體性等五智之自性，故謂「**五智性**」。以其如來之頭冠具五佛之自性，故謂「**頂冠五覺性**」。「**五眼**」，即肉眼、天眼、法眼、佛眼、慧眼。「**著**」者，謂著於生死涅槃。無此等執著，即謂「**無著**」；而「**持**」者，則謂以無二而持。

60 一切諸佛之生者　　無上尊勝諸佛子
無生處而智出有　　離三有者法生處

以其於壇城中央，以般若方便道而為一切正覺之母，故稱「**一切諸佛之生者**」。以菩薩身份而住，故稱「尊子」。以其卓越，故謂「**勝**」；以其入〔菩薩、羅漢等〕諸乘門，故謂「最勝」。般若現而有，菩薩由是而生，故謂「般若出有」。

「**生處**」者，即為因也，而輪迴界生實非有生因，故謂「**無生處**」。然而，菩薩假若離於生因，如何而現？故云「**法生處**」。以諸法之生處乃般若與方便無二，由是而現，故謂「**離三有者法生處**」。以諸法之現離有，於輪迴界無生因故。

61 **唯一不壞金剛性　即生即作世間主**
虛空中生自然生　大般若智如大火

以諸有皆堅固無二，與虛空相無二，故謂「**唯一不壞金剛性**」。以其具如性，即與世尊無異之我性，故謂「**金剛性**」。以其如「吽字」般即生起，故謂「**即生**」[13]。以其如一地方之王，命令諸有情，故謂「**世間主**」。而一切法如虛空中現而為有，故謂「**虛空中生**」。而其所化現者，於〔金剛〕我性之生機相應而生，故謂「**自然生**」。「**般若智**」，謂證悟一切法具無有性，故此「般若大火」將作自身分別之煩惱如薪火灰燒燼。

62 **遍照大光明　智光遍照耀**
智炬世間燈　大威光燦爛

以法性照一切，故謂「**大光明**」。以其照而得明亮，故謂「**遍照**」。以智光能除諸有情之無明暗，故謂「**智光**」。其智光能照耀種種，故謂「**遍照耀**」。以其以正法光明照耀有情，故謂「**世間燈**」。以其以智慧炬火覆蓋無明之翳暗[14]，善妙明亮一切有情，故謂「**智炬**」。以其具大威光，故謂「**大威光**」。而其光具能照耀性，故謂「**光燦爛**」。

---

13 此處說吽字，與《無修佛道》（台北：全佛文化，2009）一書中，於“丙二：總歸本始基為唯一自生智”，提及殊勝大腹金剛唱頌「吽之歌」，揭示輪湼為空性之展現相合。

14 如十五團圓月。

63 明王尊勝密咒主　　密咒王作大義利
希有頂髻大頂髻　　虛空主現種種相

以其為密咒主，故謂「**尊勝密咒主**」。以其具妙言（gnod mdzes）明王自性，故謂「**明王**」。以其具bhrum字之自性，故謂「**密咒王**」。以其利益一切有情，故謂「**大義利**」。以其具一字轉輪之自性，故謂「**大頂髻**」。其輪轉動，調伏諸煩惱自性，故謂「**希有頂髻**」。以其乃如月等住於虛空之主，故謂「**虛空主**」。其具發出威光之自性，能「**現種種相**」。即其性具能現之功能，能現諸種種等。

64 諸佛我性最勝有　　〔觀照〕世間歡喜眼
由是隨現種種色　　大仙供養且尊重

「**諸佛我性**」，謂毘盧遮那等。以其乃彼等之主，故謂「**最勝**」。大毘盧遮那之自性，即「**諸佛我性最勝有**」。以其具歡喜眼，以此而平等見觀見一切有情，故謂「**世間歡喜眼**」。以其以種種身度諸有情，故謂「**種種色**」。以其能知善不善諸業，故云「**隨現**」。以其被梵天等供養，故謂「**供養**」。以供物及飲食而示尊敬，故謂「**尊重**」。以其乃世間眾仙及聲聞等中最勝，故稱「**大仙**」。

65 具持密咒三種姓　　受持大誓句密咒
護持三寶為最勝　　最上三乘說法者

以其具如來、金剛、蓮花三種自性之我性，故謂持於

「**三種姓**」。以其持屬於三種姓之一切明與密咒，故謂「**持密咒**」。「**大誓句**」之語，謂説眼等。以其持此等密咒，故謂「**大誓句密咒**」。以其為最勝，故稱作「**主**」。以其為防護教法不受破壞，而説三寶之功德及其皈依，令諸皈依於佛法寶，故謂「**護持三寶**」。於聲聞乘、緣覺乘及大乘三乘中，此等為波羅蜜多道中最上，故謂「**最勝**」。以其向上中下諸有情宣説此等及〔令其〕思維，故謂「**最上三乘説法者**」。

66 不空罥索能勝伏　　金剛罥索大攝受
金剛鐵鈎大罥索　　怖畏金剛能怖畏

以其大悲罥索具不空果，能縛諸有情，令彼等轉向妙道，故謂「**不空罥索**」。以其能降伏魔與外道，故謂「**能勝伏**」。以其熱衷於諸有情之利益，切實防彼起大執着，故謂「**大攝受**」。以金剛為表而執罥索，故謂「**金剛罥索**」。以金剛為表而執鐵鉤，故謂「**金剛鐵鈎**」。以大罥索縛剛強難化之有情類，安置彼等於正道，故謂「**大罥索**」。「**怖畏金剛**」，即大威德金剛（Yamantaka）。住於此形相令諸難化有情生怖畏，故謂「怖畏金剛施怖畏」。

（上來清淨法界智諸頌）

67 六面怖畏忿怒王　　六眼六臂皆具力
張牙露齒佩髑髏　　訶羅訶羅毒百面

以其乃為忿怒主，故稱作「**忿怒王**」。於其有六面，且令人覺其恐怖，故謂「**六面怖畏**」。於其具六眼，故謂「**六眼**」。於其六臂有六隨念自性，故謂「**六臂**」。於其具那羅延（sred med kyi bu）力，故謂「**具力**」。以其以骸骨作莊嚴，故謂「**髗鬘**」。以其露出情恐怖銳牙，故謂「**張牙露齒**」。以具訶羅訶羅毒之百程蛇作為一切支分莊嚴，故謂「**訶羅訶羅毒百面**」。

68 **閻鬘德迦障礙王　　具金剛力怖畏相**
金剛名稱金剛心　　幻化金剛具大腹

以其安立妙道而破碎閻魔，故稱作「**閻鬘德迦**」。彼為一切障礙之所有主，故謂「**障礙王**」。以其作無礙行，故謂「**具金剛力**」。以其令諸難調伏者生怖畏，故謂具「**怖畏**」。稱其「**金剛**」以其不壞故。其「**名稱**」乃於三世間之名稱，具極怖畏自性。彼心間有金剛杵，故謂「**金剛心**」。稱其「**金剛**」以其示現種種幻化。彼具大腹，故謂「**具大腹**」。

69 **金剛生處金剛主　　金剛心髓如虛空**
不動一髻具傲慢　　所著大象生皮衣

以其於不壞法生處而生，故謂「**金剛生處**」。彼乃金剛部主，故稱其為「**金剛主**」。彼具金剛心髓之身，故謂「**金剛心髓**」。能予一切有情得成展現，故謂「**如虛空**」。於般若而無生，故謂「**不動**」。以其具廣大束髻髮，故謂「**一髻具傲慢**」。彼以象皮為衣，故謂「**所着大象生皮衣**」。

70 **發哈哈聲大肉緊　　發嘻嘻聲嚴畏相**
發哄笑聲發大笑　　金剛笑聲大雷音

「**大肉緊**」者，謂彼現怖畏相。而彼發haha咒音，故謂「**發哈哈聲**」。彼以hihi聲生怖畏，故謂「**發嘻嘻聲嚴畏相**」。其「大笑」遍滿無餘世間界。而彼亦發金剛呵呵哮笑聲，故謂「**哄笑聲**」。其「金剛大笑聲」[15]乃大音，具智自性而不被他法所壞。

71 **金剛薩埵大薩埵　　金剛王者具大樂**
金剛暴惡大歡喜　　金剛吽聲作吽吼

以其具如金剛之不壞意，故謂「**金剛薩埵**」。「**大薩埵**」，謂彼利益諸有情。「**金剛王**」，謂其乃金剛部主。而彼能圓滿任運成就而得樂，故謂「**具大樂**」。「**金剛暴惡**」，謂彼以暴惡調伏有情。以其具極歡喜之自性，故謂「**大歡喜**」。「**金剛吽聲**」，謂降三世。彼以其身形，及吽字吼聲，令難調有情生怖畏，故謂「**金剛吽聲**」。

72 **執持金剛箭兵器　　金剛劍能斷無餘**
金剛眾持諸金剛　　獨股金剛能退敵

以其所持箭為金剛表徵，故謂「**執持金剛箭兵器**」。「**金剛劍**」，謂能切斷妄想無明而無所餘。而其「**能斷無**

---

15 藏本此頌末句作 rdo rje gad mo cher sgrogs pa，意為「發出金剛大笑聲」，與梵本稍異。

餘」，故謂能切斷對般若之動搖。「**金剛眾持諸金剛**」，謂彼等持種種金剛杵。「**獨股金剛**」者，乃金剛杵之標幟，具不壞相。此能降伏魔軍，故謂「**能退敵**」。

73 惡目生起金剛火　　髮鬘即如金剛燄
金剛遍入大遍入　　金剛眼為一百眼

以金剛火作征伏，並以其黃赤眼作抵抗，故謂「**惡目生起金剛火**」。彼以金剛征伏難調諸有情，而其熱誠具金剛熾炎自性，故謂「**金剛燄**」。以其能征伏大自在天等，故謂「**大遍入**」。「**百眼**」，謂以百眼作觀照，見實法如實而住。此等亦具金剛熾炎，故謂「**金剛眼**」。

74 金剛尖毛遍於身　　集金剛毛成一身
指甲端如金剛尖　　金剛堅固厚硬皮

彼毛髮具金剛柱形相，尖銳如蘆，故謂「**金剛尖毛遍於身**」。其無二身具金剛毛髮，而非普通毛髮，故謂「**集金剛毛成一身**」。彼甲如金剛柱尖，其甲身豎固如金剛，故謂「**謂甲端如金剛尖**」。而彼硬皮之堅固，堅硬如金剛本質，故謂「**金剛堅固厚硬皮**」。

75 持金剛鬘具吉祥　　金剛莊嚴為莊嚴
哈哈高笑成妙音　　六種子字金剛音

彼持金剛鬘，故謂「**持金剛鬘**」。以其具智自在，故謂

「**吉祥**」。其莊嚴以金剛表徵為諸莊嚴，故謂「**金剛莊嚴為莊嚴**」。其笑乃高笑而吼叫，故謂「**哈哈高笑**」。以其以法性成決定而吼，故謂「決定吼」[16]。而此具六種子字密咒之自性，故謂「**六種子字**」。其音乃金剛乘之音，故謂「**金剛音**」。

76 以妙音發大響聲　　三世間中唯一音
既周遍於虛空界　　較世間音為最勝

此「**妙音**」乃微妙而柔和，而其所發乃無我之音，故謂「**大響聲**」。此所叫聲，乃「**三世間中唯一音**」，以其於三世間以唯一音說大無二性故。而此吼音遍於虛空界，故謂「**於虛空界作聲吼**」[17]。而此音於諸勝音中最勝，故謂「**諸有聲中為最勝**」[18]。

（上來大圓鏡智十頌）

---

16 藏文nges par sgrogs「決定吼」，此詞不見於梵文根本頌。

17 藏本此句作 nam mkha'i khams na sgra sgrogs pa，意為「於虛空界作聲吼」，與梵本不同。

18 藏本此句作 sgra dang ldan pa rnams kyi mchong，意為「諸有聲中為最勝」，與梵本不同。

77 如如真實而無我　　於真實際離字句
宣說空性具力尊　　甚深廣大發雷音

以如如、真實、無我等名相而說真性，故謂「**如如真實而無我**」。〔於真性〕，一切言說文字皆無，故謂「**於真實際離字句**」。但此具說空性之能，故謂「**宣說空性**」。而此為一切宣說者中之主，故謂「**具力尊**」。「**甚深廣大發雷音**」者，則謂以雷音宣說甚深廣大之空性。

78 法螺大樂音　　法犍椎大音
於無住涅槃　　十方鳴法鼓

以其吹響法螺，故謂「**法螺**」。以其發大功德音，故謂「**大樂音**」。以法犍椎令對魔境生怖，故謂「**法犍椎大音**」。「**住**」則為顯現。以其無住於輪迴涅槃，故謂「**於無住涅槃**」。以其於十方打大法鼓，故謂「**十方鳴法鼓**」。

79 無色或具上妙色　　及意所生種種色
吉祥光照一切色　　是持影像無餘者

「**無色**」，即法界之自性。「**具上妙色**」，即一切相具正成就身之自性。「**種種色**」，即化身與其種種所化相應之正顯現。「**意所生**」，謂由意所生之他義乃空。「**吉祥光照一切色**」，謂所顯現之形色皆具自在。為度無餘世間，持聲聞、緣覺、菩薩等形象而示現唯一，故云「**是持影像無餘者**」。

80 **無能勝故稱大主　　於三界中大自在**
住於最極聖道中　　樹大賜福之法幢

以其具一切無礙之力而無動搖，故謂「**無能勝**」。「**稱大主**」，謂彼乃一切三界之主。而彼於三界具智自在，故謂「**於三界中大自在**」。於最高聖道而入聖，故謂「**住於最極聖道中**」。何故云「**大賜福之法幢**」？「**大賜福**」者，以大莊嚴為因故；「**法幢**」者，以其乃法之勝幢故。

81 **三界唯一孺童身　　耆年長老或生主**
亦持三十二種相　　端嚴受三界鍾愛

於三界中持唯一孺童身，故謂「**三界唯一孺童身**」。「**耆年**」者，謂受一切供養之菩薩、比丘、上座。「**長老**」者，謂以一切智而成熟。「**生主**」者，謂彼教渡補特伽羅無餘眾。以其具三十二種大人之相[19]，如手足掌有輪寶等，故謂「**亦持三十二種相**」。

以其具光明，故謂「**受…鍾愛**」。以其支部分善成就，故謂於三界之「**端嚴**」。

82 **具世間解功德師　　辯才無礙世間師**
三界歸心勝怙主　　皈依無上救護處

以彼能到功德彼岸，故謂「**具世間解功德師**」。以其能

[19] 見《大乘百福莊嚴相經》（大藏經 卷十六 No. 662，332頁下）：「三十二者兩手兩足皆有輪相。文殊師利。如是所說三十二種大人之相。是名如來正相福聚」。

通達世間諸緣，故謂「**世間師**」。而彼能平伏一切爭論，故謂「**辯才無礙**」。亦成一切行為之護者，助有情離諸惡趣怖畏，故謂「**怙主**」。彼不欺三界，故成為「**三界歸心**」。能破一切煩惱怨敵，成諸怖畏之救護處，故謂「**救護處**」。此乃殊勝，故謂「**無上**」。故而彼能救渡一切有情諸趣，故作「**皈依**」。

83 **遍空受用樂　一切智智海**
劈破無明殼　能壞三有網

等虛空化身，以法、財、無畏等作真實受用，故謂「**遍空受用樂**」。「**一切智智海**」，即一切種智之智寶。「**無明殼**」者，謂如殼覆蓋於真性之無明。能正破開此殼，故謂「**劈破無明殼**」。以般若劍摧壞〔三〕有網，故謂「**能壞〔三〕有網**」。

84 **無餘煩惱息　渡越生死海**
戴冠作智灌　等正覺莊嚴

以其能離無餘煩惱，故謂「**無餘煩惱息**」。以離一切諸煩惱故，由是「**渡越生死海**」，離諸罪障，〔了知〕輪迴〔界〕為無有。以其戴一切種智冠作灌頂，故謂「**戴冠作智灌**」。「**等正覺莊嚴**」，謂世尊勝尊妙吉祥。

85 **三苦諸苦皆寂息　三盡無邊三解脫**
一切障礙悉得離　住於虛空平等性

「**三苦**」即苦苦、壞苦、行苦。如是能令諸有情寂息三苦，是謂「**三苦諸苦皆寂息**」。

若能滅自身之三苦，則謂「**三盡**」。能利益無量有情，故謂「**無邊**」。於聲聞、緣覺、菩薩，三解脫能息所度諸眾生之邊見，是謂「**三解脫**」。以其離煩惱障、所知障、業障、故謂「**一切障礙悉得離**」。以其能清靜障礙，則如虛空住於法界之平等性。

86 **超越一切煩惱垢　　三時無時住究竟**
一切有情之大龍　　功德頂冠之冠頂

以其能超越煩惱諸垢，故謂「**超越一切煩惱垢**」。以其能現於過去、現在、未來，而超越三時，故謂「**三時無時住究竟**」。能以正法甘露雨滿足諸有情趣，故謂「**一切有情之大龍**」。功德乃頂冠。若於頭頂，以功德冠為冠頂，是謂「**功德頂冠之冠頂**」。

87 **從諸蘊解脫　　妙住虛空道**
持大如意寶　　寶中勝遍主

能確實於諸煩惱剎那解脫，故謂「**解脫諸煩惱**」[20]。虛空道於自身無異於法界，故以我性住於不動自性，是謂「**妙住虛空道**」。以其具如意寶珠形相，故謂「**持大如意寶**」。以其能周遍，故謂「**遍主**」。以其能如一切有情之願欲而成就其義利，故謂「**寶中勝**」。

---

[20] 此頌首句藏文為 nyon mongs kun las rnam grol ba，意為「**解脫諸煩惱**」，與梵本不同。

88 **大如意樹極豐茂　　最勝廣大善妙瓶**
能作有情諸利益　　慈憫有情能利樂

「**大如意樹**」者，謂能成就一切有情所願求之法。其樹影周遍一切，故謂「**極豐茂**」。「**最勝廣大善妙瓶**」者，謂能賦与一切有情幸福。以前世願力利益有情，是謂「**能作有情諸利益**」。能於一切成就他眾利益，是謂「**能利樂**」。能對一切有情如憫其子而慈憫，是謂「**慈憫有情**」。

89 **知淨不淨復知時　　了知誓句具誓主**
知根器且知時機　　亦精通於三解脫

以其能了知天人與地獄等善不善果，故謂「**知淨不淨**」。以其能全然了知所應作之時與契機，故謂「**知時**」。以其具周遍一切法界自性，故謂「遍主」[21]。能完全了知一切煩惱，故謂「**了知誓句**」。而彼亦能全了知一切究竟成就之悉地與誓句，故謂「**具誓**」。「**知時機**」，謂於成熟諸有情之時，令彼等超越而調伏。「**知根器**」，謂知諸有情善信等根器。以其完全了知聲聞、緣覺、菩薩三者之解脫〔道〕，其所具離煩惱之自性，故謂「**亦精通於三解脫**」。

90 **具功德者知功德　　知法讚嘆生吉祥**
一切吉祥中吉祥　　具福名稱淨善名

「**具功德**」，謂具力、無畏等功德。「**知功德**」，則

21 藏文khyab bdag「**遍主**」此詞不見於梵文根本頌。見此頌之【無畏譯記】。

謂知他趣所具諸功德。〔「**知法吉祥生吉祥**」[22]者〕，「**知法**」，謂能如實了知諸法如幻等事；「**吉祥**」即福自性；「**生吉祥**」謂一切吉祥由是生。「**一切吉祥中吉祥**」謂具一切吉祥自性。其名稱之因，以其具福自性而被稱許，故謂「**名稱**」。以其成吉祥之所依，故謂「**福**」。「**淨善名**」者，「**淨善**」具福智自性與善自性；「**名**」謂以其名聞作一切無垢功德。

91 大法筵中大蘇息　　得大歡喜與大樂
恭敬承侍悉具足　　勝喜吉祥名稱主

「**大蘇息**」，謂一切蘇息之所依。「**大法筵**」，謂此大法筵具施等正顯現。能令諸有情得最勝大歡喜，故謂「大歡喜與大音樂」[23]。「大音樂」，謂以佛之廣大所得之音樂。「**恭敬**」，謂具恭敬而作一切供養。「**承侍**」，謂以所作為端嚴以成就諸有情利益。以其具足福德、智慧姿糧，故謂「**悉具足**」。以其常具安樂悅意等自性，故謂「**勝喜**」。此名稱主於一切種智得圓滿清淨功德，故謂「**名稱主**」。彼亦具法王吉祥，故謂「**吉祥**」。

92 具勝施勝最尊勝　　無上皈依皈依處
大怖畏之最勝敵　　怖畏消除更無餘

「**具勝**」，謂具最勝之佛果。「**施勝**」，謂施與最勝最

---

22 此句藏文為 chos shes bkra shis bkra shis 'byung，意為「**知法吉祥生吉祥**」。詳見此頌之【無畏譯記】。

23 藏文 rol mo「**大音樂**」此詞不見於梵文根本頌。

具價值。「**最尊勝**」，乃一切最勝。「**皈依處**」謂能於輪迴中守護怖畏可怖等。「**無上皈依**」，即諸皈依處中之最勝。「**大怖畏之最勝敵**」者，以其成獅子等大怖畏之怨敵相，故謂「大怖畏之敵」。稱其「**最勝**」，以其已證二無我。「**怖畏消除更無餘**」，謂能除輪迴怖畏至無餘。

93 頂髻分結成分髻　　結吉祥草戴頂冠
如是五面具五髻　　五髻各繫花冠帶

以其安立頂髻，故謂「**頂髻**」。「**分結**」，謂如孔雀之散翎。以其持髻，故謂「**分髻**」。(「垂髮光頭具頂冠」[24]) 者，以其髮散開，故謂「垂髮」。「光頭」，乃為作調伏而出家之表徵。「**頂冠**」，謂以一切寶珠嚴飾莊嚴其頂冠。以其具五顏面，故謂「**五面**」。彼亦具童子形頂髻，故謂「**具五髻**」，「**五髻各繫花冠帶**」，謂五髻具花飾之冠帶。

94 持大禁戒作圓頂　　以梵行為最上戒
苦行究竟大苦行　　最上沐身喬達摩

「**作圓頂**」，謂剃頭而圍頭帶。「**大禁戒**」，謂持大禁戒密咒行。以其行智梵之行，故謂「**梵行**」。「**苦行究竟**」，謂以密咒道為最上戒而得苦行究竟。「**大苦行**」，謂以修習大身語意作苦行。而彼以大壇城灌頂為莊嚴，故謂「淨住」[25]。

---

[24] 此句藏文為ral pa mgo reg cod pan ldan，意譯為「**垂髮光頭具頂冠**」，與梵本不同。見此頌之【無畏譯記】。

[25] 梵本以「沐身」喻為淨住。

以其為一切主，故謂「**最上**」。以其能度瞿曇仙等[26]眾，故謂「**喬達摩**」。

95 梵婆羅門知淨梵　　於梵涅槃得證時
釋離度脱度脱身　　解脱寂性之寂者

「**婆羅門**」，謂能離殺生等一切罪過。「**梵**」，謂能通達法界之梵。「**知淨梵**」，即能〔知〕無二。無住處涅槃，乃梵涅槃。能得此者，故謂「**於梵涅槃得證時**」。「**釋離**」謂離生、業、苦等。輪迴者，具暗之自性。能自輪迴繫縛中脱離，即謂「**度脱**」。而具正見解脱支分，即謂「**度脱身**」。種種煩惱不生，即謂「**解脱**」。能令諸有情得善道，故謂「**寂性**」。其「**寂**」，乃能離煩惱之損害。

96 涅槃寂滅與寂靜　　妙出離即盡邊際
淨除苦樂至究竟　　離欲即為諸蘊盡

「**涅槃**」者，謂得無住涅槃。能妨有餘之憂惱，故謂「**寂滅**」。能如明燈般疾速與一切融和，此自性謂「**寂靜**」。能令諸有情得善，故謂「**妙**」。能自密咒道中真實而生，故謂「**出離**」。能盡諸業，故謂「**盡邊際**」。能得無住三摩地，故謂「**淨除苦樂**」。得究竟者，即得一切至支分，故謂「**至究竟**」。能得離欲及盡餘蘊，故謂「**離欲即為諸蘊**

---

26 瞿曇仙，印度太古時代之仙人。又作瞿曇大仙、喬答摩仙。為七大仙之一，十鉢羅闍鉢底之一。於藏密中，謂瞿曇仙為六火天眷屬五仙之一。其形像，身呈赤肉色，持瓶。右手豎散五指，以拇指指其無名指之中節；左手中指與拇指相捻，置於胸前。

盡」。

97 **無能勝亦無倫比　　不明不現不能顯**
不可分之周遍行　　微細無漏離種子

能不被諸魔等超越，故謂「**無能勝**」。以其無二，故謂「**無倫比**」。以其不現為光明身，故謂「**不明**」。以其離一切相，故謂「**不現**」。以其不得了知其相為何，故謂「**不能顯**」。以其超越一切時，故謂「不變」[27]。以無身為法而知一切，故謂「**周遍行**」，而其莊嚴即為「**周遍**」。以其不被諸瑜伽者所能了知，故謂「微細」。能於有漏煩惱得解脱，故謂「**無漏**」。以菩提種子得離自身罪過，故謂「**離種子**」。

98 **無塵離塵與離垢　　遠離過失離疾患**
妙悟遍覺之自性　　遍智遍知故善妙

「**無塵**」，謂能離欲染等垢。「**離塵**」，謂能於一切塵垢不受污染。「**離垢**」，則謂能離思惟、習氣等垢。「**遠離過失**」，謂能離惡所取等過失。「**離疾患**」，謂能離一切疾病。

「**妙悟**」，即能證悟一切法。「**遍覺之自性**」，則謂能離三過垢。「**遍智**」，謂能以法界之道正解一切實事。「**遍知**」，即具聲聞等智。其自身為最勝，故謂「**善妙**」。

[27] 藏文 mi 'gyur「不變」，此詞不見於梵文根本頌。

99 **超越心識與法性　　得持色相無二智**
無分別而無功用　　三世正覺作事業

「**超越心識與法性**」，即離對實事之能執所執。其所具「**智**」，乃一切法無二智。以此智而得持色相無二之自性，故謂「**得持色相無二**」。能超越一切分別，故謂「**無分別**」。而「**無功用**」，則謂對利益他眾不作煩念。「**三世正覺作事業**」，謂如三世諸佛對有情作事業。

100 **佛陀無始終　　本初佛無因**
唯一智眼淨　　如來具智身

「**佛陀**」者，即能證悟一切法。「**無始終**」，即無始無終，乃法身自性。「**本初佛**」，具自本初法性之自性。於何而生皆非是，故謂「**無因**」。以具智自性之唯一眼作觀照，故謂「**唯一智眼**」。以此而離貪欲執著等垢，由是而得「**淨**」。「**智身**」，即具智自性之身。過去如來再來時有如善逝，以如善逝故謂「**如來**」。

101 **大言說者辯自在　　言說權威言說王**
說者中尊最尊者　　言說獅子無能勝

「**辯自在**」，謂具語自在。以其不受諸爭論征伏，故謂「**大言說者**」。彼是一切言說者之主，故謂「**言說王**」。對梵天、帝釋等一切言說，其宣說端嚴，故謂「**言說權威**」。彼亦是梵等一切言說者中最勝，故稱為「**說者中尊**」。以其以最勝成就而成主，故謂「**最尊者**」。稱其為「**言說獅子**」，以其能令惡外道獸生怖畏。其自身永不被他眾征伏，故謂「**無能勝**」。

102 具勝喜而遍見者　具火鬘為眾樂見
吉祥德相具光輝　手光嚴飾光音光

「遍見者」，謂能悟諸法之真實性。彼以殊勝歡喜得大福身，故謂「勝喜」。彼以威光髮為身莊嚴，故謂「具火鬘」。以威光髮作圍繞，其身具寂淨自性而善照，由是為「眾樂見」。(「**熾焰妙光吉祥相**」[28]者) ，「**妙光**」，具最上智光明，能除無明黑暗。其「**熾焰**」明亮，以智身遍滿一切所知，以吉祥身相而住，故謂「**吉祥相**」。彼手具光輝。以此光輝，其手光熾盛明亮，故謂「**手光熾盛**」[29]。此以智道作照耀，故謂「**光照耀**」。

103 大良醫中最勝者　能除痛刺故無比
亦是無餘諸藥樹　能作煩惱病大敵

以彼乃正法之醫者，能治愈諸煩惱病，故稱其為「**大良醫中最勝者**」。以自身〔能愈諸病〕，故為「**最勝**」。以其能去除無始以來之根本病，故謂「**能除痛刺故無比**」。此如樹能生諸藥。無餘諸藥之自性即如佛法，能以此等圓滿去除病痛，

---

[28] 此句藏文為'od 'zang 'bar ba dpal gyi be'u，意為「**熾焰妙光吉祥相**」，與梵本稍異。

[29] 此頌末句藏文為lag na 'od 'bar snang ba pa，意為「**手光熾盛光照耀**」，與梵本稍異。

故亦謂「**無餘諸藥樹**」。能除根本病故，即為諸病之大敵，但亦是〔病人〕之友。

104 **可喜三界標幟相　　吉祥星宿具壇城**
十方虛空無盡際　　廣大樹立勝法幢

（「**可喜三界中殊勝**」[30]者），「可喜」，即滿〔世間〕一切願。以其能成為三界之遠離者，故謂「**三界中殊勝**」。〔「**吉祥星宿具壇城**」者〕，以此具智相，為吉祥之住處，故謂「**吉祥**」。於生死輪中之端嚴，猶如於星宿壇城中央有月之端嚴，故說「**星宿具壇城**」。至十方虛空際皆高舉法幢，故謂「**廣大樹立勝法幢**」。

105 **世間廣大唯一傘　　慈悲壇城為所具**
吉祥蓮花舞自在　　廣大遍主大寶傘

為妨雨、熱等，以唯一傘之自性周遍諸有情，故謂「**世間廣大唯一傘**」。以慈與悲，完全圍繞〔諸有情〕以作覆蔽，故謂「**慈悲壇城為所具**」。以其智自在，故謂「**吉祥**」。以其持蓮花舞自在身，故謂「**蓮花舞自在**」。以其周遍一切〔界〕，故謂「**廣大遍主**」。於中有「**寶傘**」。傘者，以寶作其嚴飾。

30　藏本此句作sdug gu 'jig rten gsum gyi mchog，故譯為「**可喜三界中殊勝**」，與梵本不同，然意義則無別。

106 一切佛大王　持諸佛性身
諸佛大相應　諸佛唯一教

於一切佛之中央成端嚴，故謂「**諸佛大威光**」[31]。以其持一切佛身我性之自性，故謂「**持諸佛性身**」。以其具與一切佛之大相應，故謂「**諸佛大相應**」。如是此教法成一切佛之唯一教法道，故謂「**諸佛唯一教**」。

107 吉祥金剛寶灌頂　一切寶主自在者
一切世間自在主　一切金剛持主尊

「**金剛寶**」，謂以金剛作寶之表徵。以此作灌頂，由是具三界主相，是故吉祥，此即「**吉祥金剛寶灌頂**」。「**一切寶主自在者**」，謂依屬於寶生部主之自在者。以其乃一切世間之自在主，故謂「**一切世間自在主**」。以其乃一切金剛持之主尊，故謂「**一切金剛持主尊**」。

108 一切佛大心　住一切佛意
一切佛大身　一切佛辯語

以其心與一切佛無二，具寶生佛、無量光佛、阿閦佛等之自性，故謂「**一切佛大心**」。以其住於一切佛意，故謂「**住一切佛意**」。以其具一切佛身，故謂「**一切佛大身**」。而其語等同一切佛，故謂「**佛辯語**」。

31　藏本此句作 sangs rgyas kun gyi gzi brjid che，可譯為「**諸佛大威光**」，與梵本不同。

109 金剛日之大明照　　金剛月之無垢光
離根本欲即大欲　　種種色為熾燄光

「**金剛日之大明照**」，謂如太陽去除無明之黑暗。「**金剛月之無垢光**」，具無垢光明，去除諸煩惱等。已說遠離欲等等，能捨離此等已說，謂「**離根本欲**」。「**大欲**」，即具大悲之欲。能正顯現種種身相，故謂「**種種色為熾燄光**」。

110 佛金剛跏趺　　持佛唱讚法
吉祥蓮花生　　持一切智藏

以其持佛之金剛跏趺，故謂「**佛金剛跏趺**」。佛唱讚者，即令〔有情〕正集合而唱讚法，此即謂「**持佛唱讚法**」。於此具吉祥，故謂「**吉祥**」。以其自佛蓮花而生，故謂「**正覺蓮花生**」[32]。「**藏**」，即一切智之智藏。能持此藏，故謂「**持一切智藏**」。

111 持諸幻化王　　廣大佛持明
金剛利大劍　　清淨勝文字

以彼乃一切佛部之主，故謂「**王**」。以無種姓化現為有性，故謂「**幻化**」。立心於此，故謂「**持諸幻化**」。以彼堪為供養，故謂「**大**」。諸佛之「明咒」即般若。能持於此謂「**廣大佛持明**」。「**金剛利**」，謂能令各各證悟一切法無

---

[32] 藏文 sangs rgyas「**正覺**」一詞實見於梵文根本頌: buddha-padmobhavah śrīmān。

我，由是切斷煩惱大樹，故謂「**大劍**」。「**勝文字**」，即阿字。以此令所宣說者能得受持，故謂「**勝文字**」。此乃「**清淨**」，以其無不實之分別垢。

112 大乘能斷諸苦惱　金剛法為大兵器
金剛甚深勝中勝　金剛覺如義理知

以大乘道切斷輪迴苦惱，故謂「**能除諸苦惱**」。「**金剛法**」，即無二智。以金剛法作大兵器，切斷能執所執分別，故謂「**金剛法為大兵器**」。復次，大乘乃不壞之甚深教法，以此為聲聞緣覺二乘之征伏者，故謂「**金剛甚深勝中勝**」。「**金剛覺**」，謂其心不為諸魔破壞。「**如義理知**」，謂以無常等法了知一切實事義。

113 波羅蜜多盡圓滿　於一切地具莊嚴
究竟清淨法無我　正智如月心光燦

「**波羅蜜多盡圓滿**」，謂能圓滿成就十波羅蜜多。「**於一切地具莊嚴**」，謂具足十地莊嚴。「**究竟清淨法無我**」，謂能證悟清淨法無我之智。彼以如月之真實智性，以其光令本被邪智無明所障礙之心，得無垢而成莊嚴，故謂「**正智如月心光燦**」。

114 **幻化網大精勤者　一切密續最勝主**
全數金剛結跏趺　而持無餘智慧身

「**幻化網**」密續義所宣說者具大精勤，故謂「**幻化網大精勤者**」。何故彼能成此？以彼乃一切密續之主，故謂「**一切密續主**」。而彼自身為最上，故謂「**最勝**」。以其結金剛跏趺座，征伏無餘相，故謂「**金剛法座具無餘**」[33]。而其所作已具蘊我性，具報身、化身，故謂「**而持無餘智慧身**」。

115 **普賢具妙慧　地藏持眾生**
一切佛大藏　持種種化輪

以其於一切而成妙善，故謂「**普賢**」。以其具真慧妙善，故謂「**妙慧**」。以其持地藏菩薩之形相，故謂「**地藏**」。以其成諸有情蘇息之所依，故謂「**持眾生**」。以其成一切佛之生因，故謂「**一切佛大藏**」。「**種種化輪**」，即壇城輪。能持於此，即謂「**持種種化輪**」。

116 **一切有具勝自性　一切有皆持自性**
是即無生法諸義　諸法自性能執持

「**一切有**」之「**自性**」為無自性，此自然成「**具勝自性**」。依從於此，故「**一切有皆持自性**」。然此乃無生法，故謂「**無生法**」。以此，宣說無自性法具無生義，故謂

33　此句藏文為 rdo rje gdan ni ma lus ldan，與梵文根本頌稍異。詳見此頌之【無畏譯記】。

「法諸義」。「諸法自性」即以空性為自性。能持於此，即謂「諸法自性能執持」。

117 一剎那間大般若　　證一切法而能持
現觀一切諸法者　　上智牟尼知究竟

能以大般若一剎那間證悟一切法，故謂「一剎那間大般若」。以一切法乃無常等方便通達而證悟，其心能持於此，故謂「證一切法而能持」。以一切法乃有為等，現觀於此而得證悟，故謂「現觀一切諸法者」。以彼能成就般若之最勝，故謂「上智牟尼」。(「上智牟尼真實際」者)[34]，「真實」，即真實義。能證悟此邊際成究竟性，故謂「真實際」。

118 無動最極澄明我　　持於等正覺菩提
即一切佛之現證　　智火熾燄極光明

「無動」，謂能離惡所執之一切分別，由是不變。「最極澄明我」，謂能離不安穩與貪欲之煩惱。「等正覺菩提」，乃〔漏〕盡智，即無生智。能能持於此，即謂「持於等正覺菩提」。「一切佛之現證」，謂法界自性乃一切佛之現證。「智火熾燄極光明」，謂其智如火燄，具真而妙善之光。

（上來妙觀察智四十二偈頌）

---

[34] 藏本此句作thub pa blo mchog yang dag mtha'，故譯為「上智牟尼真實際」，與梵本稍異。詳見此頌之【無畏譯記】。

119 最上所樂義成就　一切惡趣悉清淨
一切有情勝導師　一切有情令解脫

「**所樂**」，乃極須要，即謂佛果。以此義而得成就，謂「**所樂義成就**」。此乃出世間性，是故「**最上**」。亦能止息一切惡趣惡行，故謂「**一切惡趣悉清淨**」。「**導師**」，謂具智自在。彼能離一切煩惱繫縛，故謂「**一切有情勝導師**」。以一切力通達種種方便，令一切有情解脫，故謂「**一切有情令解脫**」。

120 煩惱陣中獨勇猛　摧殺無知傲慢敵
具足樂空智吉祥　具持勇健醜惡相

「**煩惱**」，即貪等。由此俱等引起之戰，謂「**煩惱陣**」。於此，彼乃唯一勇猛者，唯他眾所無，故謂「**獨勇猛**」。「**無知傲慢敵**」者，謂志在外道義。能捨離彼等，謂「**摧殺無知傲慢敵**」。彼具智自在，故謂「**吉祥**」。能具出世間意，故謂「**具足樂空智**」。以具足堅勇者魂，防禦諸魔等敵，故謂「**具持勇健**」。以其持於真為堪難接受之形相，故謂「**具持醜惡相**」。

121 振百手而揮諸杖　足進止而作舞者
百臂旋動而吉祥　遍滿虛空之舞者

彼百手持種種器仗，作最勝揮動，其百足以種種安立，舉步而作舞，故謂「**振百手而揮諸杖，足進止而作舞者**」。

以具吉祥之百手遍動，遍盡虛空界而作舞，故謂「百臂旋動而吉祥，遍滿虛空之舞者」。

122 **大地壇城之分界　　以一足底力壓之**
足拇指爪復抓壓　　淨梵天界之尖頂

地輪，以大地之部分表面為基。彼以一足底力壓其廣大處而住，故謂「大地壇城之分界，以一足底力壓之」。復以其廣大足拇指為爪力壓梵天界之地表部分，再以足拇指為爪壓梵天界地之尖頂而住，故謂「足拇謂爪復抓壓、淨梵天界之尖頂」。

123 **不二法義即唯一　　是最勝義不可壞**
種種表義色法義　　具心與識之相續

「不二法義」乃「唯一」。以不二法義離能執所執，故謂「不二法義…是最勝義」。又決不被他所變異，故謂「不可壞」。以此化現為外色等種種義，及生起對其種種相之了解，故謂「種種表義色法義」。「具心與識之相續」者，「心」即「識」，其相續乃相續不斷。

124 **有境無餘皆具樂　　樂空是即無上智**
有法之貪超越後　　於三有中具大樂

以自性妙慧思惟無餘實事以作觀察，由是生樂，故謂「有境無餘皆具樂」。能對空性義真心生歡喜，此謂「樂空」。此即最勝之自然智，故「**無上智**」。對有法之貪著，謂「**有法之貪**」。能超越有法之貪著等，謂「**有法之貪超越**」。此亦即超越對欲之貪著。為能利益其他有情而於三有中具樂，謂「**於三有中具大樂**」。

125 清淨猶如白雲白　　妙光猶如秋月光
端嚴猶如初日輪　　大紅爪甲具光輝

〔此樂空無上智相〕如白雲般白，故謂「**清淨猶如白雲白**」。「**清淨**」者，以其離一切色故。其妙光自然猶如秋月光，乃妙善之光，故謂「**妙光**」。亦如初出日輪光般紅，故謂「**端嚴猶如初日輪**」。其爪光具大紅光輝，故謂「**大紅爪甲具光輝**」。

126 妙髻頂尖帝青寶　　勝髮押以大青玉
大摩尼珠吉祥光　　佛所變現莊嚴具

其頂冠之寶珠如帝青寶成端嚴，故謂「**妙髻頂尖帝青寶**」。髮鬘以大青為押髮，故謂「**勝髮押以大青玉**」。於此有大摩尼珠，光具吉祥，故謂「**大摩尼珠吉祥光**」。佛所變現具足，如般若波羅蜜多，故謂「**佛所變現莊嚴具**」。

127 百世間界皆震動　　〔四〕神足具大趣向
持大憶念具如性　　四念住之等持王

「**百世間界皆震動**」，謂投〔四〕神足之大力，令百世間界震動。「〔四〕**神足具大趣向**」，謂具足神通力之大力，如〔四〕神足之大力。「**如性**」，謂住於真性。「**持大憶念**」，謂對先前〔座上〕之境界不忘。以捨離佛法僧作念住，以四念住作等持，能成此等持之主，謂「**等持王**」。

128 **七覺支花香　如來功德海**
解八正道旨　知覺正覺道

〔七〕覺支具足花香之形相，謂「**七覺支花香**」。此成一切如來功德之四寶，故謂「**如來功德海**」。八正道乃聲聞緣覺之共道。對此了解，謂「**解八正道旨**」。此〔八正道〕自然而成「**知覺正覺道**」。

129 **大愛著於諸有情　實無所著如虛空**
於諸有情意中生　疾速如諸有情意

以大悲力對凡一切有情生大愛著，謂「**大愛著於諸有情**」。能依般若之如性，即「**實無所著如虛空**」。能契入一切有情意而了知彼等，謂「**於諸有情意中生**」。由是以疾速心向一切有情授與讚頌，故謂「**疾速如諸有情意**」。

130 **知一切有情根境　移一切有情心意**
知五蘊義之如性　持五蘊之極清淨

「**知一切有情根境**」，謂了知一切有情上中下之根器。能真心隨順〔有情〕，令彼等生樂，故謂「**移一切有情心**

意」。說蘊，以下來所述之方便而說：色如泡，受如沫、想如乾達婆城、行如流水、識如幻。從之而了知五蘊義之如性，謂「**知五蘊義之如性**」。能持五蘊之清淨自性，即戒、定、慧、解脫、解脫知見，謂「**持五蘊之極清淨**」。

131 住諸出離之邊際　　能善巧於諸出離
住諸決定出離道　　於諸出離能宣說

「**住諸出離之邊際**」，謂住於聲聞等出離之邊際。「**能善巧於諸出離**」，謂能證悟一切出離之自本性。「**住諸決定出離道**」，謂住於一切出離，令諸有情安立此〔出離〕道。如是對一切有情宣說一切出離，故謂「**於諸出離能宣說**」。

132 拔除十二有支根　　而持十二清淨相
具知四諦行相義　　八智覺知而受持

拔除十二因緣有相所伴之根本，謂「**拔除十二有支根**」。由是自然得清淨涅槃，離因緣生之十二有支。「**具知四諦行相義**」，謂宣說苦、集、滅、道之四諦行相。「**八智**」，即能對苦等法之了知之八智。能證悟此〔八〕智[35]，及攝受此等入心，謂「**八智覺知而受持**」。

---

[35] 八智謂法智、類智、苦智、集智、滅智、道智、世俗智、他心智。

133 **具有十二諦義相　　能知十六如如相**
以二十相成正覺　　一切勝解遍覺者

「**具有十二諦義相**」，謂宣説具十二處相之世俗諦義。「**十六如如相**」，謂由內空至無性自性空之十六。如實了知此等，謂「**能知十六如如相**」。此十六如如相上，加大圓鏡智、平等性智、妙觀察智、成所作智四智相，則為二十行相。以此方便而「**成正覺**」。「**遍覺者**」，謂於種種相而得覺。能具了知一切相之智，謂「**一切解**」。能〔了知〕一切之最勝，則為「**勝解**」。

134 **無量諸佛之化相　　令顯現為億萬身**
剎那現證於一切　　亦知一切剎那心

佛身以變現無量佛，於無邊世間同時利益有情，故謂「**無量諸佛之化相、令顯現為億萬身**」。「**剎那現證於一切**」，謂彼了知而通達時間之相，故能於剎那現證一切。與一切有情相關之心行相，具真相亦具妄相。能通達此等，故謂。「**亦知一切剎那心**」。

135 **以種種乘方便道　　令顯現為世義利**
由是三乘定出離　　而唯住於一乘果

「**種種乘**」即聲聞乘等。以自身作方便，念諸有情利益，以種種乘方便道令彼等得成就，故謂「**以種種乘方便道、**

通達世間眾義利」[36]。「三乘」謂聲聞乘等。出離此等，故謂「由是三乘定出離」。於勝義，諸乘實無分別，乃佛之唯一果，故謂「而唯住於一乘果」。

136 煩惱界具淨我性　　盡諸業界能滅盡
平息暴流而渡過　　觀修稠林能出離

諸煩惱界謂眼等類別，實無他義，故無因果自性，是故具清淨我性，謂「煩惱界具淨我性」。凡於善惡業所生之心，是謂「業界」。能知此等具無生法，謂「盡諸業界能滅盡」。「河」謂貪欲之河、〔三〕有之河、無明之河、我見之河等四者。「海」則喻為自身難以渡過。能渡過此等，謂「於諸河海中渡過」[37]。「觀修」者仍有〔作意〕等。盡離觀修此等，則喻為於「稠林」此等出離。故謂「觀修稠林能出離」。

137 煩惱隨煩惱雜染　　以及習氣皆捨離
般若方便具大悲　　不空世間成義利

「煩惱」，謂貪等。「隨煩惱」，謂忿等。「雜染」，謂凡積集此等一切而得之煩惱。

能真實捨離此等習氣，謂「以及習氣皆捨離」。以大悲

36　藏文為theg pa sna tshogs thabs tshul gyis 'gro ba'i don la rtogs pa po，與梵文根本頌稍異。

37　藏文為chu bo rgya mtsho kun las brgal，意為「於諸河海中渡過」，與梵本不同。

之般若方便，由是具不空果，成就世間義利，謂「**不空世間成義利**」。

138 **捨離一切概念義　　持於識境之寂滅**
具足有情諸意境　　趣入一切有情意

〔於識境，有情〕以想（概念）執持諸相之自性。唯除想外實無外境，故相執亦無。能捨離一切想義而得諸義之要領，謂「**捨離一切概念義**」。「識」唯於識境作分別。能以自身令此等寂滅，宣說無相，謂「**持於識境之寂滅**」。「**具足有情諸意境**」，謂能觀想諸有情意境。能成他有情而趣入了知一切有情意，謂「**趣入一切有情意**」。

139 **住入一切有情意　　於彼心中平等住**
滿足一切有情意　　一切有情意具樂

復次，能住入有情心間，故謂「**住入一切有情意**」。「**彼心**」者，謂於彼等心經觀修而得平等性，故謂「**於彼心中隨順住**」[38]。能適應一切有情心意令彼等滿足，故謂「**滿足一切有情意**」。能對一切有情宣說第一義，令彼等生歡喜心，故謂「**一切有情意具樂**」。

[38] 藏文mthun par「**隨順**」，此詞不見於梵文根本頌。

140 **捨離立宗之過失　　一切迷亂皆消除**
於三世得無疑智　　一切義利三德性

凡具達至極成就之用意，此即立宗之究竟。能離外道過失而無邪見所具之謬誤，謂「**一切迷亂皆消除**」。此自然得「無疑智」。「**於三義**[39]**得無疑智**」，故說三義：取、捨、與等置。能對具受用與解脫相之一切義自在，謂得「**一切義利**」。「**三德**」，乃空、無相、無願三解脫門。其自性謂「**三德性**」。

141 **五蘊義於三時中　　每一剎那善觀察**
剎那現證等正覺　　具持一切佛自性

「**五蘊**」，即色等。「**三時**」，即過去、現在、未來之時。此等時乃一時。而此三者，由此等時剎那分位之前後而生，實為一切剎那。能開示此等差別，謂「**五蘊義於三時中，每一剎那善觀察**」。由是具智自在，得真實成就，故謂「**剎那現證等正覺**」。於法身自性而不壞，謂「**具持一切佛自性**」。

142 **無支分身最勝身　　觀察諸身之邊際**
無餘色相能變現　　寶幢具大摩尼頂

〔「**無身之身勝妙身**」者〕[40]，「**無身**」，謂具法身，由

39 藏文don gsum「**三義**」，此詞不見於梵文根本頌。

40 頌首句藏文為lus med lus te lus kyi mchog。與梵本「**無支分身最勝身**」稍異。

大種所成。「**身**」，謂具報身。「**勝妙身**」，謂具化身。能通達身之邊際，謂「**觀察諸身之邊際**」。由此通達之方便，「**無餘色相能變現**」。「**大摩尼**」，乃如意寶珠，其自性令一切大樂成就。以寶作象徵之旗，稱作「**寶幢**」。

（上來平等性智二十四頌）

143 **諸等正覺者所悟　　皆為無上佛菩提**
密咒生處無文字　　說為三部大密咒

「**諸等正覺者所悟**」者，謂正成就法身自性。而「**佛菩提**」即無上正等覺之自性。稱其「**無上**」，以其無他法。此於密續密咒中宣說，故謂「**密咒生處**」。此亦即無二智之自性，故謂「**無文字**」。其自性說為三部大密咒。三部大密咒者，乃如來部、蓮花部、金剛部。

144 **生出一切真言義　　皆由無字大明點**
五文字者即大空　　百字亦實為空點

「**生出一切真言義**」，謂一切密咒之生因。「**大明點**」，謂具明咒功能之薩埵。「**無字**」，謂離一切文字、音、與標幟。「**大空**」，謂大空性之自性。五文字者，即a、ra、pa、ca、na五字之自性。空點之密咒即無上百字，故謂「**百字亦實為空點**」。

145 一切形相無形相　十六半半持明點
超越支分與算數　持於第四禪之頂

「**一切形相**」，乃種種相。此具法身自性，故謂「**無形相**」。月明點，乃「**十六半半**」四半分之餘[41]。持於〔頂輪，如〕髮飾，謂「**十六半半持明點**」。「**超越支分**」，即無支分，亦即更無部分（即全體）。「**超越算數**」，謂超越計算分析。能持第四禪無分別，即三禪之頂，謂「**持於第四禪之頂**」。

146 知一切禪定支分　等持種姓及傳承
等持身為最勝身　一切受用身之王

「**知一切禪定支分**」，謂知如性。「**等持**」，謂首楞嚴。其種姓與傳承，乃般若波羅蜜多。了知此者，謂知「**等持種姓及傳承**」。「**等持身**」，乃法身。其自身於第二身為最勝，故謂「**最勝身**」。此作一切受用身之端嚴，故謂「**一切受用身之王**」。

147 化身亦為最勝身　受持諸化佛傳承
周遍十方而化現　隨宜世間作義利

「**化身亦為最勝身，受持諸化佛傳承**」，謂此身成最勝，以其持佛之化現傳承故。

---

41 十六之半為八，八之半為四，是即四輪明點，此處「**四半分之餘**」即指「半半」分為四後，專指頂輪一分。

「周遍十方而化現，隨宜世間作義利」，謂於十方以種種相分出無量變現，如實利益有情。

148 **天中天及諸天主　　天帝及阿修羅主**
無滅天主與天師　　摧壞天摧壞天王

〔上來之種種相〕，或說「諸天主」，或說「天中天」。「天帝」即都史陀天之主。「阿修羅主」即毗摩質多羅（Vemacitra）　等。或說「無滅天主」，即焰摩天（Yama）等。「天師」即木曜星。「摧壞天王」即暴惡天眷屬。「摧壞天」即摧壞自在。以此等諸變現利益有情。

149 **渡過三有之荒野　　唯一導師眾生師**
世間十方名稱遍　　是為廣大法施者

「渡過三有之荒野」，謂離輪廻習氣之過失。「導師」，謂能隨順有情宣說。〔其所說〕乃無二義，故謂「唯一」。「眾生師」，謂彼成有情之師。彼亦以廣大法施名稱於世間十方，故謂「世間十方名稱遍，是為廣大法施者」。

150 **具慈擐甲作莊嚴　　具悲鎧甲披甲者**
以般若劍及弓箭　　作離煩惱無智戰

若問如何摧伏諸魔？答：被上慈鎧，亦如是被上悲甲，持般若劍與弓箭，於戰場作征伏。「作離煩惱無智戰」，謂於煩惱無智之戰場作征伏。

151 **勇猛降魔魔之敵　　四魔怖畏能除去**
一切魔軍能降伏　　世間導師正覺者

「**勇猛**」，謂無怖畏。彼乃魔之怨敵，故謂「**魔之敵**」。能降伏魔障，故謂「**降魔**」。「**四魔**」者，即蘊魔、煩惱魔、死魔、及天魔。能除去此等怖畏，將其降伏，故謂「**四魔怖畏能除去**」。彼不僅成魔中一者之怨敵，唯凡魔軍皆能征伏，故謂「**一切魔軍能降伏**」。能成辦於此，故自然成「**世間導師正覺者**」。

152 **應禮應供應恭敬　　是應恆常受承侍**
最受尊敬及尊崇　　皈依最殊勝上師

是故彼乃最勝、無上，應當禮敬，自然「**應禮應供應恭敬，是應恆常受承侍，最受尊敬及尊崇，皈依最殊勝上師**」。

153 **一步能遊於三界　　如空無邊而跨步**
淨行者具三明淨　　具六神通六隨念

「**一步能遊於三界**」，謂以一步超越一切三界[42]。此如虛空無邊，能跨步至其究竟，故謂「**如空無邊而遮止**」[43]。菩薩

42 說「**超越一切三界**」，即謂超越一切時空世間之三界，非唯吾人之三界。此處具如來藏甚深秘密義。

43 藏本作gnon，解為「**遮止**」，與梵本不同。

之三明，乃天眼明、宿命明、與漏盡明。以「明」非智外，故「三明」即謂具三智。由是離我與我所之分別，及一切習氣而得清淨，離一切過失，故謂「淨」。「六神通」，即天眼通等六神通。「六隨念」，即佛隨念、法隨念、僧隨念、戒隨念、天隨念、捨隨念[44]。具此等謂「具六隨念」。

154 菩提薩埵大勇識　　具大神足超世間
成就般若波羅蜜　　能達般若如如性

「菩提薩埵」，謂有思念菩提之心。「大勇識」，謂一心於利他。「具大神足」，謂具神通，對一切種之境界生信。「超世間」，謂能證悟出世間智。「成就般若波羅蜜」，謂以般若波羅蜜多之瑜伽證悟法身而至究竟。「能達般若如如性」，謂於一切種通達其自性。

155 一切自明與他明　　勝數取趣利一切
超越一切諸譬喻　　能知所知殊勝主

「自明」，謂能以各各自明諸法之方便而自明。「他明」，謂能以幻等方便而他明。「一切」，謂能成就一切事業。「利一切」，謂能思念利益一切有情。「勝數取趣」，謂成眾人之主，受多人尊敬。「超越一切諸譬喻」，謂能超越一切譬喻。對極欲求淨土為解脫因之眾，應知其自身實為〔解脫因〕。此「所知」實無他者之義。以其能知真實性之無餘智為

44　見《阿毘達磨集異門足論》卷第十六（大藏經，第二十六冊，No.　1536，p0433上）。

生因，故謂「**能知主**」。以其最上，故謂「**殊勝**」。

156 是為最上法施主　宣說四種手印義
為行三出離種姓　作諸世間承侍主

「**法施**」，謂一切施主。以其成彼等法施主之主，故謂「**最上法施主**」。「**四種手印**」，謂大印、法印、羯磨印、及三昧耶印。此等印之義謂「**四種手印義**」。於此，大印成本尊身，即化身。三昧耶印乃法身。法印乃言說之語。羯磨印乃事業成就身。由是世尊妙吉祥，遊行於聲聞等三種出離〔之種姓〕，承辦有情所應作，為最勝之所依。

157 勝義清淨具吉祥　廣大三界之勝福
一切圓滿皆吉祥　最勝吉祥妙吉祥

是故，「**勝義清淨具吉祥**」，非他者，〔唯世尊妙吉祥〕。若問如何能知？答云：由「**勝義清淨具吉祥**」而知。於中，復須知，彼以三世間之勝福，顯現而欲成就一切義利，為一切最勝而具吉祥，故謂：「**廣大三界之勝福，一切圓滿皆吉祥，最勝吉祥妙吉祥**」。

「**勝義清淨具吉祥**」，謂能證悟此等一切。「**三界**」，即欲界等。「**勝福**」，謂得富足無顛倒智。「**一切圓滿皆吉祥**」，謂對一切有情作調伏而化現諸身。若問：彼為誰？答云：「**最勝吉祥妙吉祥**」。

（上來成所作智十五頌）

158 勝施金剛我皈依　　真實邊際我皈依
於空性藏我皈依　　諸佛正覺我皈依

復次，說敬禮。

「**勝施金剛我皈依**」中，「**勝**」為佛果。「**勝施**」謂將此〔佛果〕施與。而「**勝施金剛**」乃金剛部之主。故讚禮其為「**勝施金剛我皈依**」。「**真實邊際**」，謂如性。「**真實邊際我皈依**」，謂願能皈依此自性。「**空性藏**」，謂從空性之生處而生。「**諸佛正覺**」，乃無上正等正覺。「**諸佛正覺我皈依**」，謂願能皈依此自性。

159 諸佛貪樂我皈依　　諸佛色身我皈依
諸佛欣悅我皈依　　諸佛遊戲我皈依

「**貪樂**」，謂貪一切佛之國土。諸佛欲樂，乃遮撥諸有情之迷亂。「**欣悅**」，謂諸佛因能利益諸有情至其究境而生欣悅。因諸有情能安立於大乘而心生歡喜，是之為諸佛喜悅。

160 諸佛微笑我皈依　　諸佛戲語我皈依
諸佛正語我皈依　　諸佛有法我皈依

因能化現諸菩薩身而微笑，故謂「**諸佛微笑**」。為能令諸難調化生怖畏，故住於忿怒相而發ka ka 嘻笑聲，謂「**諸佛戲語**」。諸佛說法時之相，謂「**諸佛正語**」。「**諸佛正語我皈依**」，謂願能如是皈依。「諸佛有法我皈依」，謂對佛之如性作讚禮及敬禮。

161 **由無而生我皈依　　從佛因生我皈依**
由虛空生我皈依　　從智因生我皈依

〔諸法〕無實有，故謂「**無**」。如此而為有情現於輪迴界，故謂「**由無而生**」。自佛而生，故謂「**從佛因生**」。從等虛空諸法之真性確實而現，故謂「**由虛空生**」。從無二之如如智而現，故謂「**從智因生**」。

162 **於幻化網我皈依　　諸佛戲舞我皈依**
一切一切我皈依　　〔如來〕智身我皈依

「**幻化網**」，謂宣說幻化網之遍現。於世俗成諸佛之戲舞，故謂「**諸佛戲舞**」。對先前所說之一切相、功德及其諸自性作恭敬敬禮，故謂〔「**一切一切我皈依**」〕。於此等一切之智身力，如是各各示現，故謂「**〔如來〕智身我皈依**」。

（上來讚五如來智五頌）

於大阿闍梨妙吉祥友眼前，《真實名誦註疏》造竟。

印度學匠信行鎧甲（Śraddhākaravarman）與大校閱翻譯官寶賢（Rin chen bzang po）比丘持抉擇而翻譯與校訂。

月賢稱釋論

《聖妙吉祥真實名誦疏》

《聖妙吉祥真實名誦疏》

月賢稱　造論
馮偉強　校譯

梵題：*Ārya Mañjuśri-nāmasaṃgīti-nāma-vṛtti*

藏題：*'Phags pa 'jam dpal gyi mtshan yang dag par brjod pa shes bya ba'i 'grel pa*[1]

皈依妙吉祥真實孺童

諸法無二現為二　輪迴涅槃二法輪
本初佛中作隨住　自在智身我敬禮
於此甚深次第中　以共不共之種種
恭敬而誦真實名　演説上師教義理

於此《聖妙吉祥真實名經》所詮者何？曰：其所詮者，乃世尊妙吉祥開示能依所依〔法〕身智之自性。

云何其義及義中義？曰：能說者為其義。世間中其世俗

1　此翻譯所依藏譯，收北京版《西藏大藏經》no. 3358。

與勝義之成就為義中義。

云何其關聯？曰：其關聯即方便與方便生之種種。

世尊毘盧遮那，當具願成就而變現釋迦牟尼時，於與淨居天關聯之化自在天住處中，受大菩薩眾、諸明妃、諸忿怒王、婆羅門、婆羅門女、使者、與使者女等圍繞，面面相對而演說初中後善之《幻化網》一萬六千頌後，復說三摩地網品，故謂「爾時」等。

本經疏分為前分、正分與後分。於中，前分分四：請問十六頌、應答六頌、觀照六種姓二頌、及以密咒三頌生起六輪而說幻化網現證菩提。

前分

一　請問

1　**爾時吉祥金剛持　　難調能調眾中勝**
降三世間勇猛者　　金剛自在秘密主

於此，請問者乃金剛手，彼乃由阿閦佛（不動佛）變現之降三世結集者，具髮髻，率先第一而請問，故說「**爾時**」等。復次，於《幻化網》儀軌中變現六種姓輪。若問由何〔而變現〕，以其具「**吉祥**」，即具福智聚故。「**金剛持**」，即阿閦部。

「**難調**」者，分別為：

天等，謂大自在天、毘紐天、梵天、六面童子天、百供施等；

諸遊星，謂日天、月天、土星及火星等；

常醉者，謂象鼻、金剛鬘、德勝（jaya）、無不勝（vijaya）等；

住地上者，謂火、風、地主、夜义等；於地下者，謂猪頭天、閻魔、毘那夜迦主、及水天等。

對彼等皆能調伏。

謂「**最勝**」者，以其乃諸眷屬中之主尊。「**勇猛者**」，乃瑜伽母儀軌之主。「降伏三界」，即謂彼降伏地下、地上、空界之三界。以彼等乃阿閦部自在者，故謂「**金剛自在**」。稱其「**秘密主**」，指其持灌頂相儀，故具寶生自性。

2 眼圓滿開如白蓮　　面如盛放青蓮花
自手執持勝金剛　　須臾不斷作旋擲

「**眼圓滿開如白蓮**」，指其眼印門（mudrā）具無量光（amitābha）自性。「**面如盛放青蓮花**」，指其面印門具不空成就自性。「**自手執持金剛杵**」，即謂其印門〔具毘盧遮那自性〕。「**須臾不斷作旋擲**」，指向毘盧遮那作供養。

3 〔化現〕無數金剛手　顰眉波紋等〔現相〕
勇猛調服難調者　　勇猛且極怖畏相

與何者俱而〔請問〕？答言：「**顰眉波紋等**」眾主。彼等分別為金剛頂髻、金剛佛頂、金剛白毫、金剛部勝、欲王、閻鬘德迦、金剛大頸、金剛鉤、金剛索、金剛鐝、金剛等、金剛縛、金剛拳、金剛族、金剛頭頂、金剛屈曲、金剛護、金剛足環、金剛足械、金剛利及金剛刀等二十一〔主〕，而其各各眷屬皆無量無邊，故謂：「**無數金剛手**」。彼等「**勇猛者**」，隨大樂所化，現怖畏相及勇猛相，如主尊般調伏難調眾。於第一義，其彼等勇猛、醜惡、怖畏之兇猛相狀態存在而不住。

4 自手向上作旋擲　　金剛杵尖出勝光
智慧方便之大悲　　利益有情極殊勝

「**旋擲金剛杵**」者，謂請問者遍現千萬金剛杵而供養佛。彼以何因而作請問？謂大悲般若也。而其「**方便**」，即止也。以能成就世間之世俗與勝義，故謂「**利益有情**」。

5 具足悅樂作隨喜　　顯現忿怒身形相
於行佛行怙主前　　眾皆恭敬作曲躬

如何「**具足悅樂作隨喜**」而行道？以彼從事於有情利益，及依於前分、正分、與後分之次第，從事於智與方便之大悲，故謂「**具足悅樂作隨喜**」。

「**顯現忿怒身形相**」已如前所述。諸眾顯現忿怒形相，於「**行佛行怙主前**」，隨事佛之教令。「**眾皆恭敬作曲躬**」，指恭敬隨於主尊身後。

6 **向彼怙主等正覺　世尊如來作敬禮**
雙手合掌作恭敬　於前端坐而告白

向誰敬禮？謂「向彼怙主等正覺、世尊如來作敬禮」。如何敬禮？應向四方而敬禮。

7 **請利益我饒益我　遍主願能慈念我**
令我得能如實得　幻化網現證菩提

說以「合掌」為請問準備已，於是端正請問而白言：「請利益我饒益我」等。「饒益」，指能令現狀增益。「利益我」，則〔令我〕確實為善。「願能慈念我」，指願能與利益義相應。於壇城輪之外側，六壇城變現為幻化網而現證菩提，由聞思修而互相啟發。

8 **無智泥中成沒溺　有情煩惱亂心性**
利益一切有情眾　願令獲得無上果

以非單為自利〔而實利他〕，故說「有情煩惱亂心性」等，以此即屬於集諦。「無智泥中成沒溺」則為苦諦。「利益」者，指能成就世間之世俗勝義。「無上果」者，乃出世間之成就。

9 **等正覺尊祈開示　世尊教主世間師**
證大誓句真實智　勝解諸根心行者

以其為究竟清淨之「毘盧遮那」，故謂「世尊」。以其具阿閦佛之大圓鏡智，故謂「**教主**」。以其頭冠具寶生佛自性，故謂「**世間帥**」。「**大誓句**」，指金剛持之無能勝。「**真實智**」，指無量光佛之妙觀察智。而以其具不空成就佛之成所作智，故謂「**勝解諸根心行者**」。

10 **於世尊之智慧身　　於大頂髻言詞主**
妙吉祥智慧勇識　　出自顯現智化身

若問其對境為何，則謂：「**智慧身**」乃大圓鏡智，「**大頂髻**」乃平等性智，「**言詞主**」乃妙觀察智，「**智化身**」乃成所作智，「**出自顯現**」乃法界體性智。「**妙吉祥智慧勇識**」，則與〔下來之〕「**誦其殊勝真實名**」相應。於此，誦輪廻〔界〕之名乃修習空性之因故。與此等同之果位，實完全與成就金剛嬉等及誦其如性，全無矛盾。

11 **誦其殊勝真實名　　是甚深義廣大義**
無比大義寂吉祥　　初善中善及後善

「**甚深義**」，指悟入甚深義之諦理。「**廣大義**」，指對世俗此等身色、契印、形相等之所詮。「**大義**」，乃以三成就，而悉具足智。「**無比**」，乃悉具足功德。「**寂吉祥**」，乃悉具足捨除，而此三為果也。「**初善中善及後善**」，乃以信聞思修為信因，或為〔戒定慧之〕三學、或為灌頂成就法與悉地成就之方便。

12 **過去諸佛皆已說　　於未來亦當演說**
現在究竟等正覺　　亦遍數數作宣說

若思維我所說者為何，故云：「過去諸佛皆已說」等。過去諸佛所說乃集秘密乘之要義，實為變化身之憶念，故無過失。

13 **大幻化網大續中　　大金剛持歡喜眾**
持密咒眾無量數　　唱讚宣揚請善說

「大金剛持」，乃教主。「持密咒眾無量數」，乃結集者等無量眷屬。「唱讚宣揚請善說」，則〔唱讚〕由此乘所示之殊勝吉祥義。

14 **怙主願我能受持　　諸等正覺之密意**
直及至於出離時　　我堅心意而受持

復籍此機會，金剛手向怙主「諸等正覺」作請問。此非向降三世請問。故金剛手云：「諸等正覺之密意」，彼等無間斷而作受持。

15 **為諸有情請宣說　　隨順有情心差別**
令其無餘斷煩惱　　令其無餘離斷滅

為何作「受持」？「為諸有情請宣說」故。「隨順有情心差別」，乃〔隨順〕波羅蜜多乘行者，及外、內、密

〔三〕乘有差別之他者。

16 如是密主金剛手　至如來前作啟請
合掌告白而恭敬　告已恭坐於其前

如此等作請問，願能得上來二頌請問之回答。「密主」乃降三世，而「金剛手」乃具髮髻者。「合掌告白而恭敬、告已恭坐於其前」，指〔佛〕當向金剛手眾作答。

二　應答

下來之六頌，以如來之承諾，從「時」等而說。

17 時釋迦牟尼世尊　等正覺者兩足尊
自面門出微妙舌　靈動卷舒而廣長

18 示現微笑以淨除　一切世間三惡趣
光明遍照三世間　調伏四魔諸怨敵

19 以能周遍三世間　美妙梵音作答讚
讚彼秘密〔自在〕主　具大力之金剛手

於中，三頌有半頌（「時釋迦牟尼世尊」）為支分，即餘二偈半，云：伸出妙舌，照耀三世間、調伏四魔敵、以微笑光明淨除三惡趣、以明亮梵音語遍滿三世間等。「自面門出微妙舌」者等，其目的乃遍三世間。而遍三世間，照耀三世間可解為：或欲求度欲界、色界、無色界所化眾之對應；或以遍三世間而聚集諸輪迴眾。「**梵音**」者，具六十支分。「**讚彼秘密〔自在〕主、具大力之金剛手**」，謂隨順請問者二人而作答讚。

20 **善哉吉祥金剛持　　善哉汝是金剛手**
汝為利益諸世間　　故是具足大悲者

「**汝為利益諸世間**」者，指能利益諸世間者與所利益諸世間者實為同一。而「**故是具足大悲者**」，乃〔第7頌〕：「**遍主願能慈念我**」之對應。此即說自利利他，而其所集之利他果實為無礙。

21 **誦彼妙吉祥智身　　真實名有大義利**
能作清淨除罪障　　於我精勤應諦聽

「**大義**」，即甚深廣大義。「**能作清淨**」，指以初中後善為修習方便而〔作清淨〕。「**除罪障**」，即以無等比大義為寂淨果。

22 **我今當為秘密主　　為汝善妙作宣説**
心一境性而諦聽　　唯然世尊此善哉

上來〔第20頌〕「**善哉吉祥金剛持**」乃阿閦佛所變現之降三世，「**善哉汝是金剛手**」乃具髮髻之主。〔本頌之〕「**秘密主**」，乃北方秘密夜义主之金剛手。此乃金剛持與秘密主之共說。

「**為汝善妙作宣說、唯然世尊此善哉**」，乃請〔世尊〕作護念而作宣說。

三　觀照六種姓

23 **爾時釋迦世尊觀　　一切密咒大種姓**
即密咒持明種姓　　以及三觀修種姓

24 **世間出世間種姓　　能照世間大種姓**
最上大手印種姓　　及大頂髻大種姓

「**爾時**」等二頌，為說幻化網現證菩提，而說觀照六種姓自性，及其名與數目。

「**一切密咒大種姓**」，其義為六種姓之自性，〔是為總義〕。

「**密咒持明種姓**」，乃具法界自性之金剛薩埵種姓。

「**三種姓**」，乃具身自性之毘盧遮那種姓。

「**世間出世間種姓**」，乃無量光佛種姓，以其能調伏世間故。

「**能照世間大種姓**」，乃阿閦佛種姓，以大圓鏡智觀照世間故。

「**最上大手印種姓**」，乃具成所作智自性之不空成就佛種姓。

「**大頂髻大種姓**」，乃寶生佛種姓，以頭冠作灌頂故。

下頌之金剛利、斷煩惱、般若智化身、智身、辯自在及五字文殊，此六者次第配合〔六種姓〕。

四　幻化網現證菩提

25 言詞主尊宣偈頌　　頌中具六密咒王
彼是無生之法有　　無二相應而現前

a, ā, i, ī, u, ū, e, ai　o, au, aṃ ,ah shito hṛdi / jñāna-murtir ahaṃ buddho buddhānāṃ tryadhva-vartināṃ

oṃ vajratīkṣṇa duhkhaccheda prajñā-jñāna-murtaye jñāna-kāya vāgīśvara arapacanaya te namaḥ

26 aā iī uū e ai　　o au aṃ aḥ **安住於心**
三身無分別諸佛　　我是佛即智化身

27 嗡金剛利斷煩惱　　般若智化身智身
辯自在五字文殊　　我今向汝作皈依

以「**言說主**」等三頌生起六輪，成幻化網現證菩提而說。

暫依字義而說。「**頌中具六密咒王**」，指於六輻輪中五輪安立密咒，以其不異於六種姓。「**無二相應而現前**」，指與六種姓無異之自性。「**彼是無生之法有**」，指配合緣起自性之種字。以此而復說言說義。

〔身〕七〔支分〕清淨已，由吽字放出細忿怒尊，以金剛杵除障礙。吽字光明周遍，生起外圍之金剛護牆。彌勒等之修習乃如先前所說之空性修習。風、火、水、地、須彌山等。復由須彌山上之吽字變現寶樓閣，於其中央有獅子、象、馬、孔雀、金翅鳥等〔座〕，其上有諸如來。

中間為毘盧遮那，身白色、四面，結定印而住。於其心有dhīḥ字生起蓮花，a字生起月輪，其上有dhīḥ種子字變為智慧尊。其面中央為黑，右為黃，後為紅，左為綠，上為白。左右八臂持八種劍、經卷等。其〔智慧尊〕心〔輪〕上有a等咒字，以十二種子字表徵十二輻輪。其〔心〕輪緣之外側有光明圍繞，輪緣之內側有oṃ-sarva-dharmabhava等咒圍繞。其中央有第二輪，內有六輻輪。此〔輪〕外側以十二種子字圍繞，輪緣之中以 oṃ sarva-tathāgata 圍繞。輪輻上安立 oṃ vajratīkṣṇa-ya-te-namaḥ 等六字咒。〔毘盧遮那〕臍輪上，有無二妙音〔菩薩〕，六面六臂，白色。〔六臂中〕，二臂持烏巴那（utpala）、 二臂持劍及經卷，其他二臂結定印。

sthito hṛdi jñāna-mūrtir ahaṃ buddho buddhānāṃ tryadhva-vartināṃ，其意義如下而說。

「**我是佛即智化身**」，其〔智化身〕乃無二妙音。「**三身無分別諸佛**」，即如來六族。此六族即金剛利等〔六密咒王〕，隨無二妙音而行。

大毘盧遮那即金剛薩埵。於此，金剛薩埵，一面二臂，身白色，持鈴杵而住。

毘盧遮那，一面二臂，身黃色，持輪與鈴而住。

蓮化舞自在，一面二臂，身紅色，持蓮花與鈴。

金剛吽迦羅，身黑色，一面二臂，或四面八臂，以降三世手印持鈴，及持八契印。

金剛日，身黃色，持寶與鈴。

天馬，身綠色，持種種鈴杵。

以上六佛之心間〔分別〕有六智慧尊。

於金剛薩埵之智慧尊心間，如前有十二輻輪。於上有a-ra-pa-ca-naya te namaḥ 八輻輪。於其地表中央，有月輪，其上有**五字文殊**，身白色，持經卷與劍。

毘盧遮那之智慧尊心間，有根本輪，其上依着十輻輪，即 prajñā-jñāna-murtaye te namaḥ 地之表象。於其中央有月輪，其上有**般若智化身**，持輪與劍。

蓮化舞自在之智慧尊心間，有根本輪，其上依着八輻輪，即 vajratīkṣṇaya te namaḥ 地之表象。於其中央有月輪，其上有**金剛利**，持蓮花與劍。

金剛吽迦羅之智慧尊心間，有根本輪，其上依着八輻輪，即 duhkha-cchedaya te namaḥ 地之表象。於其中央有月輪，其上有**斷煩惱**，持杵與劍。

金剛日之智慧尊心間，有根本輪，其上依着八輻輪，即vāgīśvaraya te namaḥ 地之表象。於其中央有月輪，其上有**辨自在**，持寶與劍。

天馬之智慧尊心間，有根本輪，其上依着八輻輪，即 oṃ jñāna-kāyayate namaḥ 地之表象。於其中央有月輪，其上有**智身**，持劍與種種杵。

大毘盧遮那之報身及化身，於六族合一之智薩埵現前而住，身語意三字加持及灌頂已，復修持，念誦及供養。

根本與從屬諸輪，以字母及子音二咒圍繞四輪緣，諸眷屬則分別圍繞各各壇城，開示已畢。

正分

一　總論

上來，前分説畢已，下來則説正分。此説分六。

由第二十八頌至第四十一頌終：「**是大乘道尊勝者**」，説金剛界壇城。

復次，由第四十二頌至第六十四頌終：「**由是隨現種種色，大仙供養且尊重**」，説毘盧遮那壇城。

復次，由第六十五頌、第六十六頌，及下來第六十七頌至第七十六頌終：「**既周遍於虛空界，亦較世音為最勝**」，説金剛吽迦羅壇城。

復次，由第七十七頌至第一百一十八頌終：「**智火熾燄極光明**」，説蓮化舞自在壇城。

復次，由第一百一十九頌至第一百四十二頌終：「**無餘色相能變現，寶幢具大摩尼頂**」，説金剛日壇城。

復次，由第一百四十三頌至第一百五十七頌終：「**一切圓滿皆吉祥，最勝吉祥妙吉祥**」，説天馬壇城。

二　金剛界壇城

28 如是世尊諸佛陀　　等正覺由 a 字生
a 字一切字中勝　　是具大義微妙字

於此，云「**如是諸佛陀世尊**」，彼等壇城主由種子字生起。而諸各各種子字皆從屬於阿字，故云：「**等正覺由a字生，a 字一切字中勝**」。「**是具大義微妙字**」，指此大義微妙字，於世俗為第一義諦之詮表。

29 大生機者實無生　　此即遠離於言說
是一切說殊勝因　　令一切語放妙光

〔「**由內生起實無生**」[2]者〕，說「**由內生起**」，以其周遍故。「**無生**」，即空性示現為清淨之金剛薩埵母，身綠色，二手持鈴杵。

「**此即遠離於言說**」，即無相〔示現為〕清淨之金剛寶母，身黃色，二手持鈴與寶。

「**是一切說殊勝因**」，即無願性，以凡諸各各都得證悟，〔示現為〕最勝金剛法母，身紅色，持蓮花與鈴。

「**令一切語放妙光**」，即成所作智，〔示現為〕自性明亮清淨之金剛業母，身綠色，持羯磨金剛與鈴。

2　藏本此句作khong nas 'byung ba skye ba med，意為「**由內生起實無生**」。與梵本不同。此謂由如來法身內生起，是即由智境生起一切識境，以智境具大生機故，此生機周遍法界。

以上為諸明妃之述要。

30 **大供養者之大貪　　一切有情令歡喜**
大供養者之大瞋　　一切煩惱大怨敵

餘「**大供養者**」，即以大供養作蘇息，能對治世間之貪染，故謂「**大貪**」。以此作因令一切有情蘇息，故謂「**一切有情令歡喜**」。以無量光佛清淨貪染。能對治世間之瞋恚，故謂「**大瞋**」，即「**一切煩惱大怨敵**」，以阿閦佛清淨瞋恚。

31 **大供養者之大癡　　以愚癡心除愚癡**
大供養者之大忿　　即大忿恚之大敵

能對治世間之癡，故謂「**大癡**」，即「**以愚癡心除愚癡**」，以毘盧遮那佛清淨瞋癡。能對治世間之嫉妬，故謂「**大忿**」，即「**大忿恚之大敵**」，以不空成就佛清淨嫉妬。

32 **大供養者大慳貪　　一切慳貪皆斷除**
大愛欲以及大樂　　大喜悅與大享樂

能對治世間之慳，故謂「**大慳貪**」，即「**一切慳貪皆斷除**」，以寶生佛清淨慳貪。

由諸如來次第，金剛利等次第復應如是知。

毘盧遮那之金剛薩埵〔母〕等眷屬說畢已，為說阿閦佛之眷屬，故云「**大愛欲**」等。

能守護戒及受持菩提心，故謂「**大愛欲**」，此以金剛薩埵〔為表〕，其身白色，持鈴杵。

能以攝事而成熟一切有情，故謂「**大樂**」，此以金剛王〔為表〕，其身黃色，持鉤與杵。

能以無量〔樂〕成熟諸有情，令彼等解說，故謂「**大喜悅**」，此以金剛愛〔為表〕，其身紅色，持弓與箭。

令〔諸有情〕完全成就波羅蜜多，彼等心攝集善法。故謂「**大享樂**」，此以金剛善哉〔為表〕，其身綠色，合掌善哉。

33 大形色與及大身　　大顯色與大形相
大名與及大廣大　　以及大廣博壇城

為說寶生之眷屬，故云「**大色**」等。

能令成就資生施果悉具足，故謂「**大形色與及大身**」，此以金剛寶清淨資生施，其身黃色，持鈴與寶。

能令諸色無畏施果悉具足，故謂「**大顯色與大身量**」[3]，此以金剛日清淨無畏〔施〕，其身白色，右手持日輪，左手置於座間。

能以慈愛施得一切聲譽名稱，故謂「**大名與及大廣大**」，此以金剛幢〔為表〕，其身紅綠色，右手持幢旗，左手置於座間。

3　藏文lus bong che「**大身量**」此詞不見於梵文根本頌。

能以法施令諸眷屬壇城廣大，故謂「**以及大廣博壇城**」，此以金剛笑〔為表〕，其身白色，右手持齒髻鬘，左手則如前。

34 **大般若劍執持者　　持大煩惱鈎勝者**
具大名稱大美譽　　大顯現及大明照

為說無量光佛之眷屬，故云「**大般若劍**」等。

能持觀般若大劍而得三摩地般若，〔故謂「**大般若劍執持者**」〕，此以金剛法〔為表〕，其身紅色，二手持蓮花而住。

能以般若切斷煩惱，故謂「**持大煩惱鈎勝者**」，此以金剛利〔為表〕，其身綠色，手持劍與經卷。

能以般若為神通，故謂「**具大名稱大美譽**」，此以金剛輪〔為表〕，其身黃色，右手持輪，左手置於座間。

能於諸法各各正解，故謂「**大顯現**」，能於決定語及其密各各正解，故謂「**大明照**」，此以金剛語〔為表〕，其身銅色，右手持杵，左手置於座間。

35 **賢者持此大幻化　　成就大幻化義理**
其樂為大幻化樂　　能幻大幻化所幻

為說不空成就佛之眷屬，故云「**賢者**」等。

能精進加行及持幻化，〔故謂「**賢者持此大幻化**」〕，此以金剛業〔為表〕，其身綠色，手持種種鈴與杵。

能精進作成就，故謂「**成就大幻化義理**」，此以金剛護為護，其身黃色，手持鎧。

能以妙觀大幻化作精進，以此樂為樂，〔故謂「**其樂為大幻化樂**」〕，此以金剛藥义〔為表〕，其身黑色，二手持牙。

能以熱心於作成而精進，於大幻化中自在，故稱為「**能幻大幻化所幻**」，此以金剛拳〔為表〕，如置果實於掌中[4]，其身黃色，雙手以金剛縛持杵。

36 大布施主最上尊　　大持戒者最殊勝
大安忍者具堅忍　　大精進者勝摧伏

為說四隅之〔守護〕女，故云「**大布施主最上尊**」等。

〔「**大布施主最上尊**」〕，乃布施波羅蜜多之自性，以金剛嬉〔為表〕，身白色，雙手持金剛慢印。

「**大持戒者最殊勝**」，乃持戒〔波羅蜜多〕之自性，以〔金剛〕鬘〔為表〕，身黃色，雙手持寶鬘。

「**大安忍者具堅忍**」，乃安忍〔波羅蜜多〕之自性，以金剛歌〔為表〕，身紅色，雙手彈箜篌。

「**大精進者勝摧伏**」，乃精進〔波羅蜜多〕之清淨自性，以金剛舞〔為表〕，身綠色，雙手持杵而舞。

已上之〔守護女〕住於內四隅。

4　此説手印如握果實，即金剛拳。

37 **大禪定中住等持　　大般若而持身者**
大力大方便具足　　大願是勝智大海

復次說住於外四隅之〔守護女〕，故云「**大禪定中住等持**」等。

「**大禪**」即止，「**定中住等持**」，即心等持而住。此乃乃禪定〔波羅蜜多〕之自性，以金剛香〔為表〕，身白色，雙手持香爐。

「**大般若而持身者**」，乃般若波羅蜜多之自性，以金剛華〔為表〕，〔雙手〕持杵華筥。

「**大力大方便具足**」，乃力與方便波羅蜜多之自性，以金剛燈女〔為表〕，〔雙手〕持燈明之燈心。

「**大願是勝智大海**」，乃願道與智波羅蜜多之自性，以金剛香水女〔為表〕，身綠色，持香水法螺而散香水。

38 **大慈之類無量數　　大悲則具殊勝意**
大般若者具大慧　　大方便者大作業

為說賢劫等〔諸尊〕，故云「**大慈**」等句。

〔「**大慈之類無量數**」者〕，「**慈**」即彌勒佛，以其名如義而具。

「**大悲則具殊勝意**」者，即妙吉祥。

「**大般若者具大慧、大方便者大作業**」者，即智幢。

上來為阿閦佛諸眷屬，彼等皆身白色，持鈴杵，住於東方。

39 **具大神通之能力　　大勢用及大疾速**
大神通亦大名稱　　大力用為征伏者

「**具大神通之能力**」者，即賢護〔菩薩〕，以其以神通力保護一切有情故。

〔「**大勢用及大疾速**」者〕，即慧海〔菩薩〕，以其具大慧，如大海之力，及大速疾。

〔「**大神通亦大名稱**」者〕，即無盡意〔菩薩〕，以其具大神通力而智悉具足，得無盡之大名稱。

「**大力用為征伏者**」者，即勇積〔菩薩〕，以其具勇猛力，能摧彼他眾。

上來為寶生佛諸眷屬，彼等皆身黃色，持鈴與寶，住於南方。

40 **三有大山能摧壞　　大金剛持不可摧**
大殘暴即大緊張　　大怖畏中施怖畏

「**三有大山能摧壞**」者，即大勢至〔菩薩〕，以自力引導惡趣，入不可壞之〔三〕有住處。

「**大金剛持不可摧**」者，即導諸惡趣除惡〔菩薩〕，彼〔菩薩〕令難壞眾不可壞如〔大金剛持〕，引導惡趣。

〔「**大殘暴即大緊張**」者〕，即除憂暗摧滅〔菩薩〕，以其不受輪迴罪障污染，故謂「**大殘暴**」；以其對治無明暗，故謂「**大緊張**」。

「**大怖畏中施怖畏**」者，即網光〔菩薩〕，以其以一切怖畏力光明除怖畏故。

上來為無量光佛諸眷屬，彼等皆身紅色，持鈴與蓮花，住於西方。

41 **尊勝大明之怙主　　尊勝大密咒上師**
住於大乘義理中　　是大乘道尊勝者

「**尊勝大明之怙主**」者，即月光童子，以其以三明滿足諸有情，如星般尊勝。

「**尊勝大密咒上師**」者，即無量光〔菩薩〕，以其乃語之主故。

〔「**住於大乘義理中**」者〕，即虛空藏〔菩薩〕，以其能令〔諸有情〕生於大乘無戲論之虛空道而住。

〔「**是大乘道尊勝者**」者〕，即除蓋障〔菩薩〕，以其於大乘道上寂息一切蓋障，故為最勝。

上來為不空成就佛諸眷屬，彼等皆身綠色，持種種鈴與杵，住於北方。

上來十四頌，説金剛界壇城，以金剛薩埵轉五字文殊輪。

三　毘盧遮那壇城

(一) 十六大菩薩[5]，四波羅蜜多及十明妃圍繞

為説有關毘盧遮那壇城，故云「**大毘盧遮那佛**」等。

42 **彼大毘盧遮那佛　　具大寂默大牟尼**
自大密咒理出現　　具大密咒自性理

〔「**大毘盧遮那佛**」〕，即毘盧遮那自身。

「**大寂默**」者，即〔住於〕空性三摩地之金剛心母，以其於分別無動搖。

「**大牟尼**」者，即〔住於〕無相三摩地之金剛寶母，以其身具「大抑制」之意。

「**自大密咒理出現**」者，即金剛法母，以其由妙觀察智之無相三摩地而生。

「**具大密咒自性理**」者，即金剛業母，以其以成所作智作光照耀。

43 **十波羅蜜多能得　　十波羅蜜多安住**
十波羅蜜多清淨　　十波羅蜜多理趣

「**十波羅蜜多能得**」，此指金剛薩埵有十明妃圍繞，彼

5 金剛薩埵、金剛王、金剛愛、金剛善哉、金剛寶、金剛日、金剛幢、金剛笑、金剛法、金剛利、金剛因、金剛護、金剛業、金剛精進、金剛藥义、金剛拳。

等各各皆具身色、契印之形相，因〔金剛薩埵〕有十波羅蜜多之妙善菩提心圍繞故。

「**十波羅蜜多安住**」，此指金剛王有十明妃圍繞，彼等各各皆具十波羅蜜多之清淨道相，因〔金剛王〕具攝事之心，令諸有情成熟，作十波羅蜜多攝事故。

「**十波羅蜜多清淨**」，此指金剛愛，如前般有十明妃圍繞，因〔金剛愛〕具〔四〕無量心等，以波羅蜜多之清淨作觀想，觀諸有情，令無量諸有情成熟而得解脫故。

「**十波羅蜜多理趣**」，此指金剛善哉，如前般有十明妃圍繞，因〔金剛善哉〕具攝集善法之菩提心自性，及具由攝集善法而得之十波羅蜜多境界故。

44 十地自在之怙主　　安住於彼十地中
具十智清淨我性　　十智清淨受持者

「**十地自在之怙主**」，此指金剛寶有十明妃圍繞。

「**安住於彼十地中**」，此指金剛日，如前般有十明妃圍繞。因〔金剛日〕行於一切微細罪而能離，故為無畏。「**十智**」，指四諦智（苦智、集智、滅智、道智）、法智、隨智、世俗智、第一義智、盡智、無生智，此等「**十智清淨我性**」者，指金剛幢，如前般有十明妃圍繞，因〔金剛幢〕具觀想有情之大悲自性。

〔「**十智清淨受持性**」〕，指金剛笑，如前般有十明妃圍繞，因〔金剛笑〕以十智合一為加行，受持自性清淨。

45 十行相十義義利　　寂默主十力遍主
行相無餘成利益　　於十行相大自在

「**十行相**」，分別為：蘊、處、界；因緣；處、非處；我；三時；四諦；三乘；有為；唯一，了知無為自性；甚深等對治者。此以金剛法〔為表〕，修止於執持自身為我之對治，以等持般若為對治支分，如前般有十行相之明妃圍繞。

十智之十捨除乃唯一、因、甚深、作、具力之我、分別、煩惱盡清淨、修習、執解脫於縛等十者。此以金剛利〔為表〕，對此〔十〕等捨除，期求觀於我性，斷除煩惱，如前般有十明妃圍繞。

「**寂默主**」，為金剛因。彼以諸根義，得肉眼等五根、信等五根及〔四〕神足力故，由是獲得諸根之自性。彼如前般有十明妃圍繞。

〔「**十力**」〕，為金剛護。彼以十力自性，得種種勝智力等自性，彼如前般有十明妃圍繞。

「**遍主**」，為金剛業，入加行精進而征伏生處。彼盡征伏八生處上，復征伏虛空與識，由是具十生處。彼如前般有十明妃圍繞。

「**作諸利益至無餘**」[6]。為〔金剛〕精進，彼為說十盡而作成就，令〔有情〕得種種利益，

彼如前般有十明妃圍繞。

6　藏本此句作 kun gyi don ni ma lus byed，意為「**作諸利益至無餘**」。於梵本稍異。

〔「**於十行相大自在**」者〕，「**十行相**」為金剛藥义。彼以十真實性，即根、相、無顛倒、因果、微細、廣大、成就與成就境、攝、執持、智等真實性，具妙觀察智加行十相。彼如前般有十明妃圍繞。「**大自在**」為金剛拳。彼以十自在，熱心修法而精進。彼如前般有十明妃圍繞。

如是復次以頌而說之，即云：「**諸尊種姓十功德，猶如圍繞十明妃，住於金剛半跏座。**」

（二）十六大菩薩之如性

復次以八頌說金剛薩埵（十六大菩薩）之如性。

46 **無始來時離戲我　　清淨我如如性我**
真實語而如其語　　如語而行不異語

「**無始來時**」，乃大圓鏡智，阿賴耶識之所依。

「**離戲我**」，以〔諸〕戲論為不平等故，離戲則為平等性〔智〕。

「**如如性我**」，為自性清淨，「**清淨我**」，即無垢我性，為金剛薩埵。

「**真實語**」，乃妙觀察〔智〕；「**如其語**」，乃平等性〔智〕。

「**如語而行不異語**」，即大圓鏡〔智〕與成所作〔智〕，為金剛王。

47 **以無二而說無二　　住於真實之邊際**
由是無我獅子吼　　惡外道獸極怖畏

「以無二」，即離能執所執，乃大圓鏡智。「而說無二」，乃妙觀察〔智〕與成所作〔智〕。

「住於真實之邊際」，即平等性〔智〕，為金剛愛。

「由是無我獅子吼」，即大圓鏡〔智〕，此如《莊嚴經》中云：「如圓鏡無我」。

「惡外道獸極怖畏」，即妙觀察〔智〕與成所作〔智〕，為金剛善哉。

48 **周遍一切不空趣　　疾速猶如如來意**
勝者勝敵勝怨敵　　大力猶如轉輪王

「周遍一切」，即大圓鏡〔智〕，有云：「如圓鏡無我，常恆不斷行」。

「不空趣」，即平等性〔智〕，以一切法趣入平等故。

「疾速猶如如來意」，即妙觀察〔智〕與成所作〔智〕，為金剛寶。

「勝者」，即大圓鏡〔智〕，以遠離〔因〕果故。「最勝勝怨敵」[7]，以果門故，為平等性〔智〕。以自性門故，為妙觀察〔智〕。

---

[7] 藏本此句作rgyal ba dgra rgyal rnam par rgyal，意為「勝者最勝勝怨敵」。於梵本稍異。

「大力猶如轉輪王」，以輪自性即成所作〔智〕，故為金剛日。

49 **眾之主尊眾之師　　眾王眾主具自在**
以其執持大威德　　大理不受他人引

「眾之主尊眾之師」，即大圓鏡〔智〕，以其為一切智之依存故。

「眾王」，即平等性〔智〕；「眾主」，即妙觀察〔智〕；「具自在」，即成所作〔智〕，為金剛幢。

「大威德」，即大圓鏡〔智〕；「執持愛護」[8]，即平等性〔智〕。

「不受他人引」，即妙觀察〔智〕；「大理」，即成所作〔智〕，為金剛幢，以入三乘故。

50 **語王語主辯無礙　　言說之主詞無邊**
以真實語說真實　　是四聖諦宣說者

「語王」，即大圓鏡〔智〕；「語主」，即平等性〔智〕；「辯無礙」，即妙觀察〔智〕。

「言說之主」，即成所作〔智〕；「詞無邊」，即法界體性〔智〕，為金剛法。

「真實語」，即妙觀察〔智〕；「說真實」，即大圓鏡

8 藏文gces par「愛護」此詞不見於梵文根本頌。

〔智〕與平等性〔智〕。

「是四聖諦宣說者」，即成所作〔智〕，為金剛利。

51 **以不退轉故不還　　麟角喻獨覺者師**
種種出離中出離　　大本有中唯一因

「不退轉」，即大圓鏡〔智〕，以有礙故；「不還」，即平等性〔智〕，以無礙故。

「麟角喻」，即妙觀察〔智〕，以〔一切〕非普通故。以其能引導種種諸眷屬，故為金剛輪，即成所作〔智〕。

「種種出離中生起」[9]，即妙觀察〔智〕。

「於大種中唯一因」[10]，即成所作〔智〕，為金剛語。

52 **阿羅漢漏盡比丘　　離欲調伏諸根境**
得安樂亦得無畏　　得清涼亦無垢濁

「阿羅漢漏盡」，即大圓鏡〔智〕，以其盡煩惱障與所知障故；「比丘」，即成所作〔智〕。

「離欲」，即平等性〔智〕；「調伏諸根境」，即妙觀察〔智〕，為金剛業。

「得安樂」，即平等性〔智〕；「得無畏」，即大圓鏡

9 藏文 'byung ba「生起」，此詞不見於梵文根本頌。

10 藏文此句作 'byung ba chen po rgyu gcig pa，可譯作「於大種中唯一因」，詳見此頌之【無畏譯記】。

〔智〕，以能盡悉捨離。

「得清涼」，即妙觀察〔智〕；「無垢濁」，即成所作〔智〕，為金剛護，以其無濁故。

53 圓滿明行足　善逝世解勝
無我無我所　安住二諦理

「圓滿明行足」，即大圓鏡〔智〕，以能知一切故。

「善逝」，即平等性〔智〕，以無住故；「世解」，即妙觀察〔智〕；「勝」，即成所作〔智〕，為金剛夜义。

「無我所」，即大圓鏡〔智〕；「無我」，即平等性〔智〕。

「安住二諦理」，為金剛拳，以其住於第一義而妙觀察，以其住於共世俗而成所作。

(三) 賢劫十六尊

〔下來〕以「已到輪廻彼岸邊」等〔四頌〕十六句，說賢劫諸尊。

54 已到輪廻彼岸邊　所作成辦住於岸
唯一智中所浮現　以般若器作斷除

以慈愛渡輪廻有情到一切彼岸邊故，即「彌勒」〔菩薩〕。

般若所作〔成辦〕已，彼岸變為微妙吉祥住處故，即「妙吉祥」〔菩薩〕。

涅槃之唯一智以大悲而現為香，遍滿其所現處故，即「香象」〔菩薩〕。

以智之我性作為般若大器仗，以幢摧破煩惱故，即「智幢」〔菩薩〕。

55 妙法之具明法王　　能照世間故最勝
法之自在法之王　　是妙善道宣說者

以明法王具妙法而作守護故，即「賢護」〔菩薩〕。

以能照耀輪迴世間意為最勝故，即「慧海」〔菩薩〕。

「**法之自在**」即無盡，「**法之王**」具〔一切〕意故，即「無盡意」〔菩薩〕。

以如思惟，於妙善法道上具勇猛而宣說故，即「勇積」〔菩薩〕。

56 義成就及願成就　　一切分別盡捨離
無分別界無窮盡　　勝妙法界無有盡

具「**義成就及願成就**」意而得大力故，即「得大利力」〔菩薩〕。

能離惡趣之一切分別，及引導其捨一切故，即「除諸惡趣障」〔菩薩〕。

「**無分別**」故，即「無憂暗」〔菩薩〕。

「**法界無有盡**」者，指具法界正念，如光般確實摧破〔一切〕有盡之無明故，即「網光」〔菩薩〕。

57 具福得積福資糧　　智為大智之生處
唯知有無之智者　　是能積集二資糧

如月般具福滿足諸有情，其童子身具最勝功德故，即「月光童子」〔菩薩〕。

以妙觀察智為光，「**大智之生處**」即「無量光」〔菩薩〕。

「**唯知有無之智者**」，其智〔如虛空般〕周遍於有無，具此智藏即「虛空藏」〔菩薩〕。

「**能積集二資糧**」，以此二資糧力除一切障礙故，即「除蓋障」〔菩薩〕。

(四) 五如來

以「**常住遍勝觀行者**」等二頌，說五如來。

58 常住遍勝觀行者　　定中所觀具智尊
內自證智不變動　　本初最勝持三身

〔「**常住遍勝觀行者**」者〕，「**常住**」乃毘盧遮那，「**遍勝**」乃大圓鏡〔智〕，「**觀行者**」乃平等性〔智〕。

〔「**定中所觀具智尊**」者〕，「**定中所觀**」乃成所作〔智〕。「**智尊**」，即最勝，以其具智，乃妙觀察〔智〕。

「**內自證智不變動，本初最勝**」乃本初佛。本初佛之存在於此六壇城表為「不動」。其自身以本初佛故，為「最勝第一」。「**內自證智**」即智身。毘盧遮那、本初佛、智身之我性，即為法報化三身，能持〔此三身〕，故謂「**持三身**」。

59 佛陀五身性　遍主五智性
頂冠五覺性　五眼持無著

「**佛陀五身性**」者，指相門，以大圓鏡智故，乃阿閦〔佛〕。

「**遍主五智性**」者，以智薩埵具妙觀察〔智〕故，乃無量光〔佛〕。

「**頂冠五覺性**」者，其冠持五覺性故，乃寶生〔佛〕。

「**五眼持無著**」者，眼前之所作已皆為無著故，乃不空成就〔佛〕。

諸如來身色〔分別為〕：白、藍、紅、黃、綠。各各具五面及八臂。各如來〔右手〕第一臂依次為持輪、持金剛杵、持蓮花、持寶、持杵；右手餘三臂〔諸如來〕均持劍。左手第一臂持種種莊嚴及鈴：左手餘三臂均持經卷。

毘盧遮那之〔面〕右藍、後紅、左綠、上黃。

阿閦〔佛〕之〔面〕右白、後紅、左綠、上黃如前。

無量光〔佛〕之〔面〕右白、後藍、左綠、上黃如前。

寶生〔佛〕之〔面〕右白、後紅、左綠、上黃如前。

不空成就〔佛〕之〔面〕右白、後紅、左綠、上黃如前。

（五）八轉輪王

以「一切諸佛之生者」等二頌，說八轉輪〔王〕。

60 一切諸佛之生者　　無上尊勝諸佛子
無生處而智出有　　離三有者法生處

八轉輪〔王〕分別具黃金色身，右手持輪，左手置於座上。其獅子〔座〕上有日輪，彼等於輪中作金剛跏趺，及戴寶冠。

第一為轉金剛輪〔王〕，以一切佛生於正見故。

第二為轉寶輪〔王〕，以諸最上佛子生於正分別（正思惟）故。

第三為轉蓮花輪〔王〕，以正語具無住我性，因般若出有但無可生之生處故。

第四為轉羯磨輪〔王〕，以涅槃淨除諸有，而諸法生於正業道上故。

61 **唯一不壞金剛性　　即生即作世間主**
虛空中生自然生　　大般若智如大火

第五為轉大印輪〔王〕，即正命，以其乃於空性中唯一不壞之止觀金剛性故。

第六為轉三昧耶印輪〔王〕，即正精進，以其具變化成就性，於忽爾一剎那成就事業故。

第七為轉法印輪〔王〕，即正念，以於虛空中生，住於無相，其生如火之自性明亮。

第八為轉羯磨印輪〔王〕，即正定，以等住於如般若智大火之定，煩惱障所知障盡燃燒故。

八轉輪〔王〕各一對住於毘盧遮那之四方，而〔佛〕眼等四佛母則安立於〔四〕隅。

（六）八供養

以「**遍照大光明**」等二頌，說八供養天女。

62 **遍照大光明　　智光遍照耀**
智炬世間燈　　大威光燦爛

說嬉女，以其悉具足廣大光明照耀形色故。

說鬘女，彼天女以三輪清淨戒為智如火光〔作照耀〕故。

說歌女，以其悉具「**智炬世間燈**」，能忍辱於世間有情之煩亂故。

說舞女，以「**大威光**」鎧為精進力，其光明亮對治怠惰故。

63 **明王尊勝密咒主　　密咒王作大義利**
希有頂髻大頂髻　　虛空主現種種相

說香女，彼明咒王妃以密咒止息煩惱故。

說花女，以其以「**密咒王**」般若作涅槃「**大義利**」故。

說塗香女，以其以「**大頂髻**」之方便力，將「**希有頂髻**」成無漏五蘊故。

說燈女，以其以願道力示現種種形相。

（七）四攝

64 **諸佛我性最勝有　　〔觀照〕世間歡喜眼**
由是隨現種種色　　大仙供養且尊重

〔「**諸佛我性最勝有**」者〕，說金剛鉤，彼修習「**諸佛**」身，信其為「**最勝有**」。其身白色，手持金剛鉤。

〔「**〔觀照〕世間歡喜眼**」者〕，說金剛索，彼具精進眼於凡一切皆歡喜。其身黃色，手持索。

〔「**由是隨現種種色**」者〕，說金剛鎖，手持金剛鎖，彼以念「**種種色**」之力於有情作利益。

〔「**大仙供養且尊重**」者〕，說金剛鈴，彼以般若力作「**供養且尊重**」，以三摩地力成「**大仙**」。其身綠色，手持鈴。

上來二十三頌說毘盧遮那壇城，以毘盧遮那轉**般若智化身輪**。

復次，欲讚嘆金剛吽迦羅門，故說「**持密咒之三種姓**」等。第65頌讚嘆毘盧遮那。

65 具持密咒三種姓　受持大誓句密咒
護持三寶為最勝　最上三乘說法者

「**三種姓**」，即寶生〔佛〕之功德。

「**持密咒**」，即不空成就〔佛〕之功德。

「**大誓句**」，即阿閦〔佛〕之功德。

「**受持密咒**」，即無量光〔佛〕之功德。

「**最勝**」，即毘盧遮那，以其以本初佛智身之我性而持三寶。

「**最上三乘**」，說小、中、大三者。

66 不空罥索能勝伏　金剛罥索大攝受
金剛鉄鉤大罥索　怖畏金剛能怖畏

說關於金剛吽迦羅，故說「**不空罥索**」，即持弓箭。「**能勝伏**」，以降三世印持鈴與杵。「**大攝受**」，指執持劍柄，即劍。「**金剛罥索**」，即罥索。「**金剛鐵鉤**」，即鉤。「**大罥索**」，即鎖。「**怖畏金剛**」者，能令大自在天及烏摩母（Uma）妃怖畏。

四 金剛吽迦羅壇城

(一) 寶吽迦羅

67 **六面怖畏忿怒王　　六眼六臂皆具力**
張牙露齒佩髗鬘　　訶羅訶羅毒百面

以「**六面怖畏忿怒王**」等，說寶吽迦羅。此尊身黃色。「**六眼**」，即六眼〔分成〕三列。「**六臂皆具力**」，指六臂如前般持降三世印除障。「**張牙露齒佩髗鬘**」，說寶吽迦羅露齒牙而佩帶髗鬘。「**訶羅訶羅毒**」，說因積集黑毒故，咽喉變深藍。「**百面**」，說發出百面之變化，彼等身紅色，以降伏印持鈴與蓮花。

(二) 羯磨吽迦羅

68 **閻鬘德迦障礙王　　具金剛力怖畏相**
金剛名稱金剛心　　幻化金剛具大腹

以「**閻鬘德迦障礙王**」等，說羯磨吽迦羅。彼身綠色，持種種鈴杵。餘四臂如閻魔般持劍、杵、鉤、罥索。「**具金剛力**」，指以四種事業令他怖畏。

(三) 四波羅蜜多

復次說金剛薩埵母。「**金剛**」，即空性；「**名稱**」，指由聞聲而得傳播，故為「金剛薩埵母」。次之「**金剛**」，即無相；「**心**」，即心髓，指生處，故為「金剛寶母」。次之「**幻化**」，即無願，故為「金剛法母」。次之「**金剛**」，即〔自性〕明亮，指以大腹作遍滿，故為「金剛業母」。

（四）寶吽迦羅眷屬

復次說關於寶吽迦羅眷屬。

69 **金剛生處金剛主　　金剛心髓如虛空**
不動一髻具傲慢　　所著大象生皮衣

〔「**金剛生處金剛主**」者〕，「**金剛生處**」乃平等性，故「**金剛主**」指金剛寶。「**金剛心髓如虛空**」，即金剛日，以其具如虛空光明。「**不動一髻具傲慢**」，即金剛幢，以其具大慈而倨傲。。「**所着大象生皮衣**」，即金剛笑，以其以法施，及以悲念奮鬥，被上大象生皮慚愧衣而持齒鬘。

（五）羯磨迦羅眷屬

70 **發哈哈聲大肉緊　　發嘻嘻聲嚴畏相**
發哄笑聲發大笑　　金剛笑聲大雷音

「**發哈哈聲大肉緊**」，即金剛業，以其精進於加行故。「**發嘻嘻聲嚴畏相**」，即金剛護，以其被上精進鎧故。「**發哄**

笑聲發大笑」，即金剛藥义，以其精進於妙觀察故。「發出金剛大笑聲」[11]，即金剛拳，以其精進熱心於作成就故。

（六） 金剛吽迦羅眷屬

復次，說金剛吽迦羅眷屬。

71 **金剛薩埵大薩埵　　金剛王者具大樂**
金剛暴惡大歡喜　　金剛吽聲作吽吼

「金剛薩埵大薩埵」，即金剛薩埵自身。「金剛王者具大樂」，即金剛王自身。「金剛暴惡大歡喜」，即金剛愛，以其染着故。「金剛吽聲作吽吼」，即金剛善哉，以其以金剛吽（hūṃ）聲作周遍。

（七） 法吽迦羅眷屬

復次，說法吽迦羅眷屬。

72 **執持金剛箭兵器　　金剛劍能斷無餘**
金剛眾持諸金剛　　獨股金剛能退敵

「執持金剛箭兵器」，即金剛法，彼持蓮花箭與弓。「金剛劍能斷無餘」，即金剛利。「金剛眾持諸金剛」，

11 藏本此句作rdo rje gad mo cher sgrogs pa，意為「發出金剛大笑聲」，與梵本稍異。

即金剛輪，以其持金剛杵以神通作周遍故。「獨股金剛能退敵」，即金剛語，以其以獨股金剛，以種種勝解退敵故。

（八）四攝

73 **惡目生起金剛火　　髮鬘即如金剛燄**
金剛遍入大遍入　　金剛眼為一百眼

「惡目生起金剛火」，即金剛鉤，以金剛鉤如火。「髮鬘即如金剛燄」，即金剛罥索。「金剛遍入大遍入」，即金剛遍入。「金剛眼為一百眼」，即金剛鎖，以其具三摩地之百眼，及六神通之金剛眼。

（九）八供養

以「金剛尖毛遍於身」等二頌，說八供養天女。

74 **金剛尖毛遍於身　　集金剛毛成一身**
指甲端如金剛尖　　金剛堅固厚硬皮

「金剛尖毛遍於身」，說金剛嬉女，以其對施作加行，如金剛故。「集金剛毛成一身」，說金剛鬘女，以其對戒作不壞加行故。「指甲端如金剛尖」，說金剛歌女，以其對忍作不壞加行故。「金剛堅固厚硬皮」，說金剛舞女，以其對精進作不壞加行故。

75 **持金剛鬘具吉祥　　金剛莊嚴為莊嚴**
哈哈高笑成妙音　　六種子字金剛音

〔「持金剛鬘具吉祥」者〕，說金剛香女，於寂止等持，持「金剛鬘」，能二根交會而吉祥故。「金剛莊嚴為莊嚴」，說金剛華女，以觀唯一故。「哈哈高笑決定吼」[12]，說金剛燈女，以其示現力故。「六種子字金剛音」，說金剛塗香女，以其發出不壞願道之金剛音：oṃ vāgīśvari muṃ。

（十）賢劫相

復次，說賢劫相。

76 **以妙音發大響聲　　三世間中唯一音**
既周遍於虛空界　　較世間音為最勝

「以妙音發大響聲」，以賢護〔菩薩〕表徵東方。「三世間中唯一音」，以勇積〔菩薩〕表徵南方。「於虛空界作聲吼」[13]，以金剛藏〔菩薩〕表徵北方。「諸有聲中為最勝」[14]，以除憂暗〔菩薩〕表徵西方，以其摧破憂暗敵為最勝。

上來十二頌，說降三世壇城所轉之**斷煩惱輪**。

---

12 藏文 nges par sgrogs「決定吼」，此詞不見於梵文根本頌。

13 藏本此句作 nam mkha'i khams na sgra sgrogs pa，意為「於虛空界作聲吼」，與梵本不同。

14 藏本此句作 sgra dang ldan pa rnams kyi mchong，意為「諸有聲中為最勝」，與梵本不同。

五　蓮花舞自在壇城

（一）四波羅蜜多

復次，入蓮花舞自在壇城，讚嘆明妃。

77 如如真實而無我　　於真實際離字句
宣說空性具力尊　　甚深廣大發雷音

「如如真實而無我」，指法無我；「於真實際離字句」，指人無我，以離文字言詮，故說蓮花部之金剛心母（金剛波羅蜜多）。「宣說空性具力尊」，指無相；「甚深廣大發雷音」，指悲，故說蓮花部之寶母。

78 法螺大樂音　　法犍椎大音
於無住涅槃　　十方鳴法鼓

「法螺大樂音」，指無願為第一之善法，以具後善之大聲，故說金剛法母。

「於無住涅槃」，指〔自性〕明亮；「十方鳴法鼓」，指於十方精進，故說法羯磨母。

（二）八供養

79 無色或具上妙色　　及意所生種種色
吉祥光照一切色　　是持影像無餘者

復次，說供養諸羯磨母。

於第一義，說「**無色**」，於世俗，說布施之「**或具上妙色**」。以「**意所生種種色**」，故說蓮花部之嬉女。由「**吉祥光照一切色**」，攝集善法，無餘持可滅之形色及意象，故說蓮花部之鬘女。

80 **無能勝故稱大主　　於三界中大自在**
住於最極聖道中　　樹大賜福之法幢

以忿怒而利他，以無畏光明除障，安忍於「**稱大主**」而有三界眷屬圍繞，故說蓮花之歌女，以彼等大自在。「**住於最極聖道中**」，即菩薩道，故說蓮花部之舞女，以彼等自負於法幢之精進力。

81 **三界唯一孺童身　　耆年長老或生主**
亦持三十二種相　　端嚴受三界鍾愛

於世間受持於「**孺童身**」，或功德悉具足之「**耆年長老或生主**」，故說蓮花部之香女。以般若力不受輪迴罪垢污染，以觀之力無盡持三十二相，故說蓮花部之華女。

82 **具世間解功德師　　辯才無礙世間師**
三界歸心勝怙主　　皈依無上救護處

以智與願道之力為「**具世間解功德師**」，彼師具四無畏而無怖畏，故說蓮花部之燈女。以其為一切尊於三界之托心，過去已為怙主，現在為怙主，未來亦為怙主，故為無上，故說蓮花部之塗香女。

(三) 毘盧遮那

83 遍空受用樂　　一切智智海
劈破無明殼　　能壞三有網

由毘盧遮那導引，對諸智無有繫着，「一切智」如無垢「智海」。以能劈破苦之無明殼，諸有網皆能破之。

84 無餘煩惱息　　渡越生死海
戴冠作智灌　　等正覺莊嚴

由是他趣之「無餘煩惱息」，故能「渡越生死海」。「戴冠作智灌」，其寶冠悉具足自他利益。「等正覺莊嚴」，為毘盧遮那具有佛之廿一瓔珞。

(四) 賢劫十六尊

85 三苦諸苦皆寂息　　三盡無邊三解脫
一切障礙悉得離　　住於虛空平等性

以悲滅「三苦」（苦苦、行苦、壞苦），以慈除三界障礙，彌勒〔菩薩〕持龍樹〔見〕而得「三解脫」。妙吉祥〔菩薩〕持劍故，「一切障礙悉得離」；而彼持經卷故，「住於虛空平等性」。

86 **超越一切煩惱垢　　三時無時住究竟**
一切有情之大龍　　功德頂冠之冠頂

香象〔菩薩〕持螺貝而「超越一切煩惱垢」，持水而悟於世間有三時，於第一義即無時。智幢〔菩薩〕持花鬘及「功德頂冠之冠頂」，於諸有情中為智主。

87 **從諸蘊解脫　　妙住虛空道**
持大如意寶　　寶中勝遍主

賢護〔菩薩〕手持寶藏住於虛空，從諸蘊中得解脫。慧海〔菩薩〕持如意寶珠，遍入一切有情而賦予寶藏。

88 **大如意樹極豐茂　　最勝廣大善妙瓶**
能作有情諸利益　　慈憫有情能利樂

無盡意〔菩薩〕手持如意樹與善妙瓶。勇積〔菩薩〕以妙觀察作業而作有情諸利益，持蓮花及利益經卷作為有情之友。

89 **知淨不淨復知時　　了知誓句具誓主**
知根器且知時機　　亦精通於三解脫

大勢至〔菩薩〕手持劍，具三昧耶，能知業因果之善惡，知宜度有情之時機，及知不退轉之三昧耶。

除惡趣〔菩薩〕手持幢旗，能知三時，知所度有情之上中〔下〕根，及通達於三乘之解脫。

90 **具功德者知功德　　知法讚嘆生吉祥**
一切吉祥中吉祥　　具福名稱淨善名

除憂暗〔菩薩〕，具確實能摧滅憂暗之慧，彼具自功德而知他功德，知離憂惱之法而生吉祥，其手持吉祥相（卍）。

「**一切吉祥中吉祥**」，指網光〔菩薩〕手持二重卍字，以利益有情而得「**名稱**」，以成就二聚而得吉福，以遠離二障而得淨善名稱。

91 **大法筵中大蘇息　　得大歡喜與大樂**
恭敬承侍悉具足　　勝喜吉祥名稱主

月光童子〔菩薩〕手持傘，以此表徵為如月之「**大歡喜**」。彼以不退，故謂「**大蘇息**」。以令一切有情歡喜，故謂「**大法筵**」。

無量光〔菩薩〕，持無量光作妙觀察，彼「**恭敬承侍悉具足**」，手持「**勝喜**」蓮花，於上有劍，具「**吉祥名稱**」自性。

92 **具勝施勝最尊勝　　無上皈依皈依處**
大怖畏之最勝敵　　怖畏消除更無餘

虛空藏〔菩薩〕「**具勝施勝**」，手持最勝寶藏，彼乃無上皈依。

除蓋障〔菩薩〕，乃八大怖畏之敵，以能救護種種金剛者為最勝。彼手持劍，令「怖畏消除更無餘」。

（五）阿閦之眷屬

復次，以六頌說關於阿閦之眷屬。

93 **頂髻分結成分髻　結吉祥草戴頂冠**
如是五面具五髻　五髻各繫花冠帶

「頂髻分結成分髻」者，指頂髻結縛如孔雀羽。「結吉祥草戴頂冠，如是五面具五髻」者，指五面各具髻髮。「五髻各繫花冠帶」者，指花冠間之花鬘。

94 **持大禁戒作圓頂　以梵行為最上戒**
苦行究竟大苦行　最上沐身喬達摩

「持大禁戒作圓頂，以梵行為最上戒」者，指面之上部（即頂）恰好有如出家者，即如「最上沐身喬達摩」。如是〔上頌之〕五面指五智清淨。「大苦行」者，指為利益有情而至願道究竟，誓願至生死限。

95 **梵婆羅門知淨梵　於梵涅槃得證時**
釋離度脱度脱身　解脱寂性之寂者

「梵婆羅門」者，即其他方面之外道；「知淨梵」，即了知「道」。「於梵涅槃得證時」，指得大圓鏡〔智〕之所學道。「釋離」，指於煩惱障釋離；「度脫身」，指於念等障得度脫。復次，「解脫」指聲聞之解脫；「寂」，指大乘之寂，其自性為金剛薩埵。

96 涅槃寂滅與寂靜　妙出離即盡邊際
淨除苦樂至究竟　離欲即為諸蘊盡

「涅槃」者，乃煩惱障之寂滅，及所知障之寂靜。「妙出離」者，「妙」指悲念；「出離」指以般若而出離。「盡邊際」，指無住於邊際。「淨除苦樂至究竟」，指能無住於有與寂。「離欲」，即離諸障礙；「諸蘊盡」，即於習氣得出離。此說金剛王。

97 無能勝亦無倫比　不明不現不能顯
不可分之周遍行　微細無漏離種子

「無能勝」，指遠離貪欲；「無倫比」，指遠離破戒。「不能顯」，指遠離內忿，即內忿不於外現；「不現」指遠離怠惰。「不明」指無動搖。「不可分」，指遠離能壞般若之法，以其能成熟三乘中有情，及周遍諸有情。「微細無漏離種子」，指法界自性〔如大日般〕照耀，故說金剛愛。

98 **無塵離塵與離垢　　遠離過失離疾患**
妙悟遍覺之自性　　遍智遍知故善妙

〔「無塵離塵與離垢」者〕，「無塵」即布施；「離塵」即持戒；「離垢」即安忍。「遠離過失離疾患」者，即精進。〔「妙悟遍覺之自性」者〕，即禪定，能以金剛彈指之聲令如來真切感動。「遍智遍知故善妙」者，即般若，以其為最上。上來說波羅蜜多行，即說金剛善哉。

（六）寶生之眷屬

復次，說關於寶生〔部〕之肉髻。

99 **超越心識與法性　　得持色相無二智**
無分別而無功用　　三世正覺作事業

「超越心識與法性」者，指識之所依為明亮光明。「得持色相無二智」者，即二根交會。「無分別而無功用」者，指寶肉髻，身黃色，具五面。「三世正覺作事業」者，現在佛之自性即寶肉髻；本初佛住於心間；未來佛即辯自在。

100 **佛陀無始終　　本初佛無因**
唯一智眼淨　　如來具智身

「佛陀無始終，本初佛無因」，指住於心間〔之本初佛〕為五面八臂。「唯一智眼淨，如來具智身」，指辯自在具無二之唯一眼。

101 大言說者辯自在　　言說權威言說王
說者中尊最尊者　　言說獅子無能勝

復次，說關於金剛笑。「辯自在」，即正見。「大言說者」，即正思惟。「言說權威」，即正語。「言說王」，即正業。「說者中尊」，即正命。「最尊者」，即正精進。「言說獅子」，即正念。「無能勝」，即正定。金剛笑有十一面。

102 具勝喜而遍見者　　具火鬘為眾樂見
吉祥德相具光輝　　手光嚴飾光音光

「遍見者」，指於獅子怖畏中得保護。「具勝喜」，指於象怖畏〔中得保護〕。「具火鬘」，指於火怖畏〔中得保護〕。「為眾樂見」，指於蛇怖畏〔中得保護〕。〔「熾焰妙光吉祥相」[15]者〕，「妙光」能於武器怖畏〔中得保護〕。「吉祥相」，指於盜賊怖畏〔中得保護〕。〔「手光熾盛光照耀」[16]者〕，「手光熾盛」，指於毘舍遮（piśāca）[17]怖畏〔中得保護〕。「光照耀」，指於海怖畏〔中得保護〕。此即於世間八怖畏〔中得保護〕。

---

[15] 此句藏文為 'od 'zang 'bar ba dpal gyi be'u，意為「熾焰妙光吉祥相」，與梵本稍異。

[16] 此句藏文為 lag na 'od 'bar snang ba pa，意為「手光熾盛光照耀」，與梵本稍異。

[17] 又作畢舍遮鬼、臂奢柘鬼。原為印度古代神話中之魔鬼，其腹如滄海，咽喉如針，常與阿修羅、羅剎並提，佛教中之餓鬼即源於此。此鬼噉食人之精氣、血肉，乃餓鬼中之勝者。

103 **大良醫中最勝者　　能除痛刺故無比**
亦是無餘諸藥樹　　能作煩惱病大敵

復次，能於世間八怖畏中得保護，即「**大良醫中最勝者**」，以其能對治所知障。〔以其能對治〕煩惱障，故云：「**能除痛刺故無比**」。以其能摧被煩惱障與所知障，故云：「**亦是無餘諸藥樹**」。以其能遠離五道無餘之煩惱，故云：「**作煩惱病之大敵**」。此即日天之形。

104 **可喜三界標幟相　　吉祥星宿具壇城**
十方虛空無盡際　　廣大樹立勝法幢

「**可喜三界中殊勝**」[18]，即為悉具足。「**吉祥星宿具壇城**」，指有廿八宿圍繞。「**十方虛空無盡際，廣大樹立勝法幢**」，即為大悲果。

105 **世間廣大唯一傘　　慈悲壇城為所具**
吉祥蓮花舞自在　　廣大遍主大寶傘

「**世間廣大唯一傘，慈悲壇城為所具**」，指具慈與悲之自性。「**吉祥**」，指具月形。「**蓮花**」，於此指拘牟頭花（kumuda）[19]，即白與紅之蓮花。而於上能自在而舞。「**廣大遍主大寶傘**」，即契印，月之優勝旗。

---

18 藏本此句作 sdug gu 'jig rten gsum gyi mchog，故譯為「**可喜三界中殊勝**」，與梵本不同，然意義則無別。

19 拘牟頭花意譯地喜花，ku為地，muda為喜，歡樂。此即柔毛睡蓮。

106 **一切佛大王　　持諸佛性身**
諸佛大相應　　諸佛唯一教

「諸佛大威光」[20]，指具五佛冠。「持諸佛性身」，即身門。「諸佛大相應」，即意門。「諸佛唯一教」，即語門。

107 **吉祥金剛寶灌頂　　一切寶主自在者**
一切世間自在主　　一切金剛持主尊

「吉祥金剛寶灌頂」，即名灌頂之門。「一切寶主自在者」，即轉寶部輪之門。「一切世間自在主」，指為一切有情灌頂。「一切金剛持主尊」，即為一切如來灌頂之主，此即金剛寶。

（七）無量光之眷屬

復次，說關於無量光之蓮花三摩地。

108 **一切佛大心　　住一切佛意**
一切佛大身　　一切佛辯語

「一切佛大心」，即本初佛，住於心。「一切佛大身」，即「一切佛辯語」。心，於此為金剛利。

---

[20] 藏本此句作 sangs rgyas kun gyi gzi brjid che，可譯為「諸佛大威光」，與梵本不同。

109 **金剛日之大明照　金剛月之無垢光**
離根本欲即大欲　種種色為熾燄光

「**金剛日之大明照**」，指具日光。「**金剛月之無垢光**」，指具本初佛之月光。「**離根本欲**」者，離以欲等所攝之輪迴而得涅槃。「**大欲**」，即不住二者。「**種種色為熾燄光**」，指身紅色而具紅光明。

110 **佛金剛跏趺　持佛唱讚法**
吉祥蓮花生　持一切智藏

「**金剛跏趺**」，即座法。「**持佛有情法**」[21]，指無量光持蓮花而憶念有情。說金剛法而有「**正覺蓮花生**」[22]，無量光由是而生。「**持一切智藏**」，謂〔無量光〕左手持蓮花柄，右手開掌為座姿。

111 **持諸幻化王　廣大佛持明**
金剛利大劍　清淨勝文字

「**持諸幻化王**」，指為調伏有情而示現種種形相。廣大無量光佛乃持明主，有蓮花〔部〕之多羅妃〔圍繞〕。「**金剛利**」一句易解。

---

21 藏本此句作 sangs rgyas 'gro ba'i chos 'dzin pa，故譯為「**持佛有情法**」，與梵本不同。

22 藏文 sangs rgyas「**正覺**」一詞實見於梵文根本頌:buddha-padmobhavah śrīmān。

112 **大乘能斷諸苦惱　　金剛法為大兵器**
金剛甚深勝中勝　　金剛覺如義理知

毘紐天之形相為「金剛甚深勝中勝」。彼以無上征伏作征伏。「金剛覺如義理知」，指不以神通而得通達。

113 **波羅蜜多盡圓滿　　於一切地具莊嚴**
究竟清淨法無我　　正智如月心光燦

「波羅蜜多盡圓滿」，說十波羅蜜多圓滿成諸十地而具莊嚴，即金剛輪。「究竟清淨法無我」，指得法勝解。「正智如月心光燦」，指聖權。

114 **幻化網大精勤者　　一切密續最勝主**
全數金剛結跏趺　　而持無餘智慧身

「幻化網大精勤者」為決定語。「一切密續最勝主」，說彼具梵之形而正解各各義理。

（八）不空成就之眷屬

復次，說關於不空成就之蓮花自在。

「金剛法座具無餘」[23]，指金剛跏趺。「持無餘智慧

23 此句藏文為 rdo rje gdan ni ma lus ldan，與梵文根本頌稍異。詳見此頌之【無畏譯記】。

身」，指智身（jñāna-kāya）。

115 **普賢具妙慧　地藏持眾生**
一切佛大藏　持種種化輪

「**普賢及妙慧**」，以一切周遍故，乃本初佛。「**地藏持眾生**」，以不捨諸成所作故，乃不空成就〔佛〕。「**一切佛大藏**」，以其具加行精進之自性，故「**持種種化輪**」，此即金剛業，以彼持息災、增益、懷愛、誅滅等種種輪。

116 **一切有具勝自性　一切有皆持自性**
是即無生法諸義　諸法自性能執持

「**一切有具勝自性**」，即〔金剛〕護，以彼精進於作成就法，執持一切事業。「**是即無生法諸義**」，即〔金剛〕藥义，以其妙觀察而通達於無生法後，對諸有情執持一切法自性，皆能對治。

117 **一剎那間大般若　證一切法而能持**
現觀一切諸法者　上智牟尼知究竟

〔「**一剎那間大般若，證一切法而能持**」〕，即〔金剛〕拳，以其熱心於大般若，一剎那明悟一切法。

〔「**現觀一切諸法者，上智牟尼知究竟**」〕，即〔金剛〕鉤，以其以信根解一切法而得最勝意。

118 **無動最極澄明我　　持於等正覺菩提**
即一切佛之現證　　智火熾焰極光明

〔「無動最極澄明我」〕，即〔金剛〕索，以其以精進根而持於不動佛之菩提。〔「即一切佛之現證」〕，即〔金剛〕鎖，以其以念根令一切佛現前。「智火熾焰極光明」，即〔金剛〕鈴，以其徧入故。

上來四十二頌，説蓮花舞自在壇城所轉之**金剛利輪**。

六　金剛日（寶部）壇城

（一）毘盧遮那

復次，以「最上所樂義成就」等頌，説關於一切義成就之壇城。

119 **最上所樂義成就　　一切惡趣悉清淨**
一切有情勝導師　　一切有情令解脱

「最上所樂義成就」，即毘盧遮那，以其行於世間〔悉地〕、普通〔悉地〕、及最勝悉地，故為最上。「一切惡趣悉清淨」，以彼具出家之樣相，及轉法輪印。「一切有情勝導師」，即心輪之本初佛　。「一切有情令解脱」，指於二輪上有智化身（prajñā-jñāna-murti）。

（二）阿閦

復次，說關於義成就之阿閦。

120 **煩惱陣中獨勇猛　　摧殺無知傲慢敵**
具足樂空智吉祥　　具持勇健醜惡相

「**煩惱陣中獨勇猛**」，指於一切煩惱及一切被煽動之戰爭中，彼乃持唯一金剛之勇猛者，持自慢及自負心，以觸地印摧伏煩惱障及所知障。「**吉祥**」者，乃指二根交会；「**智**」則指大圓鏡智。由是生嬉笑相，具忿怒面但微笑，稍露利齒，不被魔動搖，故謂「**具持勇健醜惡相**」。

（三）寶生

復次，說關於寶〔部〕之肉髻。

121 **振百手而揮諸杖　　足進止而作舞者**
百臂旋動而吉祥　　遍滿虛空之舞者

彼以光明所變現之百手揮振，左手右手次第互伸，具力而舞。彼以具世尊寶髻自性之百臂，及〔以光明所變現之〕手，受用「**吉祥**」。亦以舞為遍虛空有情灌頂，由是彼遍悅而樂。

（四） 無量光

復次，說關於寶〔部〕之三摩地。

122 **大地壇城之分界　　以一足底力壓之**
足拇指爪復抓壓　　淨梵天界之尖頂

於由lam種子字所變之地輪上，有蓮花。蓮花之臍輪被彼之右「足底力壓之」。其左「足拇指爪復抓壓」，於「淨梵天界之尖頂」。彼雙手持蓮花。

（五） 不空成就

復次，說關於寶〔部〕之降雨。

123 **不二法義即唯一　　是最勝義不可壞**
種種表義色法義　　具心與識之相續

「唯一」即空性；「不二」即無相；「法義」即無願。「最勝義」，指〔自性〕明亮；而「不可壞」指法界。「種種表義色法義」，指大圓鏡。「心」，乃阿賴耶之所依。「識之相續」，指妙觀察智，乃慨念之所依。

(六) 四波羅蜜多

124 有境無餘皆具樂　　樂空是即無上智
有法之貪超越後　　於三有中具大樂

「有境無餘」即空性；「具樂」者，指金剛薩埵母。「樂空」即無相；「無上智」即寶母。「有法之貪超越後」即無願，乃法母。「於三有中具大樂」乃業母，其〔自性〕明亮。

(七) 寶部之薩、王、愛、善

125 清淨猶如白雲白　　妙光猶如秋月光
端嚴猶如初日輪　　大紅爪甲具光輝

「清淨猶如白雲白」乃白母，即突伽天女（Durga）[24]，以其戒清淨故。「妙光猶如秋月光」乃寶薩埵母，其身黃色。〔寶部〕之王母具日光輝，故謂「端嚴猶如初日輪」。「大紅爪甲具光輝」乃三十二妙相之表徵。

126 妙髻頂尖帝青寶　　勝髮押以大青玉
大摩尼珠吉祥光　　佛所變現莊嚴具

復次，如次第説寶愛〔菩薩〕。其五佛妙冠上，髻頂尖

24 印度教雪山神女化身之一。意譯難近母。為濕婆之妻子。

有帝青寶，故謂「**勝髮押以大青玉**」。復次，說寶善哉〔菩薩〕，故說「**大摩尼珠吉祥光**」。彼具五色光明，及五佛冠。

（八）寶部之鞏、光、幢、笑

127 **百世間界皆震動　〔四〕神足具大趣向**
持大憶念具如性　四念住之等持王

復次，說寶鞏〔菩薩〕。其左足伸，右足以神足力壓色界，令「**百世間界皆震動**」。

復次，說寶光〔菩薩〕。彼「**持大憶念具如性**」，持身、受、心、法〔四〕念住，故乃大念空性之等持王。

128 **七覺支花香　如來功德海**
解八正道旨　知覺正覺道

復次，說寶幢〔菩薩〕。故說「**七覺支花香**」。「**七覺支**」者，即擇法覺支、精進覺支、喜覺支、輕安覺支、念覺支、定覺支、行捨覺支。具此等之燒香塗香，猶如慈愛，充滿如來功德海。

復次，說寶笑〔菩薩〕。故說「解八正道旨」。「**八正道**」者，即正見、正思惟、正語、正命、正精進、正定、正念等菩提分，作正覺道之法施。

（九）法、利、輪、語

129 **大愛著於諸有情　　實無所著如虛空**
於諸有情意中生　　疾速如諸有情意

復次，說關於寶法〔菩薩〕，說其「**大愛著於諸有情**」。以彼著於慈三摩地樂。〔彼亦「**實無所著如虛空**」〕。說其「**無所著**」，以其得般若，了知「**如虛空**」之空性。

復次，說寶利〔菩薩〕，說其「**於諸有情意中生**」。彼以悲趣入諸有情，以般若斷諸有情煩惱，故謂「利」，以其「**疾速如諸有情意**」故。

130 **知一切有情根境　　移一切有情心意**
知五蘊義之如性　　持五蘊之極清淨

復次，說寶輪〔菩薩〕，說其「**知一切有情根境**」。即彼以神通了知一切有情義，及以歡喜心捉一切有情心意，故謂「輪」。

復次，說寶語〔菩薩〕，說其「**知五蘊義之如性**」。「**知五蘊義**」者，指其正知種種義；「**知如性**」者，指其正知種種勇氣。〔彼亦「**持五蘊之極清淨**」〕。「**五蘊**」者，指其正知種種法；「**持極清淨**」者，指其正知種種決定語，即持大捨之舌。

（十）業、護、藥、拳

131 **住諸出離之邊際　　能善巧於諸出離**
住諸決定出離道　　於諸出離能宣説

復次，當説寶業〔菩薩〕，説其有關之果，故説「**住諸出離之邊際**」。彼持種種金剛〔杵〕，善巧於三乘之因，故謂「**能善巧於諸出離**」。

復次，説寶護〔菩薩〕，説「**住諸決定出離道**」。彼作出離而於三乘敵間作守護，對有情之所住因，説諸出離為果。彼持鎧而住。

132 **拔除十二有支根　　而持十二清淨相**
具知四諦行相義　　八智覺知而受持

復次，説寶藥乂〔菩薩〕，説其「**拔除十二有支根**」，以其捨離流轉十二因緣之習氣。彼持牙，以其持還滅之十二清淨故。

復次，説寶拳〔菩薩〕，説其「**具知四諦行相義**」，即具苦、集、滅、道四種相。彼持拳，即集一而覺知四智、四隨智等八智。

（十一）賢劫十六尊

復次，說關於賢劫〔十六尊〕。

133 **具有十二諦義相　　能知十六如如相**
以二十相成正覺　　一切勝解遍覺者

「**具有十二諦義相**」，說彌勒〔菩薩〕，以其通達〔十二諦義相〕境界：知苦、斷集、證滅、修道；應知苦、應斷集、應證滅、應修道；苦不應知、集不應斷、滅不應證、道不應修。

「**能知十六如如相**」，說妙吉祥〔菩薩〕，以其了知四諦，解十六忍。

「**以二十相成正覺**」，說香象〔菩薩〕，以其了知八忍、八智、四智等二十正覺〔相〕。

「**一切勝解遍覺者**」，說智幢〔菩薩〕，以其以幢而最勝解五智。

134 **無量諸佛之化相　　令顯現為億萬身**
剎那現證於一切　　亦知一切剎那心

「**無量諸佛之化相，令顯現為億萬身**」，說賢護〔菩薩〕，以其以此作保護。「**剎那現證於一切**」，說慧海〔菩薩〕，以其現證一切慧。

「**亦知一切剎那心**」，說無意〔菩薩〕，以其無盡知一切剎那心明亮義。

135 **以種種乘方便道　　令顯現為世義利**
由是三乘定出離　　而唯住於一乘果

「以種種乘方便道」，說勇積〔菩薩〕，謂「勇」以其具勇氣，謂「積」以其證有情再生與決定善之義。

「由是三乘定出離，而唯住於一乘果」，說大勢至〔菩薩〕，以其具大勢力，以三乘出離三界，及以大勢力得住一乘果。

136 **煩惱界具淨我性　　盡諸業界能滅盡**
平息暴流而渡過　　觀修稠林能出離

「煩惱界具淨我性」，說除惡趣〔菩薩〕，以其能導引一切惡趣。

「盡諸業界能滅盡」，說除憂暗〔菩薩〕，以其能決定摧滅憂暗。

「於諸河海中渡過」[25]，說網光〔菩薩〕，以其具智網渡一切貪、瞋、痴之苦海。

「觀修稠林能出離」，說月光童子〔菩薩〕，以其以瑜伽如日月作對治，令一切有情遠離輪迴之稠林，由是生如壽年

[25] 藏文為 chu bo rgya mtsho kun las brgal，意為「於諸河海中渡過」，與梵本不同。

之智。

137 **煩惱隨煩惱雜染　　以及習氣皆捨離**
般若方便具大悲　　不空世間成義利

「**煩惱隨煩惱雜惱、以及習氣皆捨離**」，說無量光〔菩薩〕，以其以無量光智捨離煩惱、隨煩惱、雜惱、與習氣。

「**般若方便具大悲、不空世間成義利**」，說虛空藏〔菩薩〕，以其具大悲之般若方便，如虛空般生三悉地，得不空〔而成義利〕。

138 **捨離一切概念義　　持於識境之寂滅**
具足有情諸意境　　趣入一切有情意

〔頌首二句〕說除蓋障〔菩薩〕，以其離我與我所之礙想義，除識義與形相執。

（十二）八供養

復次，說關於八〔供養〕天女。

「**具足有情諸意境**」，說寶〔部〕之嬉天女，彼雙手持如意寶珠。

〔「**趣入一切有情意**」〕，說鬘女，彼雙手持寶鬘，了解諸佛心意而得歡喜。

139 **住入一切有情意　　於彼心中平等住**
滿足一切有情意　　一切有情意具樂

「住入一切有情意」，說歌女，彼持弓而彈寶箜篌。

「於彼心中隨順住」[26]，說舞女，彼持一般之寶而作舞。

「滿足一切有情意」，說寶〔部〕之香女，彼燒寶香令一切有情滿足。

「一切有情意喜悅」，說花女，彼持寶花莒。

140 **捨離立宗之過失　　一切迷亂皆消除**
於三世得無疑智　　一切義利三德性

「一切迷亂皆消除」，說燈女，彼持燈蠟燭除迷亂之黑暗。

「捨離立宗之過失」，說塗香女，彼持塗香法螺除執立宗想。

（十三）四攝

「於三世得無疑智，一切義利三德性」，說鉤女。彼對捨離幸福苦惱之義無疑，及對一切身語意功德性皆自慢。

[26] 藏文 mthun par「隨順」此詞不見於梵文根本頌。

141 **五蘊義於三時中　　每一剎那善觀察**
剎那現證等正覺　　具持一切佛自性

「**五蘊義於三時中**」，說罥索女。彼於法界善觀察每一剎那中第一義。

「**剎那現證等正覺**」，說鎖女。彼具持一切佛自性自身，於一剎那等正覺者之念以鎖而縛之。

142 **無支分身最勝身　　觀察諸身之邊際**
無餘色相能變現　　寶幢具大摩尼頂

〔「**無身之身勝妙身、觀察諸身之邊際**」者〕[27]，說寶〔部〕之鈴女。「**無身之身**」即一切佛意；「**勝妙身**」即一切佛語：「**身之邊際**」即依於因緣生之身。彼悟入此三者遍入為一。若問彼之一切身色與莊嚴為阿？答曰：「**無餘色相能變現，寶幢具大摩尼頂**」。「**大摩尼**」指其〔身色〕為黃色。「**寶幢**」指其〔莊嚴〕為冠與寶幢作契印。

上來，以廿四頌說一切義成就之壇城，以一切成就轉辯自在輪。

---

[27] 頌首句藏文為lus med lus te lus kyi mchog，譯為「**無身之身勝妙身**」。與梵本「無支分身最勝身」稍異。

七　天馬（不空成就）壇城

（一）其壇城果

以最初四句，說關於天馬壇城果。

143 **諸等正覺者所悟　　皆為無上佛菩提**
密咒生處無文字　　說為三部大密咒

「**諸等正覺者所悟**」，指應由他佛而悟。「**無上佛菩提**」乃法身。次，當說關於報身。於勝義為「**無文字**」。於世俗，修行瑜伽〔儀軌〕，以瑜伽母身為「**密咒生處**」，諸菩薩以「**三部大密咒**」為所持而示現化身。

（二）修行方便

144 **生出一切真言義　　皆由無字大明點**
五文字者即大空　　百字亦實為空點

說關於化身，以其由「**一切真言義**」化現而生起。

為說〔修〕行方便而說「**大明點**」等句。「**大明點**」即生命之風。「**無字**」義謂於自相離分別。「**大空**」即法界。其文字為不變，故說「**五文字**」。「**空點**」即為不變百字，以百字由從屬於風之空性而悟。而百字即百字明咒，以五大、五蘊、五根、五境各各具五智自性。

145 一切形相無形相　　十六半半持明點
超越支分與算數　　持於第四禪之頂

「**一切形相**」具止之自性而離外界戲論，但諸法於觀其第一義實為「**無相**」。此自然具「**十六半半持明點**」。於世俗，四大種各各、瑜伽、隨瑜伽、極瑜伽、大瑜伽，開展為十六。〔其半〕為照明、舒遍照明、得照明、明亮光等四禪，及空、極空、大空、一切相空等八者。〔再〕半為四空性修習，遠離四種世俗。以此等自性而持二根交会之明點。

146 知一切禪定支分　　等持種姓及傳承
等持身為最勝身　　一切受用身之王

能受持無支分身意及超越算數，與持於照明、舒遍照明、得照明、明亮光等四禪之頂，自然知一切禪定之止及支分之觀，通達等持一切種姓，及了解十地中一切趣。故謂「**等持身為最勝身**」。此即得法身、報身及化身。

147 化身亦為最勝身　　受持諸化佛傳承
周遍十方而化現　　隨宜世間作義利

於三身中，以佛化身之相續性，於十方應同有情之信解，及作義利。

（三）唯一勇猛者

148 **天中天及諸天主　　天帝及阿修羅主**
無滅天主與天師　　摧壞天摧壞天王

為說關於天馬乃唯一勇猛者，故說「**天中天**」等。「**天中天**」乃帝釋天（Indra）。「**諸天主**」乃梵天諸天主。「**天帝**」乃欲天。「**阿修羅主**」乃毘紐天。「**無滅天主**」乃日天。「**天師**」乃金星。「**摧壞天**」乃六面童子。「**摧壞天王**」乃大天。

149 **渡過三有之荒野　　唯一導師眾生師**
世間十方名稱遍　　是為廣大法施者

〔天馬〕為「渡過三有之荒野」，召來帝釋天妃等八天女，分置於八天座，自然成「**唯一導師眾生師**」。

（四）五如來

復次，為說關於五如來之天馬壇城，故說「**世間十方名稱遍**」等。十方名稱即阿閦佛，乃「**廣大法施者**」，能降伏四魔。其身白色，持金剛杵而住。

150 **具慈擐甲作莊嚴　　具悲鎧甲披甲者**
以般若劍及弓箭　　作離煩惱無智戰

〔寶生〕佛，身黃色，以勝願印，被上慈鎧與悲甲。其手持寶。

無量光佛，身紅色，以四臂持般若經卷、劍及弓箭，離煩惱無智戰。

151 **勇猛降魔魔之敵　　四魔怖畏能除去**
一切魔軍能降伏　　世間導師正覺者

不空成就佛，身綠色，調伏蘊魔、煩惱魔、死魔、天魔等四魔之敵自性，令他眾除去四魔怖畏。彼持金剛杵作保護。

毘盧遮那佛，為世間導師，身白色，以勝菩提印調伏四魔，令得黎明現等覺。

(五) 八供養

152 **應禮應供應恭敬　　是應恆常受承侍**
最受尊敬及尊崇　　皈依最殊勝上師

對此等禮讚天女、供養天女、恭敬天女、承侍天女、尊敬天女、尊崇天女、皈依天女、及上師天女。此即有嬉女等八者圍繞。

(六) 六通三明

復次，以「三界」等句，說關於三部之天馬壇城。

153 **一步能遊於三界　　如空無邊而跨步**
淨行者具三明淨　　具六神通六隨念

彼一步遊於東方之恒河沙數三界，一步超越西方，「如空無邊而遮止」[28]。「三明」，即彼了知二明妃，持白衣、青蓮與種種金剛杵之自性。「淨」，指彼持紅蓮、白蓮與種種金剛杵。「六神通」，即天眼通、天耳通、神足通、宿命通、他心通、及漏盡通。以此等加持六菩薩之六根。及以「六隨念」加持六明妃之六境。

154 **菩提薩埵大勇識　　具大神足超世間**
成就般若波羅蜜　　能達般若如如性

「菩提薩埵大勇識，具大神足超世間」者，指其身綠色，持劍、蓮花、與弓箭，能達四禪。

（七）宗義

復次，說悉檀（siddhānta），此即宗義。故說「成就般若波羅蜜」等。「成就」，即於有餘、無餘涅槃，有特別欲求。「能達般若如如性」，即經部派。

155 **一切自明與他明　　勝數取趣利一切**
超越一切諸譬喻　　能知所知殊勝主

「一切自明與他明」，知三界是故唯心。以大悲利

---

28 藏本作 gnon，解為「遮止」，與梵本不同。

益一切有情為最勝，超越一切譬喻之二邊，是故「中」。「知」，乃作業主，是為事續。「殊勝主」，乃行身與語，是為行續。

156 是為最上法施主　宣說四種手印義
為行三出離種姓　作諸世間承侍主

「最上法施主」，以其乃俱續之主，說俱續。「宣說四種手印義」，說瑜伽續，以其說大印、三昧耶、法、羯磨等〔四印〕義，承侍諸有情功德為所依，欲得最勝涅槃。出離三乘、超越甚深廣大，是為成就甚深之究竟次第，得二根交會無上樂。

157 勝義清淨具吉祥　廣大三界之勝福
一切圓滿皆吉祥　最勝吉祥妙吉祥

此即「勝義清淨具吉祥」，是為「廣大三界之勝福」。彼於世間入世俗勝義〔雙運〕悉地，一切作為圓滿吉祥。彼為誰？乃「最勝吉祥妙吉祥」。

上來，以十五頌，以不空成就轉智身輪。

後分

一 讚嘆

如上來修習六種輪已，遍入六壇城之智慧薩埵，受其灌頂，其身語意得三如性加持，得一切自性之供養。

於此有四類行者應如是修。

(一) 第一類為欲修習如來種姓之行人，彼等為修習六壇城而應當灌頂，故欲灌頂。

(二) 第二類為隨順獨覺之行人，彼等修習六壇城，作隨順息、增、懷、誅四事業之供養。

(三) 第三類為隨順聲聞乘之行人。彼等修習六壇城，於各各壇城之本尊心輪中央安立種子字，盡除諸苦惱。

(四) 第四類為隨順菩薩乘之行人。彼等修習六壇城，於壇城中作有情利益。彼等依着唯一勇猛者法義，住於壇城作承侍及前行，努力修習四印門悉地，利益及隨順於一切有情作義利。

復次，隨説四種義，修習與念誦畢後，應作供養及讚嘆。於中，讚嘆次第如下：

(一) 以「勝施金剛」等半頌讚嘆金剛薩埵壇城。次，以「於空性藏我皈依」等半頌讚嘆毘盧遮那佛壇城。

(二) 次，以「諸佛貪樂我皈依」等一頌讚嘆阿閦佛壇城。

(三) 次，以「諸佛微笑我皈依」等一頌讚嘆無量光佛壇城。

(四) 次，以「**由無而生我皈依**」等一頌讚嘆寶生佛壇城。

(五) 次，以「**於幻化網我皈依**」等一頌讚嘆不空成就佛壇城。

或於此五頌中二十相開示菩提，即具吉祥之妙吉祥有四如來及十六菩薩圍繞。彼等作修習及讚嘆。以智稱（ye shes grags pa）上師為主而住。

二　六輪功德、咒鬘、結頌

(一)

復次，為說關於〔第一輪〕功德，呼「**金剛手、金剛持**」為結集者後，說「**此**」乃毘盧遮那壇城之相關。

「**世尊智化身**」即四佛。

「**一切如來智身**」即本初勤勇佛。

「**妙吉祥智勇識**」即五字文殊。

若能修習上來三者之名而正說〔其名〕，則得歡喜、淨信大喜悅果，生起世間世俗與勝義之成就。

復次，自「**如是金剛手、金剛持**」起至「**能令得圓滿清淨**」，說阿閦佛捨智之功德。「**能證所未證無上義**」，說寶生佛之功德。

「**能得所未得**」，説無量光佛之功德。

「**乃至能攝持一切如來正法眼藏**」，説不空成就佛之功德。

為宣説毘盧遮那佛功德、廣説阿閦佛真實、開顯寶生佛之解脱與無量光佛之相、及開示不空成就佛之功德。

「**我**」對有情念誦〔此真實名〕而作攝受。再「**以一切密咒法性**」作攝受，令結集者以至未來有情，攝入智勇識而得加持。

(二)

復次，為説關於第二壇城，呼喚「**金剛手、金剛持**」而修習第二壇城，説「**真實名誦**」等。

「**一切種智**」乃根本（阿賴耶）佛。

「**清淨明淨**」乃本初佛。

「**正覺菩提**」乃般若智化身。

「**現證**」乃阿閦佛。

「**無上**」乃寶生佛。

「**趣入**」乃無量光佛。

「**能降伏一切**」乃不空成就佛。

「**十力之力**」乃金剛薩埵母。

「**一切種智**」乃寶母。

「佛法教勅」乃法母。

「所圓證」乃業母。

金剛薩埵能令得「無垢清淨」。

〔金剛〕王能令得「生處」。

金剛愛能令「〔成就一切天人之〕國土」。

金剛喜能令得「〔大乘之〕所依」。

金剛寶能令得「〔菩薩行之〕生因」。

金剛日能令得「〔正智道之〕究竟」。

金剛幢能令得「〔解脫之〕決擇」。

金剛笑能令得「〔出離道之〕生處」。

金剛法能令「如來傳承之不斷」。

金剛利能令「增盛」。

金剛輪能令「調伏」。

金剛語能令「摧壞」。

金剛業能令「降伏」。

金剛護能令「攝受」。

金剛藥义能令「成熟」。

金剛拳能令得「等持」。

嬉女能令得「禪定」。

鬘女能令得「相應」。

歌女能「離一切結使縛」。

舞女能「捨離一切煩惱隨煩惱」。

香女能「寂息一切諸障礙」。

花女能「解脫一切枷鎖」。

燈女能「從一切諸蘊中度脫」。

塗〔香〕女能「寂滅一切散亂心」。

金剛鉤令得「生所」。

金剛索能令「滅退」。

金剛鎖能令「遮蓋」。

金剛鈴能令得「往解脫城之正道」。

以轉金剛輪而「不入輪迴輪」。

以轉蓮花輪而「樹立如來正教之傘蓋與幢旗」。

以轉羯磨輪而「攝持一切教法」。

以轉大印輪而能「疾速圓成」。

以三昧耶而「得住於所證」。

以轉法輪而能「通達」。

以轉羯磨輪而得「成熟」。

以東方四利益而「得極清淨」。

以南方等功德而得「**圓滿**」。

以西方等功德而得「**通達**」。

以北方等功德而「**能心一境性而通達**」。

以唸誦〔名〕義而得加持，「**能圓滿一切諸佛功德**」。

(三)

復次，說關於第三輪功德。對「**金剛手、金剛持**」說蓮花舞自在壇城如下。以此真實名誦，能滅除〔諸惡罪〕。此即蓮花〔部〕毘盧遮那之功德。

能「**障蔽〔諸惡趣〕**」乃蓮花〔部〕肉髻之功德。

能「**斷除〔一切諸業障〕**」乃蓮花〔部〕三摩地之功德。

能「**令〔一切八無暇處之所生〕不生**」乃蓮花〔部〕之決定自在。

能「**滅除〔八大怖畏〕**」乃蓮花〔部〕之薩埵母。

能「**驅一切惡夢**」乃蓮花〔部〕之寶母。

能「**除〔一切惡相〕**」乃蓮花〔部〕之法母。

能「**滅除〔一切惡兆與違緣〕**」乃蓮花〔部〕之法母。

能「**滅除〔一切惡兆與違緣〕**」乃蓮花〔部〕之羯磨母。

能「〔令一切魔業〕遠離」乃蓮花〔部〕之薩埵。

能「增長〔一切善根與福德〕」乃蓮花〔部〕之王。

能「〔能令一切非理作意〕不生」乃蓮花愛。

能「調伏〔一切貢高我慢與增上慢〕」乃蓮花喜。

能「〔令一切苦難憂愁〕不生」乃蓮花毘俱胝之功德。

蓮花日乃「〔一切如來之〕真實心」。

月幢乃「〔一切菩薩之〕真實密」。

十一面乃「〔一切聲聞及辟支佛之〕真實大密」。

蓮花多羅乃「一切〔手印與密咒之真實〕」。

蓮花利能「生起正念與正知」。

蓮花輪具毘紐天形相者能「得對無上般若之了解智」。

蓮花語具毘梵天形相者能「〔具足〕無患諸力自在」。

蓮花業能「增長〔吉祥、端嚴、寂靜、妙善〕」。

蓮花護能「得〔榮譽、聲望、讚嘆與〕稱揚」。

蓮花藥义能「息〔一切疾病與大怖畏〕」。

蓮花拳「〔是諸極清淨中之〕最極清淨」。

蓮花嬉女「〔是諸極淨除中之〕最極淨除」。

蓮花鬘女「是諸豐滿中最豐滿」。

蓮花歌女「〔是諸吉祥中〕最吉祥」。

蓮花舞女「〔乃諸欲皈依者〕之皈依處」。

蓮花香女「〔乃諸欲休息者〕之休息處」。

蓮花花女乃「〔諸欲庇護者〕之庇護所」。

蓮花燈女乃「〔無依怙者〕之依怙處」。

蓮花塗香女乃「〔諸欲洲〕之真實洲」。

蓮花鉤女之馬頭乃「〔無依仗者〕之無上真實依仗」。

蓮花索女乃「〔渡〔三〕有大海到彼岸〕之真實舟船」。

蓮花鎖女乃「真實大藥王」。

蓮花鈴女乃「真實智」。

復次，說外四門。

鉤女乃「真實智光」。

索女乃「真實如意寶」。

鎖女乃「一切智之真實智」。

鉤女乃「真實照見清淨智」。

外側為賢劫諸佛。

東方者，說至「圓滿〔福德智慧〔二〕資糧〕」。

南方者，說至「十地」。

西方者，說至「離二法之不二法性」。

北方者，說至「**與形相不異之…法性**」。

復次，關於如來世間事業唸誦者，說至「**如來智身之自性**」。

復次，關於思念而唸誦者，說至「**具大空性形相**」。

說「**此真實名誦**」，即對於讀誦而思念時，攝入智薩埵而得「**無二法性義理**」之加持。

(四)

復次，為說關於金剛吽迦羅壇城，召「**金剛手、金剛持**」，於所依者中思念而誦其名。

此「**妙吉祥智勇識**」，即根本佛。

智身即本初佛。

「**無二**」乃斷煩惱之第一義。

「**頂髻之摩尼寶珠**」乃勝者之真實名誦。

至「**顯示一切法門、顯示形相**」，說如來吽迦羅功德。

至「**作正加持**」，說金剛吽迦羅功德。

至「**作饒益**」，說寶吽迦羅功德。

至「**辯才無礙**」，說法吽迦羅功德。

至「**具愛樂之身相**」，說羯磨吽迦羅功德。

「**難調能調者**」等，說東方忿怒四薩埵。

至「**以一切威儀作守護、救護與密護**」，說南方忿怒四薩埵。

「**梵天**」等，說北方忿怒四薩埵。

二十四擁護者等，說西方忿怒四薩埵。

二十五住所等，說北方身忿怒四薩埵。

「**作最勝妙樂**」，以一句說金剛薩埵母、嬉女、香女、東方鉤女等功德。

天、龍等十八者，說寶薩埵母、鬘女、花女、索女四者功德。

至「**又於彼身**」，說法薩埵母、歌女、燈女、鎖女四者功德。

至「**令其延壽**」，說羯磨薩埵母、舞女、塗香女、鈴女四者功德。

(五)

復次，為說關於一切義成就壇城，召「**金剛手、金剛持**」。

自「**頂髻**」起至「**依經唸誦**」，說寶珠部功德。

「**以世尊妙吉祥智勇識形相為所緣境**」等，指得見根本身、本初佛、與辯自在三者形相。

以修習無動及唸誦，故能「即見其依於…….俱住於虛空」。

以寶髻故而「永不墮入下道惡趣」。

以蓮花三摩地故而「永不生於卑賤種姓」。

以蓮花決定自在〔尊〕故而「永不生於邊地」。

以寶薩埵母故而「永不生為諸根不具」。

以寶王故而「永不生於邪見種姓」。

以蓮花愛故而「永不生於無佛住之佛國」。

以寶善哉故而「永不生於地獄」。

以寶毘俱胝故而「永不生於長壽天中」。

以寶日故而「永永不生於飢饉、疾苦、刀兵災劫之中」。

以寶幢故而「永不生於五濁惡世」。

以寶笑故而「永無畏於王難、怨難、盜難」。

以法故而「無畏於不足與貧困」。

以利故而「永無畏於惡名、誹謗、辱罵、毀壞名聲」。

以輪故而「永生於具足賢善之種姓」。

以語故而「永遍具端嚴色相、顏色美好」。

以業故而「永受諸世人所喜，所樂、所願親近及所願見」。

以護故而「永得福澤安康，言說為諸有情所重」。

以藥义故而「無論往生於何處，生生世世當永知宿命」。

以拳故而「永得大受用、大眷屬、無盡受用、無盡眷屬」。

以金剛薩埵母故而「永於一切最勝有情中具足最勝功德」。

以寶母故而「永自然具足六波羅蜜多功德」。

以法母故而「永住於四梵行」。

以業母故而「永具足正念、正智、方便、願力與智慧」。

以嬉女與香女故而「永無畏於一切經論而能雄辯」。

以鬘女與花女故而「永能言說清晰，睿智而非愚」。

以歌女與燈女故而「永作善知識，無懈怠，離欲知足而作大義利」。

以舞女與塗香女故而「永成一切有情之無上信賴；永受尊崇為上師、親教師與師尊」。

以寶鉤故而「昔所未聞之工巧、神通、星算等，其字句與義理，如見光影而現知」。以寶索故而「永能行於最清淨戒，而所行具足生機；善出家而永威儀圓滿」。

以寶鎖故而「永無忘失於一切種智與大菩提心」。

以寶鈴故而「**永不趣入聲聞、阿羅漢、辟支佛所入之禁戒**」。

（六）

復次，說關於天馬壇城而召「**金剛手、金剛持**」。

「**永具無量功德**」，說根本不空成就佛與本初佛與智身三者功德。

「**亦永具無量如是品類**」，說唯一勇猛之天馬功德。

「**現證無上正等正覺**」等，說五部自性之天馬功德。

至「**成法王**」等，說三部之天馬功德。

（七）

復次，說關於心咒：

由 om sarva-dharmā 至 a ā aṃ aḥ，說金剛利之心咒。

由 prakṝti-pariśuddhāḥ 至 upādāyeti a āḥ，說斷煩惱之心咒。

由 sarva tathāgata 至 oṃ hūṃ hrī，說般若智化身之心咒。

bhagavan jñāna mūrte 說智身之心咒。

vāgīśvara mahāpaca 說辯自在之心咒。

由 sarva dharma gaganā 至 jñāna garba āḥ，說五字文殊之心咒。

以此等咒誦六壇城之共心咒。

(八)

復次，為說關於結頌，說「**爾時**」等諸頌。

「吉祥金剛持」即降三世。以尊敬作「**合掌悅樂**」。

「**向彼怙主等正覺、世尊如來**」即毘盧遮那佛。以身語意作敬禮。

復次，「**秘密主與金剛手**」，指作結集者之金剛手。「**所餘種種**」，指具顰眉波紋等金剛髮髻共二十一尊。「**同**」者，指彼等與忿怒王俱，以梵音具八支分作「**讚嘆**」。如是歡喜而白言：「**世尊我等今隨喜，善哉善哉善妙說**」。

復次，為「**渴求解脫果**」，說我等金剛手，及為解脫果作努力之行人，圍繞有情導師，隨喜作大義利，願證菩提，得成就果。

由是希求利益而願聞幻化網妙理之宣說。即幻化網儀軌。〔「**此乃清淨吉祥道，甚深殊妙與廣大**」者〕：「**此**」，乃真實誦名；「**清淨**」乃初善：「**吉祥道**」乃中善；「**甚深**」乃後善；「**殊妙與廣大**」，即般若大悲之方便。「**利益有情大義利**」乃再生與最高善之果。「**如是諸佛妙境界，正等覺者已宣說**」，說幻化網之歌。

(九)

復次，說關於名。

「**妙吉祥**」乃六種姓之根本身。「**智慧勇識**」乃本初之六佛。「**最勝義**」乃六智身。「**誦真實名**」，說六壇城名之修習義。「**世尊如來正等覺**」，指毘盧遮那，於未來時化現為釋迦牟尼，故謂「**世尊**」。其「**所說**」，實宣說「**三摩地網品**」之究竟圓滿。

〔上師〕妙吉祥佛智　與蓮花無支分師
與及嬉笑金剛師　與及語芽三頸師
帝釋菩提彼善說　法護與及吉祥勇
智友與及智稱師　毗紐天與法根師
敬自在月賢吉祥　如彼上師次第中
我編集此作釋義　妙吉祥位願得證

上來大上師月賢稱吉祥造竟。

印度勘布吉祥大智（Śri-mahā-jñāna）班智達、譯語大譯官聖般若比丘（'Phags pa shes rab）持抉擇而譯。

《聖妙吉祥真實名誦疏》科判

馮偉強　造

前分

一　請問（頌1-16）

二　應答（頌17-22）

三　觀照六種姓（頌23-24）

四　幻化網現證菩提（頌25-27）

正分

一　總論

二　金剛界壇城【轉五字文殊輪】（頌28-41）

三　毘盧遮那壇城【轉般若智化身輪】（頌42-66）

（一）十六大菩薩，四波羅蜜多及十明妃圍繞

（二）十六大菩薩之如性

（三）賢劫十六尊

（四）五如來

（五）八轉輪王

（六）八供養

（七）四攝

四　金剛吽迦羅壇城【轉斷煩惱輪】（頌67-76）

（一）寶吽迦羅

（二）羯磨吽迦羅

（三）四波羅蜜多

（四）寶吽迦羅眷屬

（五）羯磨迦羅眷屬

（六）金剛吽迦羅眷屬

（七）法吽迦羅眷屬

（八）四攝

（九）八供養

（十）賢劫相

五　蓮花舞自在壇城【轉金剛利輪】（頌77-118）

（一）四波羅蜜多

（二）八供養

（三）毘盧遮那

（四）賢劫十六尊

（五）阿閦之眷屬

（六）寶生之眷屬

（七）無量光之眷屬

（八）不空成就之眷屬

六　金剛日(寶部)壇城【轉辯自在輪】（頌119-142）

（一）毘盧遮那

（二）阿閦

（三）寶生

（四）無量光

（五）不空成就

（六）四波羅蜜多

（七）寶部之薩、王、愛、善

（八）寶部之鬘、光、幢、笑

（九）法、利、輪、語

（十）業、護、藥、拳

（十一）賢劫十六尊

（十二）八供養

（十三）四攝

七　天馬（不空成就）壇城【轉智身輪】（頌143-157）

（一）其壇城果

（二）修行方便

（三）唯一勇猛者

（四）五如來

（五）八供養

（六）六通三明

（七）宗義

後分

一　讚嘆（頌158-161）

頌158ab：讚嘆金剛薩埵壇城

頌158cd：讚嘆毘盧遮那佛壇城

頌159：讚嘆阿閦佛壇城

頌160：讚嘆無量光佛壇城

頌161：讚嘆寶生佛壇城

頌162：讚嘆不空成就佛壇城

二　六功德輪、咒鬘、結頌

（一）六功德輪

1. 毘盧遮那壇城（轉般若智化身輪）

2. 金剛界壇城（轉五字文殊輪）

3. 蓮化舞自在壇城（轉金剛利輪）

4. 金剛吽迦羅壇城（轉斷煩惱輪）

5. 金剛日壇城（轉辯自在輪）

6. 不空成就壇城（轉智身輪）

（二）咒鬘

由 oṃ sarva-dharmā 至 a ā aṃ aḥ，說金剛利之心咒。

由 prakṛti-pariśuddhāḥ 至 upādāyeti a āḥ，說斷煩惱之心咒。

由 sarva tathāgata 至 oṃ hūṃ hrī，說般若智化身之心咒。

bhagavan jñāna mūrte 說智身之心咒。

vāgīśvara mahāpaca 說辯自在之心咒。

由 sarva dharma gaganā 至 jñāna garba āḥ，說五字文殊之心咒。

（三）結頌

妙吉祥友
Mañjuśrīmitra

附錄

《妙吉祥真實名誦教授》
梵名：Mañjuśrīnāmasaṃgītyupadeśa[1]

妙吉祥友 造
談錫永 譯

初，尋思我為一切有情故，願成佛道。

然後由誦 a ā、i ī、u ū、e ai、o au、aṃ aḥ，生起光鬘，是即自行者心中由空性生起阿里卡里（ālikāli）字鬘，成為壇城基。

於壇城中央觀日輪獅子座，復由唸誦 ——

> sthito hṛdi jñāna-mūrtir ahaṃ buddho buddhānāṃ tryadhva-vartināṃ（第 26 頌）

觀想大毘盧遮那佛普行門。觀其心間有本初佛，本初佛心間觀般若智輪。

持咒唸誦云 ——

> oṃ vajratīkṣṇa te namaḥ oṃ duḥkhaccheda te namaḥ
>
> oṃ prajnā-jñāna-mūrtaye te namaḥ oṃ jñāna-kāya te namaḥ

1 此翻譯所依藏譯，題為 *'Jam dpal gyi mtshan gdon pa'i man ngag*，收德格版《西藏大藏經》no.2555。

oṃ vāgīśvara te namaḥ oṃ arapacanaya te namaḥ
（第 27 頌）

隨觀想智輪有六輻。輪上方有月輪，月輪上為智勇識ཨ。復觀想ཨ字光輝入行者自心成六壇城。行者唸誦第 28 頌「如是世尊諸佛陀」起至第 41 頌「是大乘道尊勝者」，如是持金剛菩提心壇城而誦妙吉祥真實名。由誦此十四頌，即與由智勇識ཨ生起之真實名相應。所誦字鬘幻化為金剛菩提心壇城中諸尊。彼等現前為有情作事業已，復收攝入壇城。觀想其環繞大毘盧遮那佛。

復次，由第 42 頌「彼大毘盧遮那佛」起至第 66 頌「金剛鉄鈎大罥索」，以唸誦此二十五頌缺一句，共一百八十一字，與心輪智勇識ཨ所現前之唸誦諸名相應，諸字即幻化為毘盧遮那壇城諸尊，於為諸有情作事業後，成為大毘盧遮那佛之親近眷屬。

更者，自「怖畏金剛能怖畏」起至第 76 頌「較世間音為最勝」，由唸誦此十頌加一句，字鬘與由心輪智勇識ཨ所現前之唸誦諸名相應，諸字於不動佛壇城中幻化現前，調服世間具毒有情眾，復觀其攝集於大壇城東方。

又更者，自第 77 頌「如如真實而無我」起至第 118 頌「智火熾燄極光明」，由唸誦此四十二頌，共二百三十五字，得與心輪智勇識ཨ所現前之唸誦諸名相應，字鬘現前，即於阿彌陀佛壇城中幻化。彼等作利益有情事業已，攝集於大壇城西方。

其後自第 119 頌「最上所樂義成就」起至第 142 頌「寶幢具大摩尼頂」，由唸誦此二十四頌、一百二十四字字鬘，得與心輪智勇識ཨ所現前之諸名相應。觀彼等於寶生佛壇城中幻化現前，作利益有情事業已，攝集於大壇城之南方。

最後，自第 143 頌「**諸等正覺者所悟**」起至第 157 頌「**最勝吉祥妙吉祥**」，由唸誦此十五頌、九十九字字鬘，得與心輪智勇識ཨ所現前之諸名相應，觀彼等於不空成就佛壇城中幻化，成就諸有情之所願已，攝集於大壇城北方。

於是總緣六壇城，自第 28 頌「**如是世尊諸佛陀**」起至第 157 頌「**最勝吉祥妙吉祥**」，作讚頌與獻供而唸誦。然後緣大壇城全體，唸第 158 頌至第 162 頌，以二十讚頌而作讚頌。

讚頌後，作祈願。然後由 oṃ svabhāva 等明咒，為一切有情眾能得無上解脫故，轉化成善根。觀一切法無垢且圓滿、自性清淨而離迷惑，是即妙音之自性，猶如虛空。

於修道上可依其他儀軌作事業。如是，於積二資糧及真實名中，善種姓即成積集。此謂有二百六十二頌，於中一百五十頌屬於功德，故此即為諸佛真實名誦，含利益份。

此《妙吉祥真實名誦》之不共教授，由妙吉祥友阿闍梨造。圓滿。

《聖妙吉祥真實名誦廣釋》藏文本

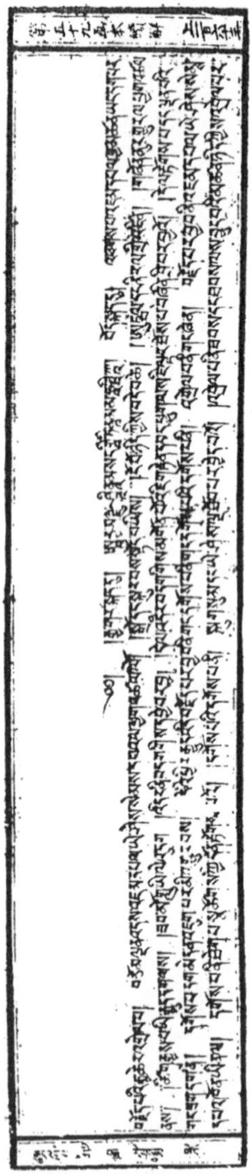

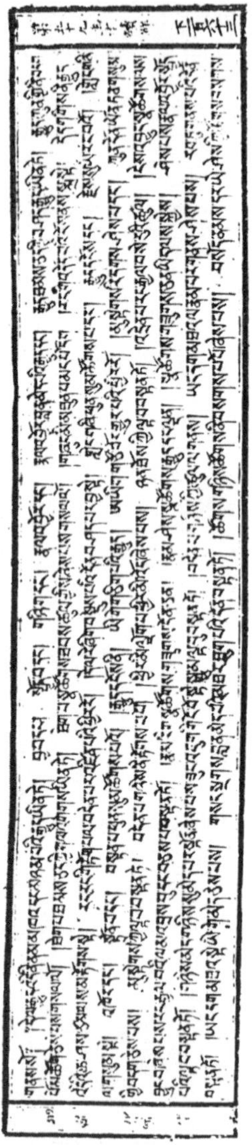

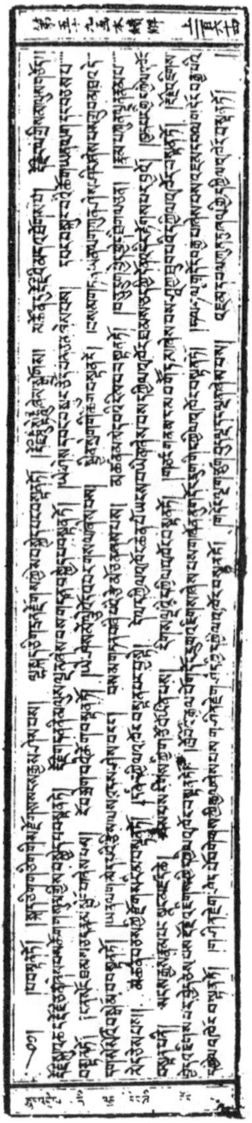

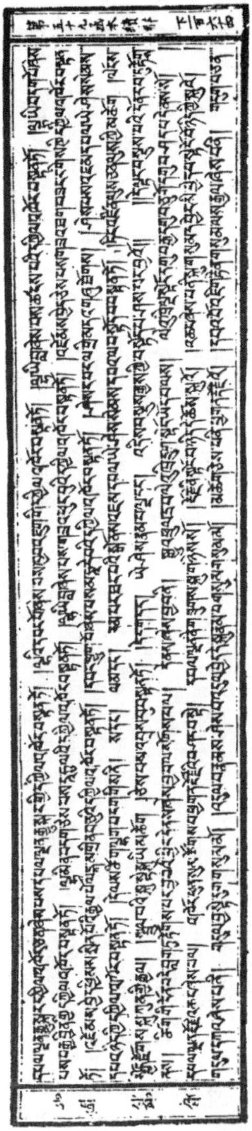

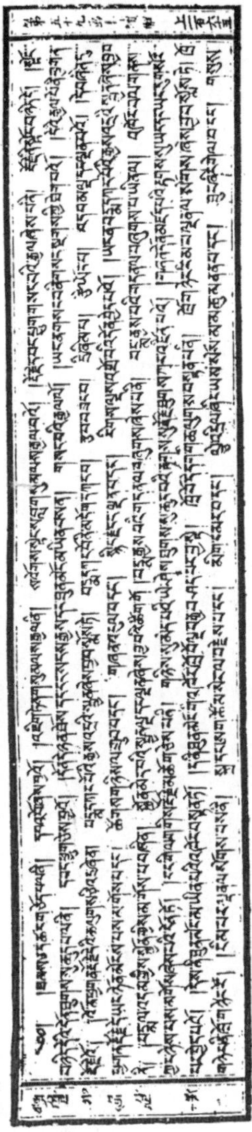

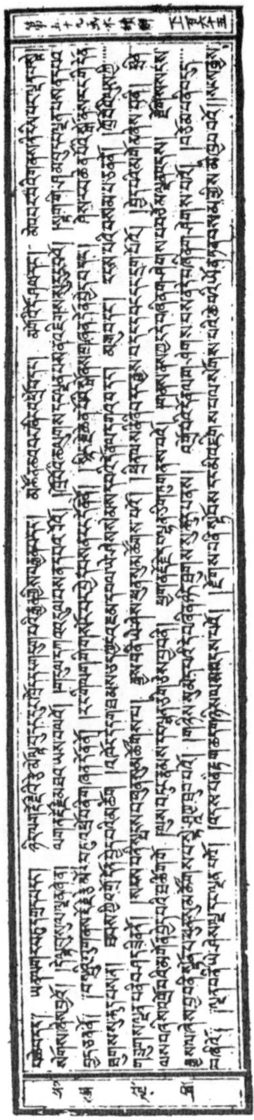

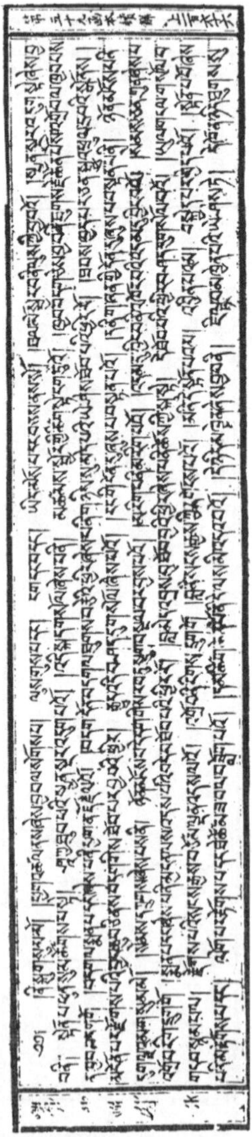

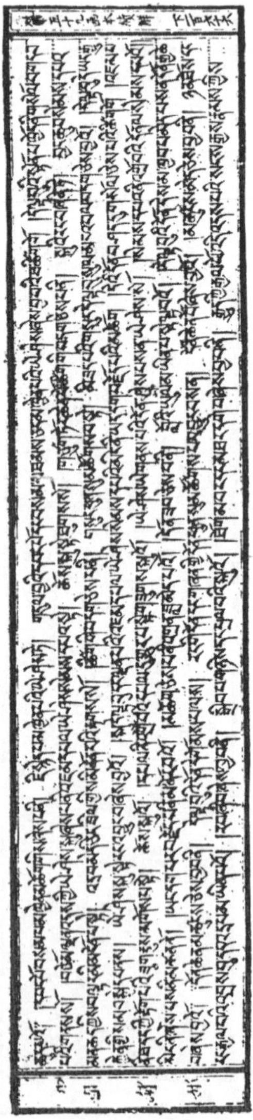

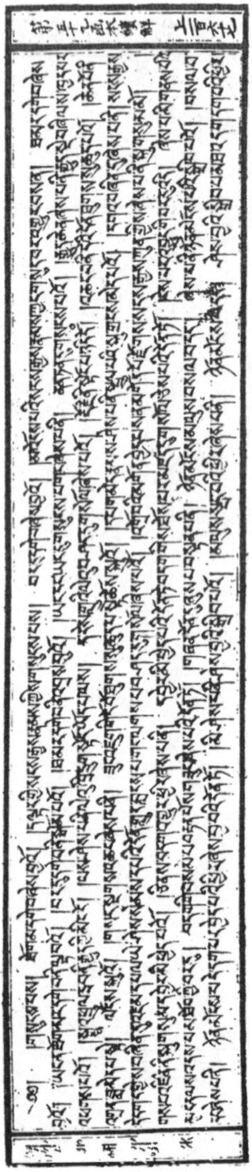

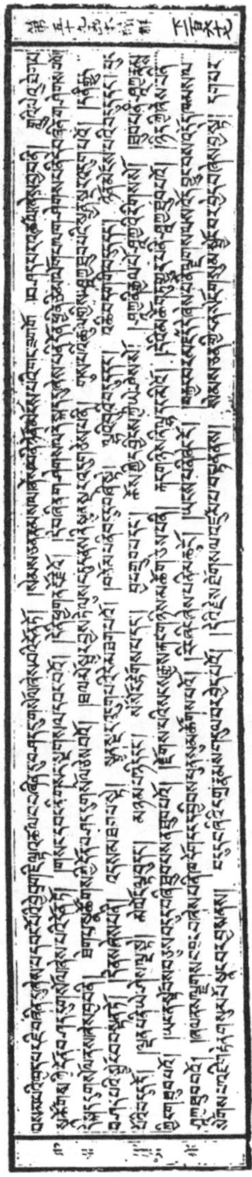

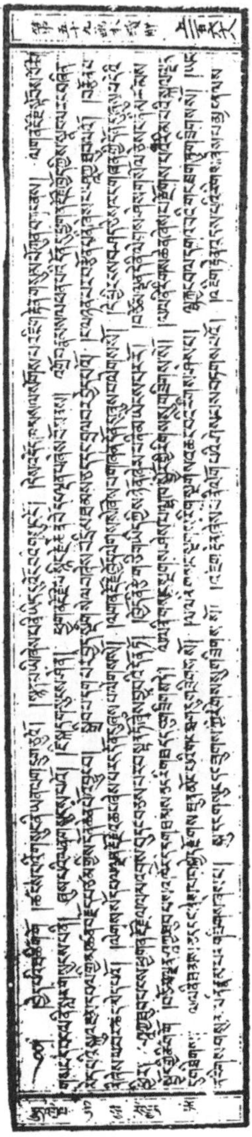

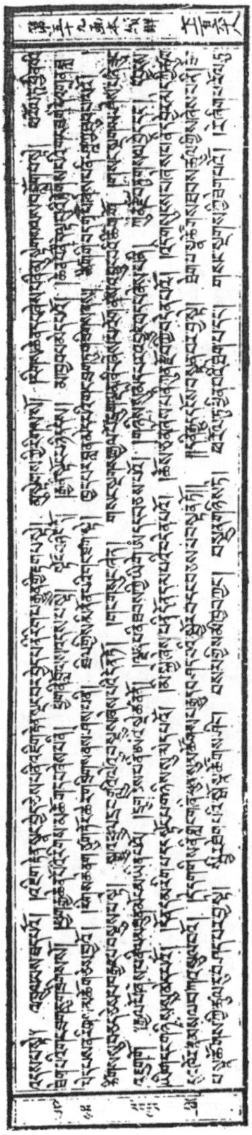

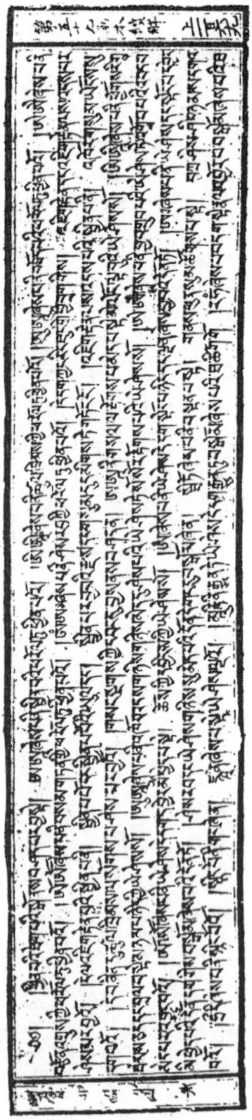

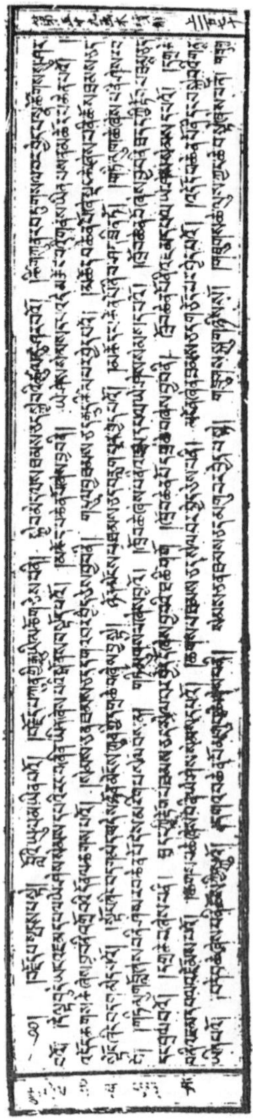

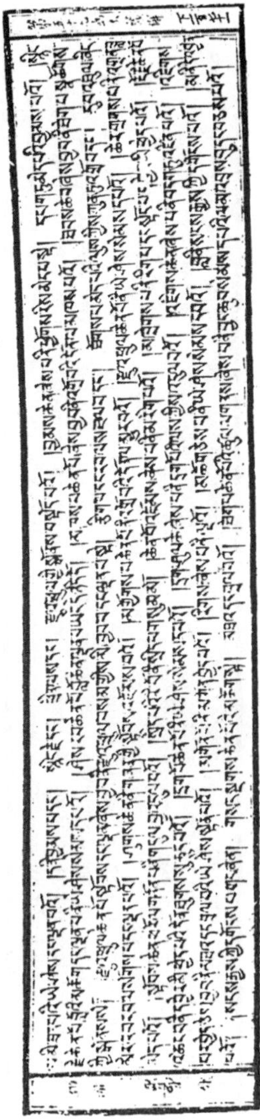

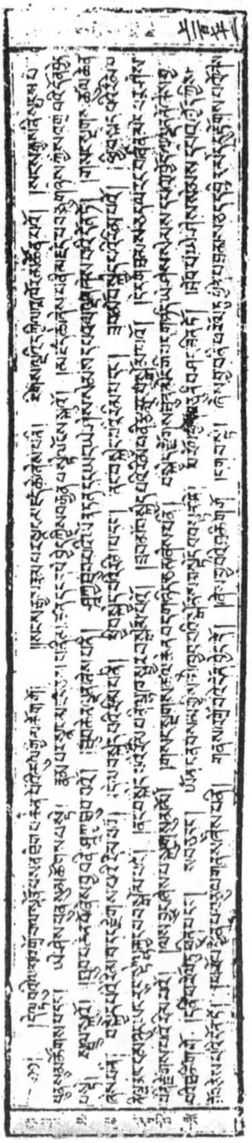

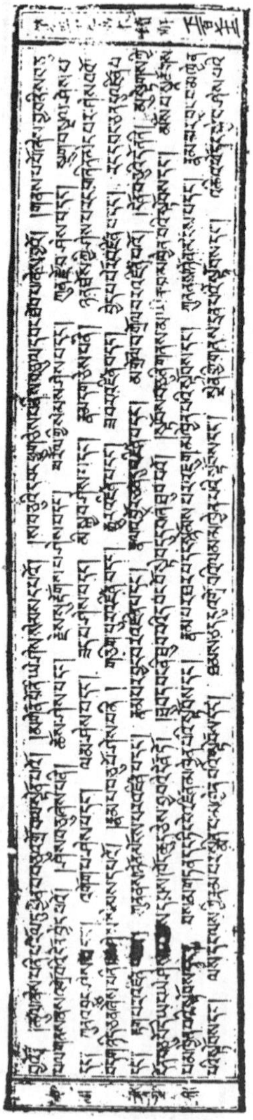

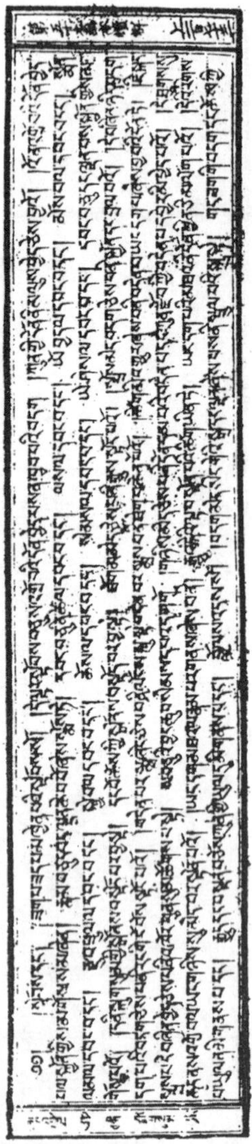

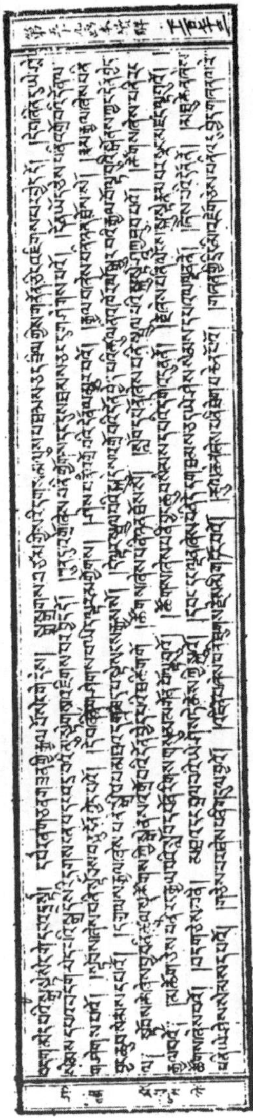

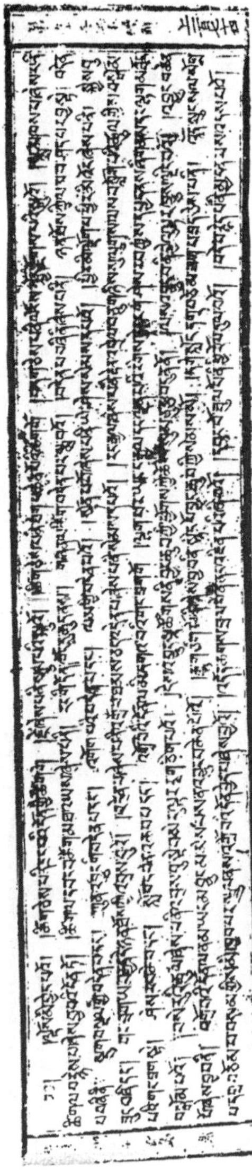

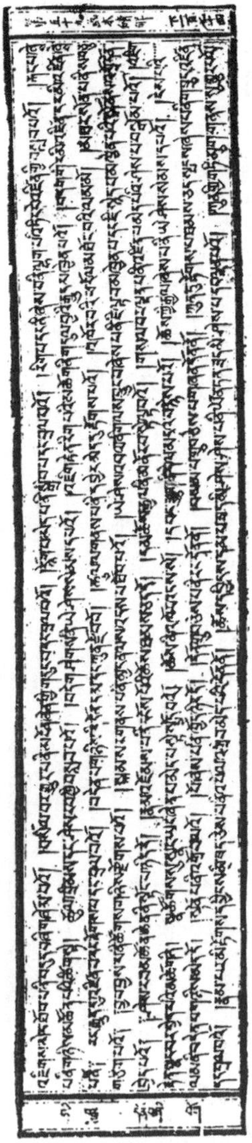

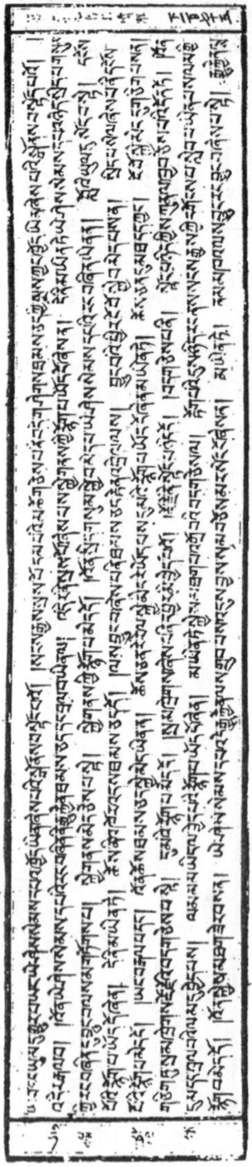

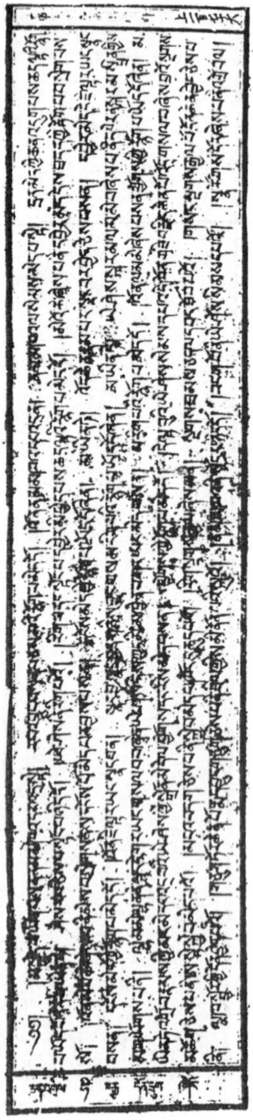

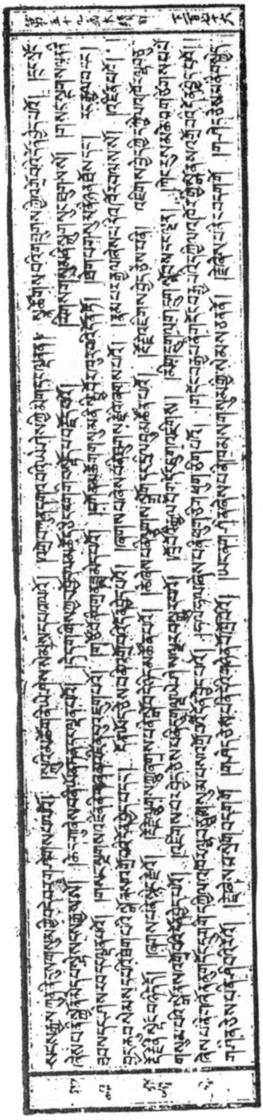

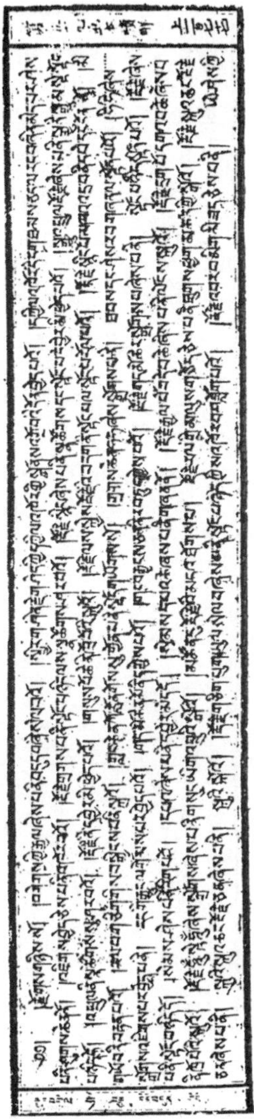

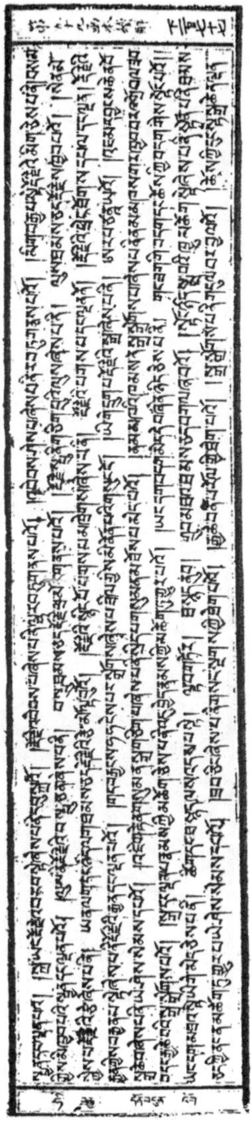

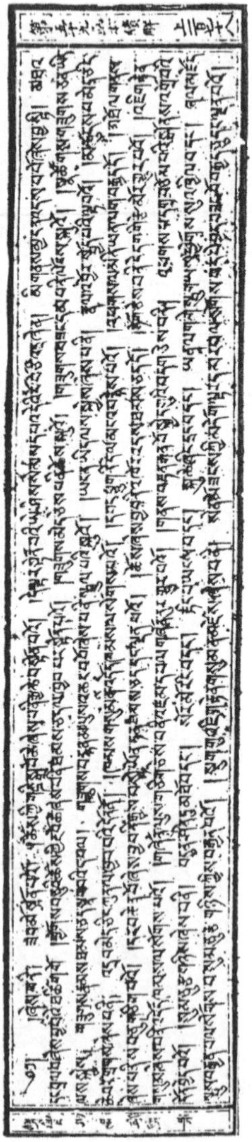

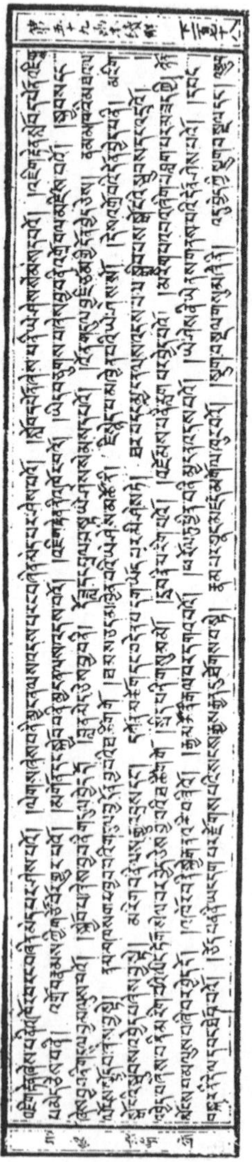

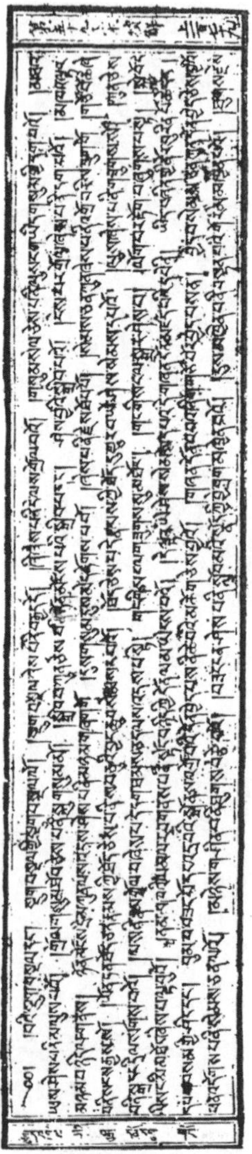

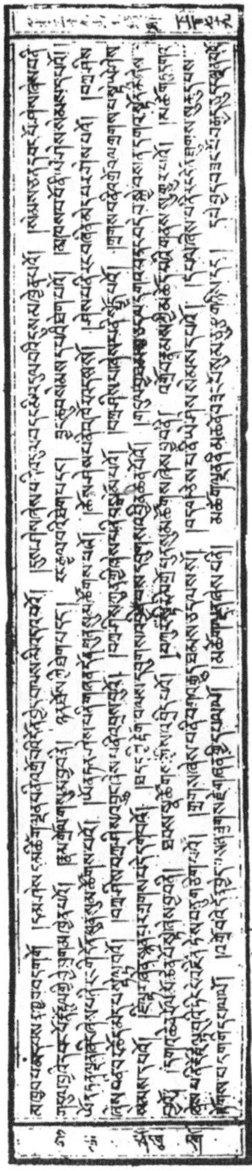

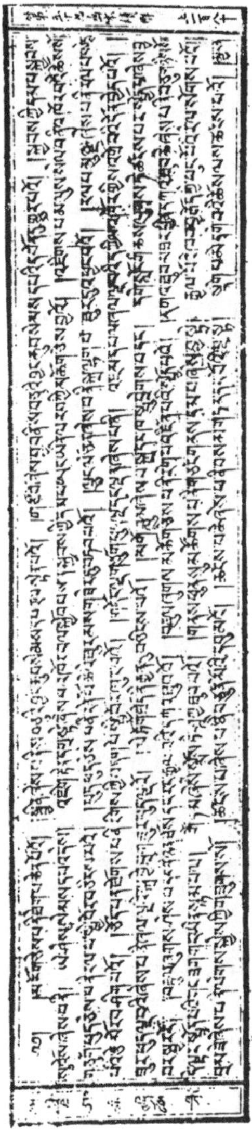

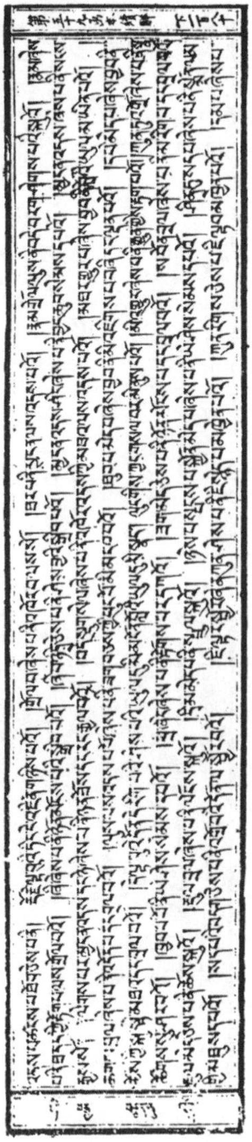

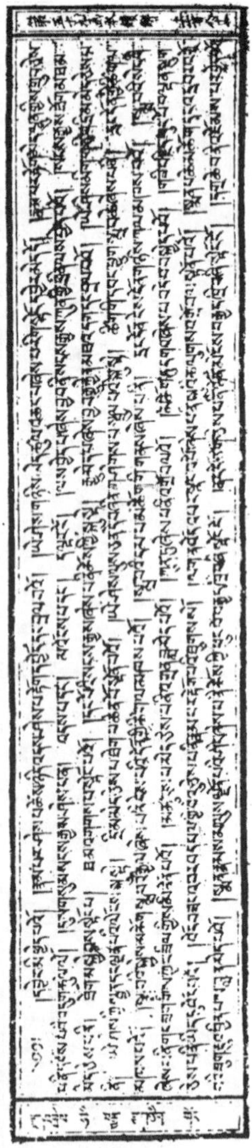

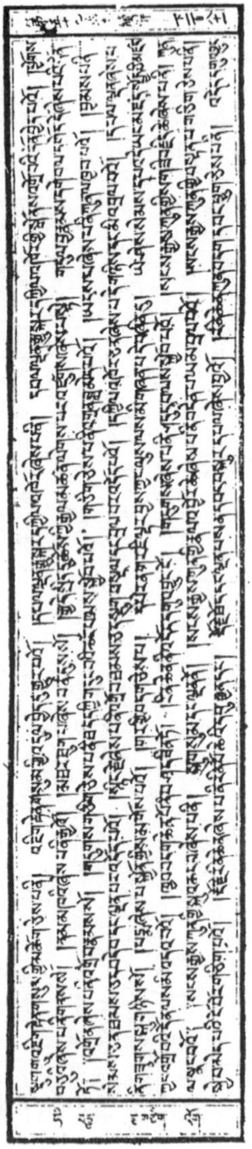

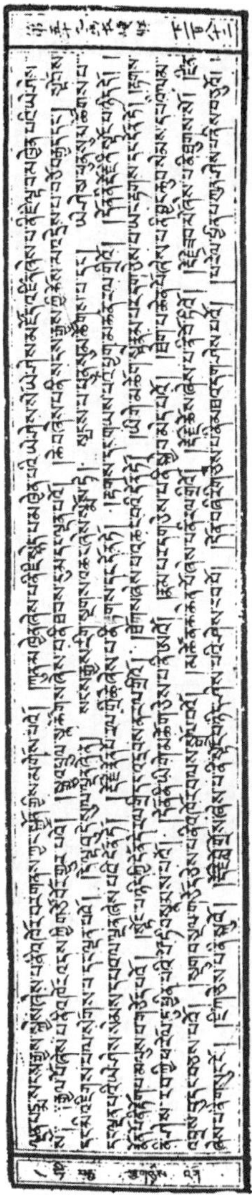

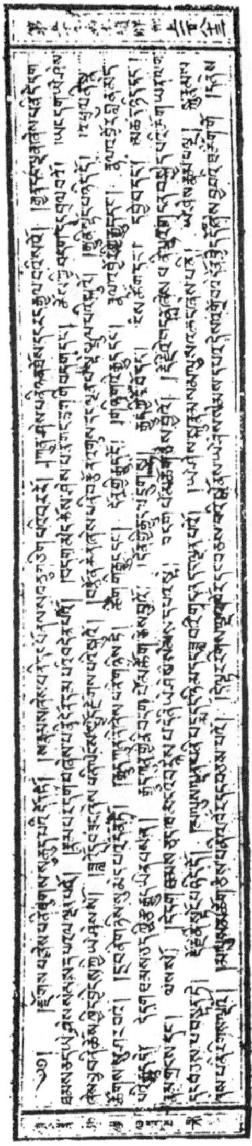

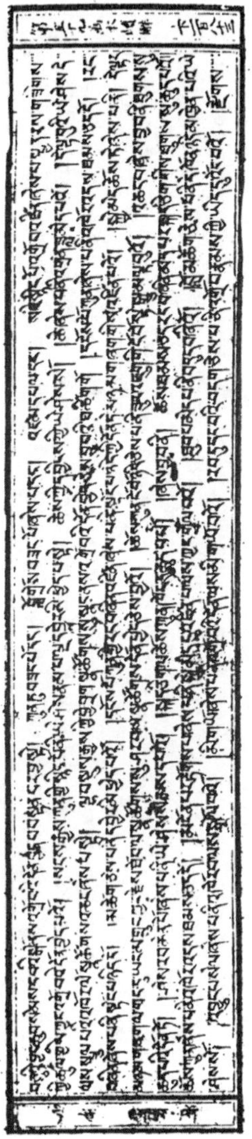

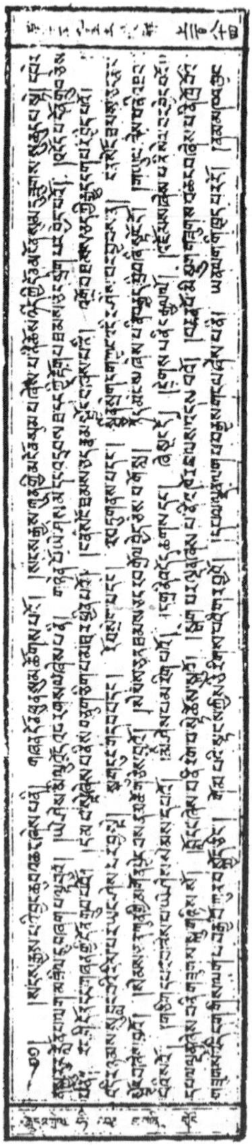

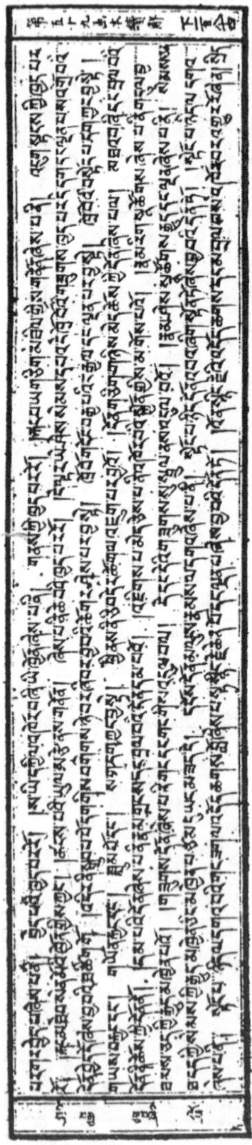

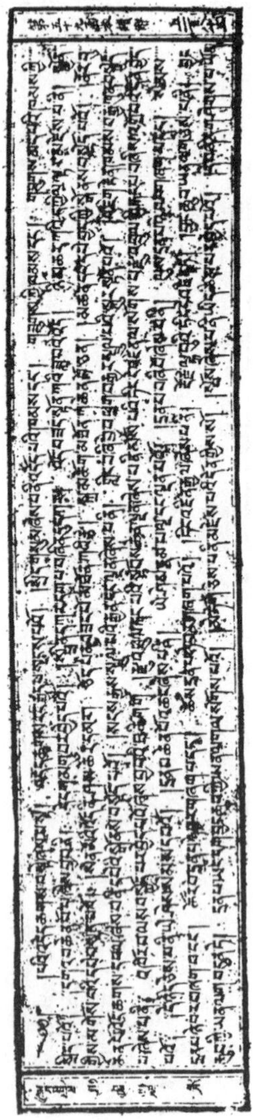

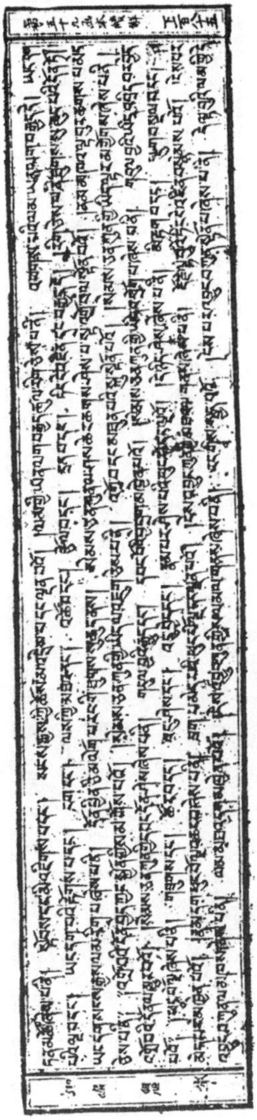

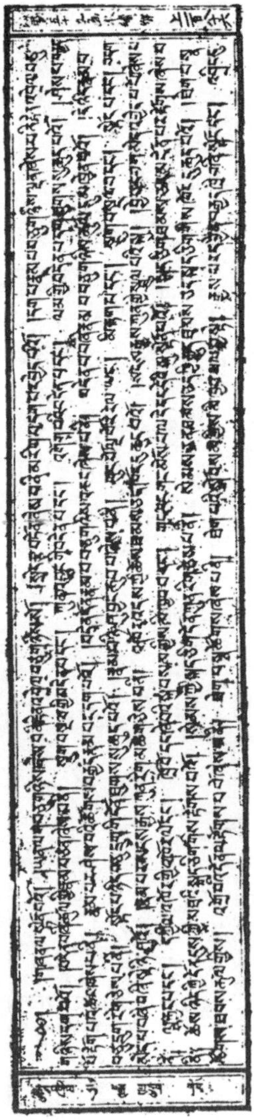

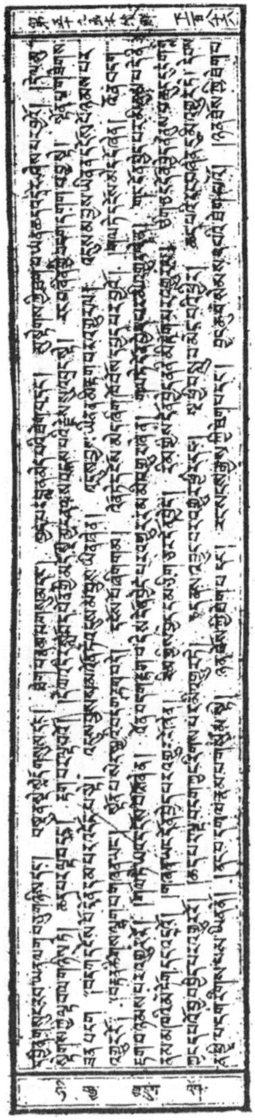

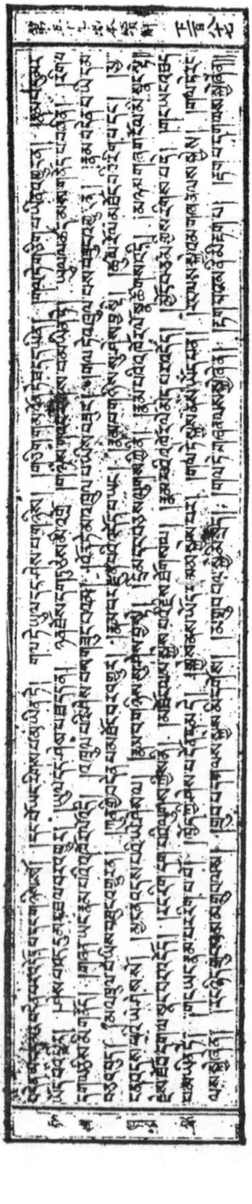

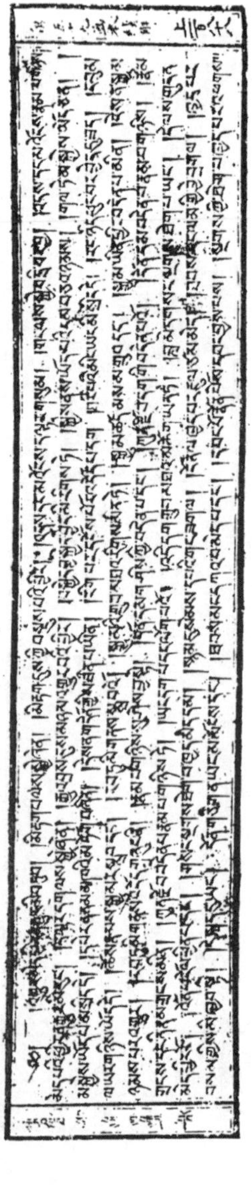

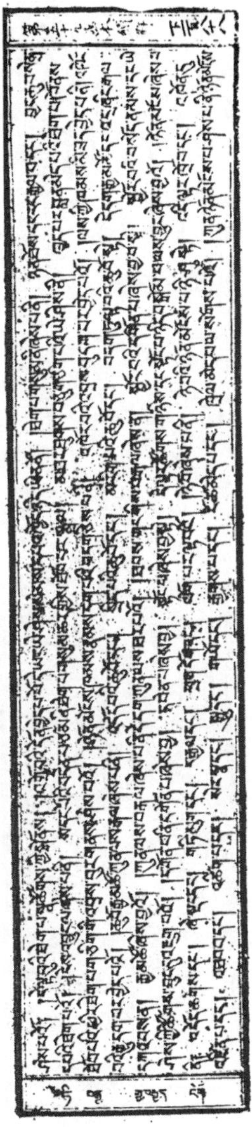

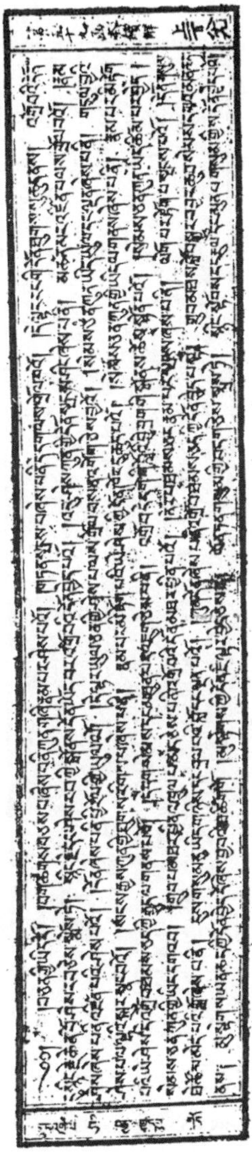

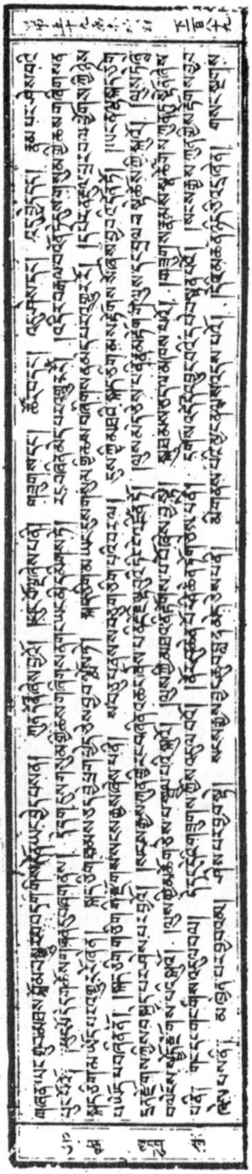

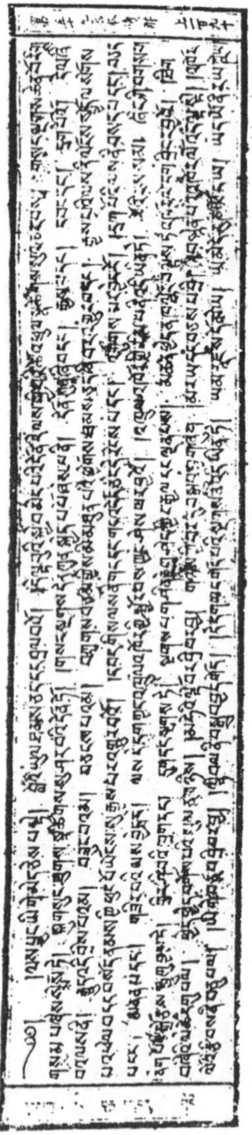

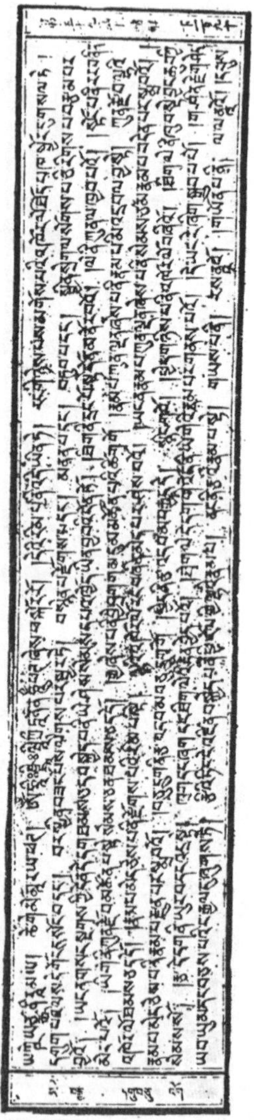

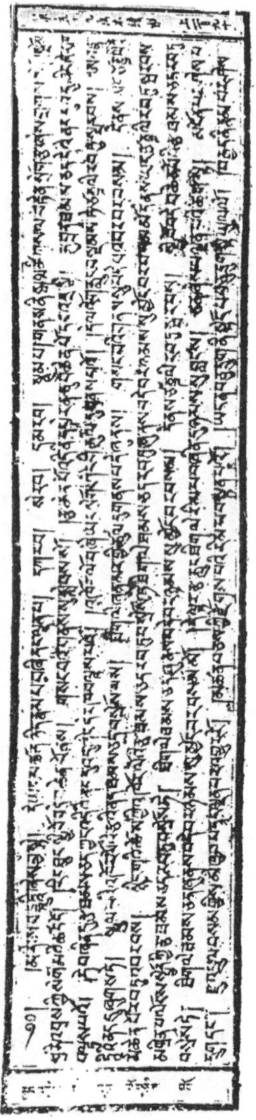

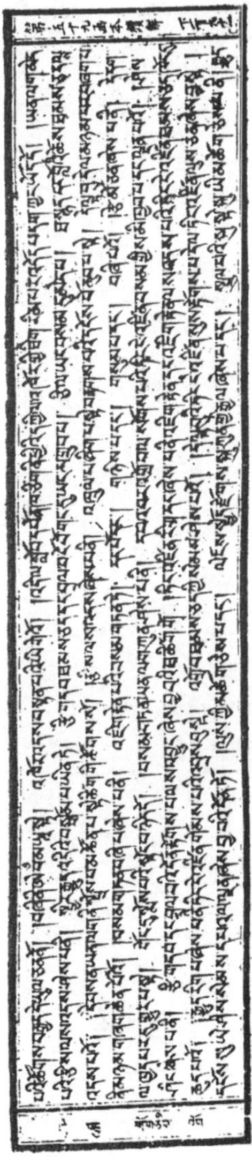

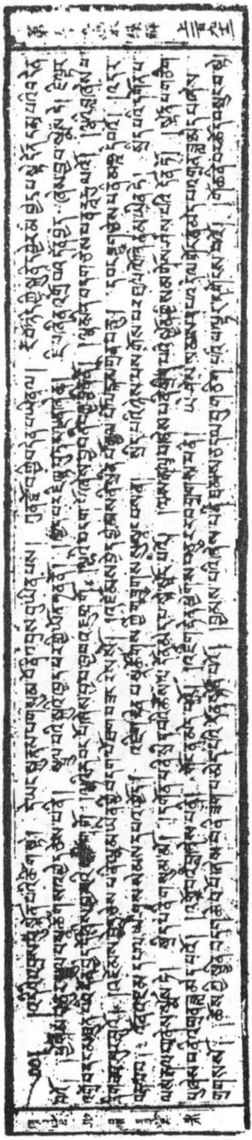

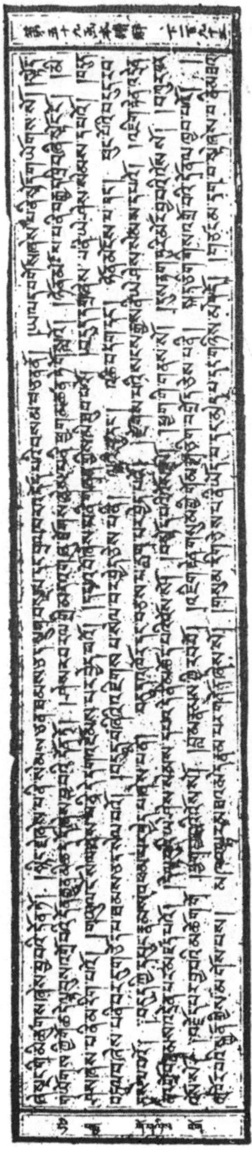

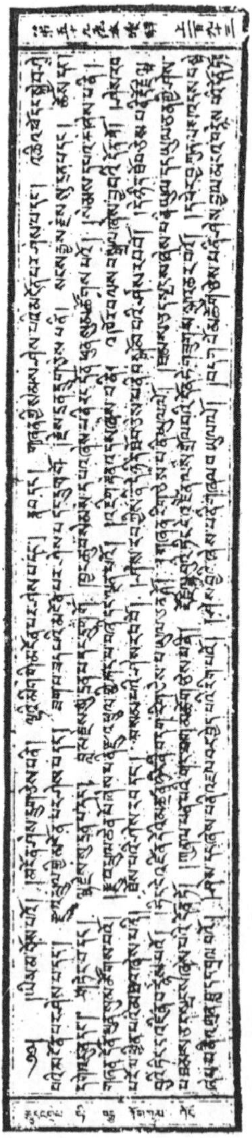

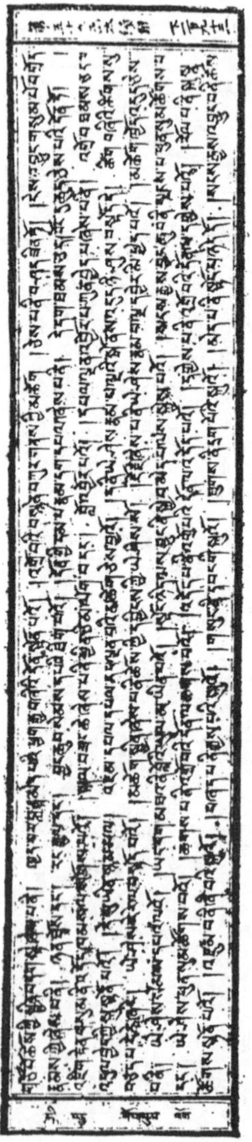

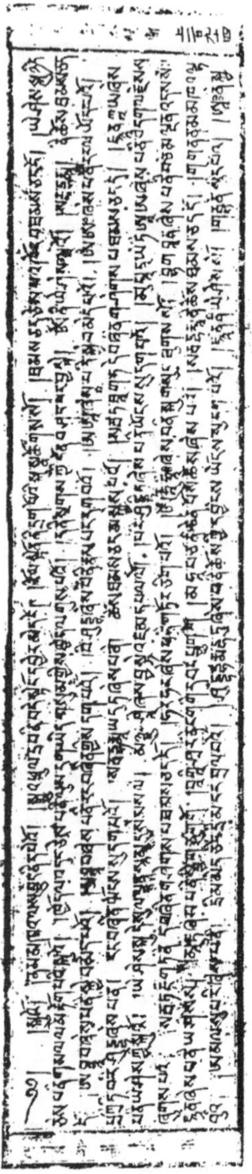

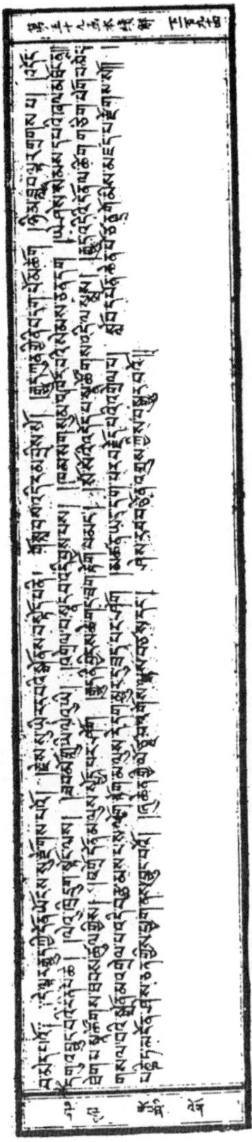

《真實名誦註釋》藏文本

༄༅། །རྒྱ་གར་སྐད་དུ། ནཱ་མ་སཾ་གཱི་ཏི་ཊཱི་ཀཱ །
མཚན་ཡང་དག་པར་བརྗོད་པའི་འགྲེལ་པ། བཅོམ་ལྡན་འདས་ངག
གི་དབང་ཕྱུག་ལ་ཕྱག་འཚལ་ལོ། །ཡོད་མེད་རྟོག་པའི་དྲྭ་བ་ལས། །
ངེས་གྲོལ་ དྲི་མ་མེད་ཞི་བ། །ཕྱག་ན་རལ་གྲི་པོ་ཏི་མཚན། །འཇམ་པའི་
མགོན་ལ་བདག་ཕྱག་འཚལ། །དེ་ནས་ཞེས་བྱ་བ་ལ་སོགས་པ་ལ །

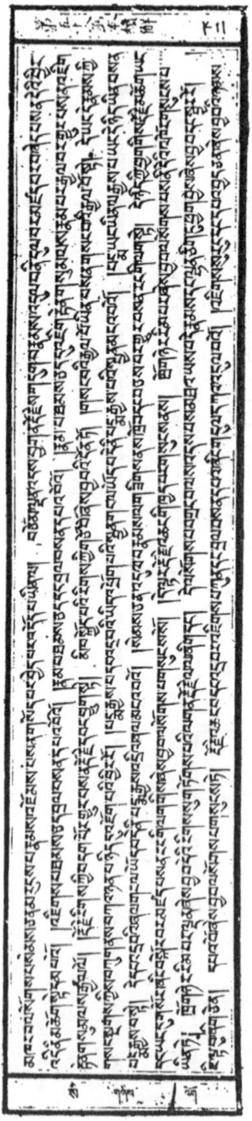

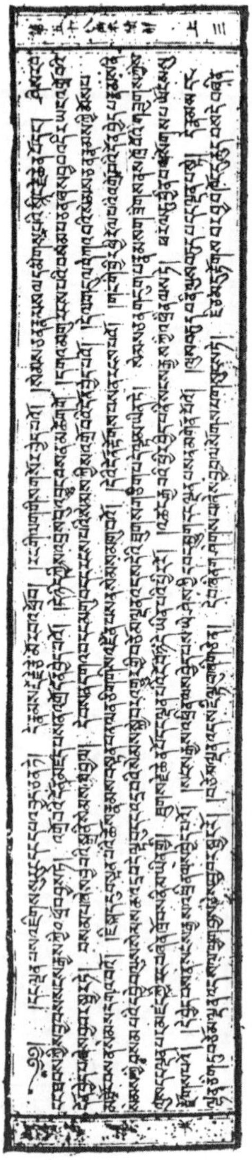

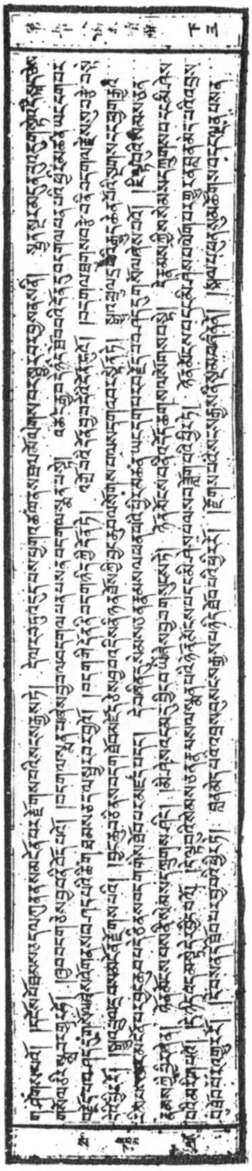

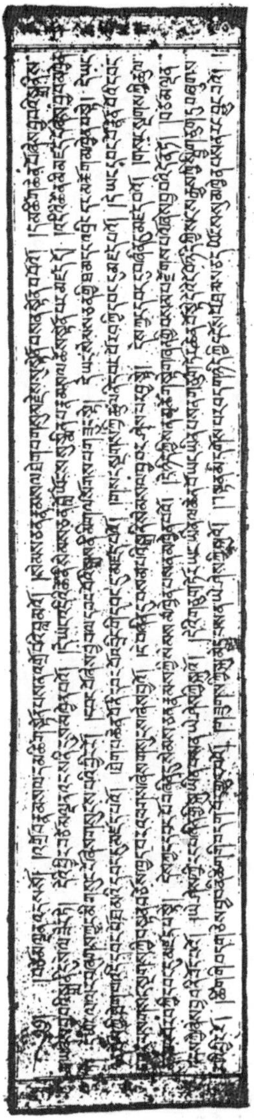

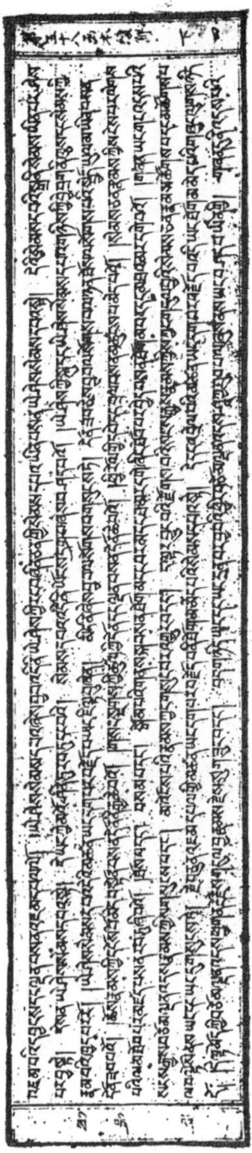

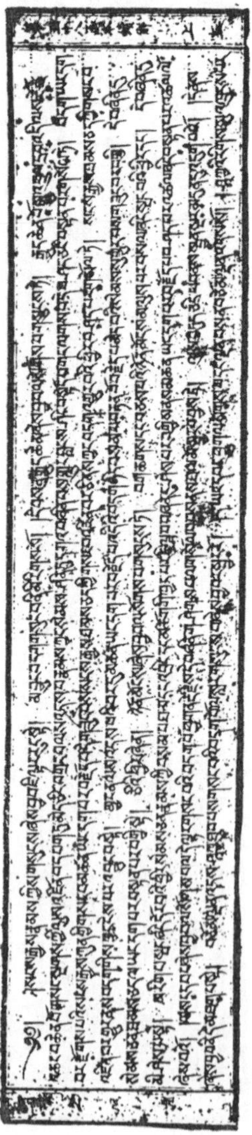

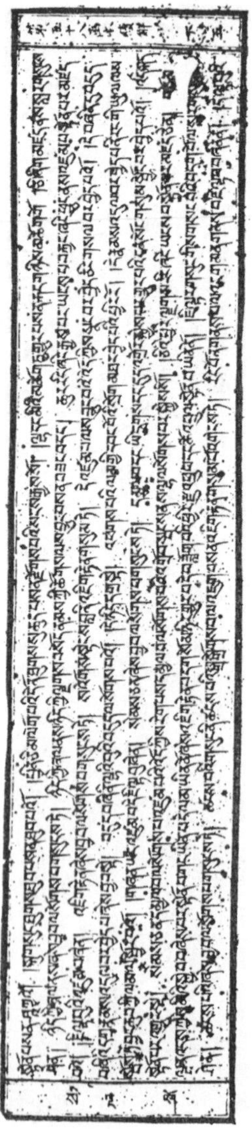

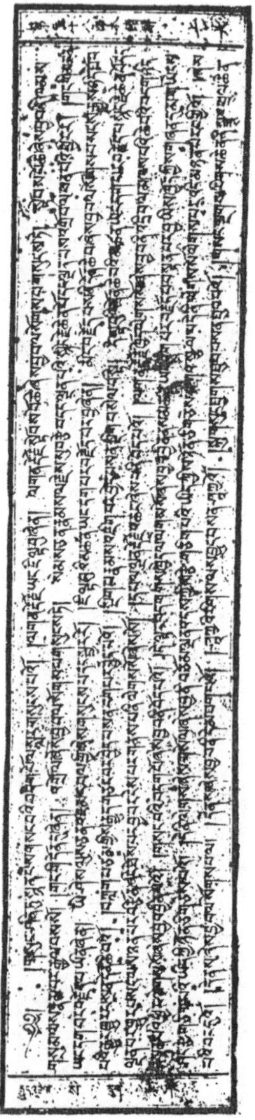

[illegible]

[illegible]

[illegible]

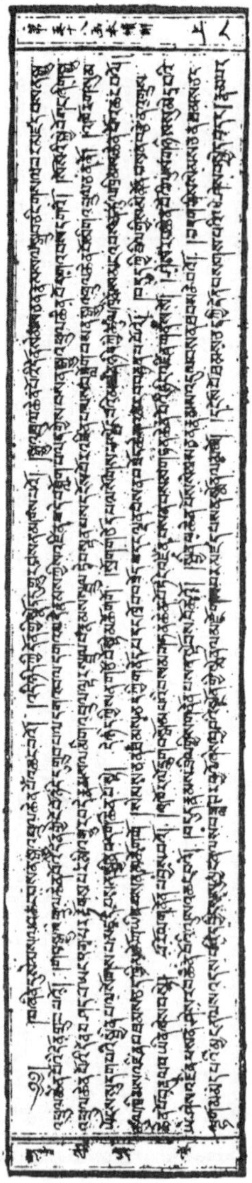

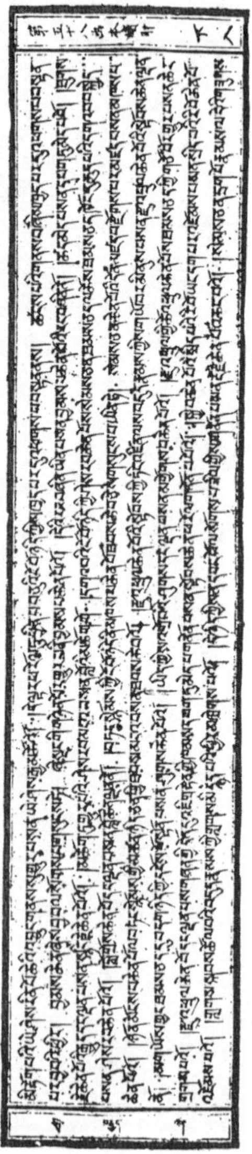

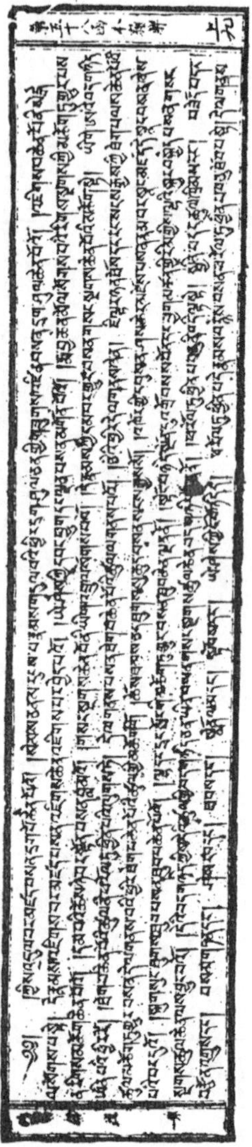

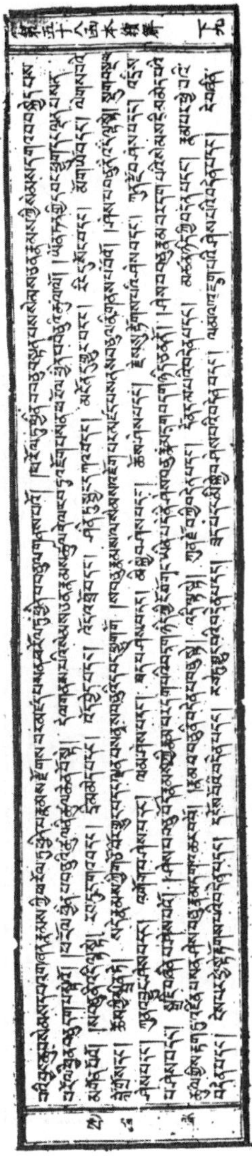

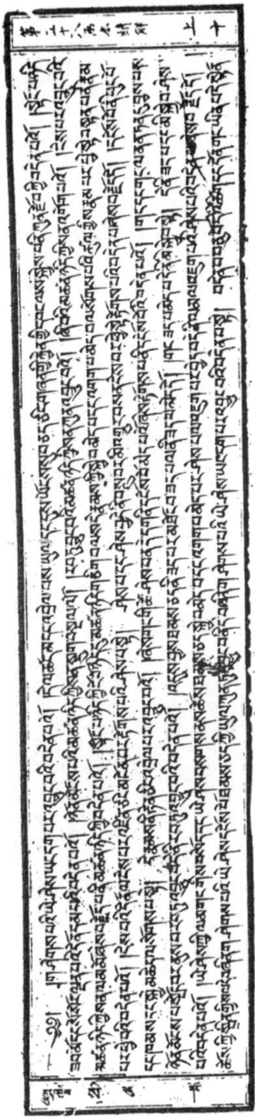

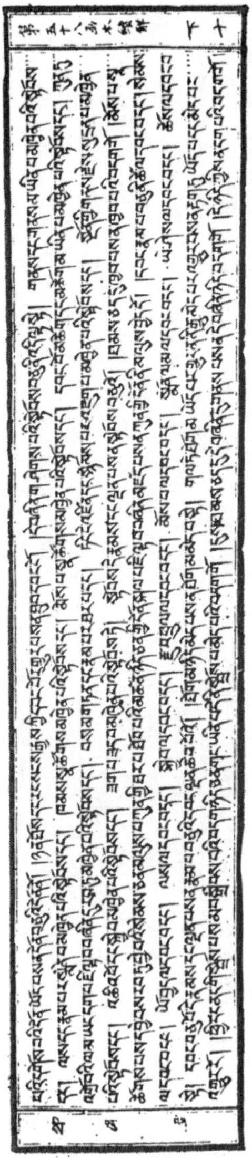

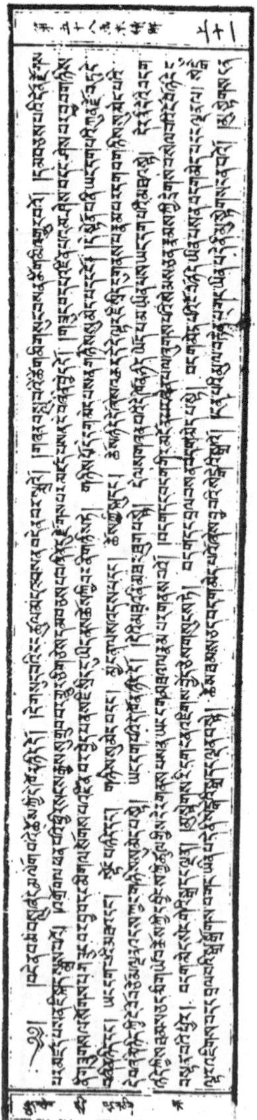

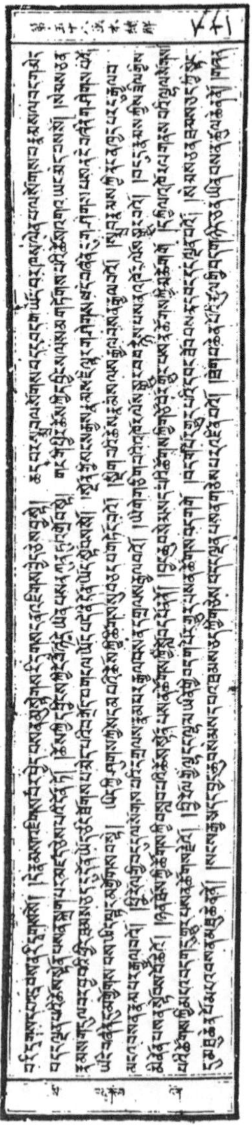

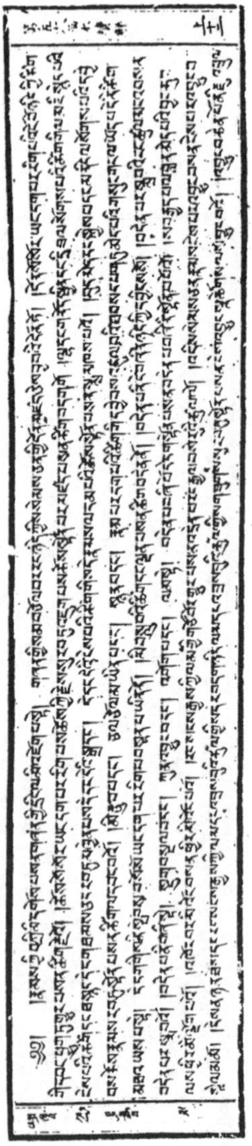

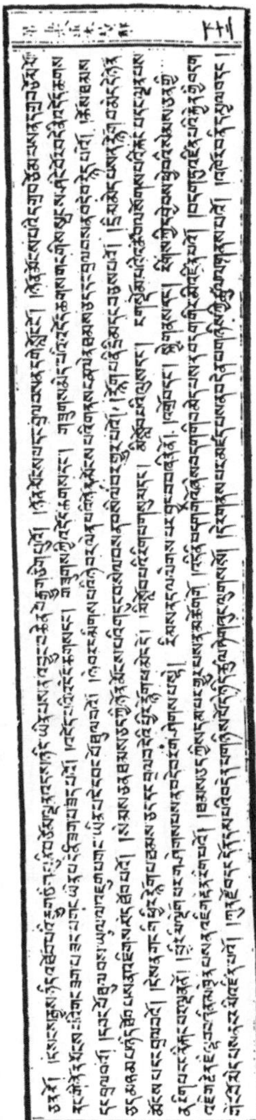

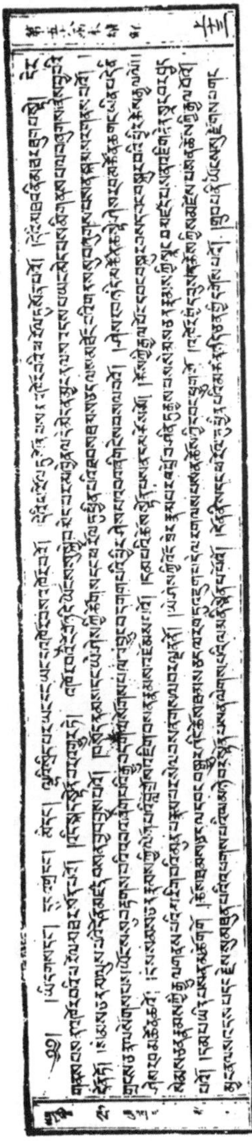

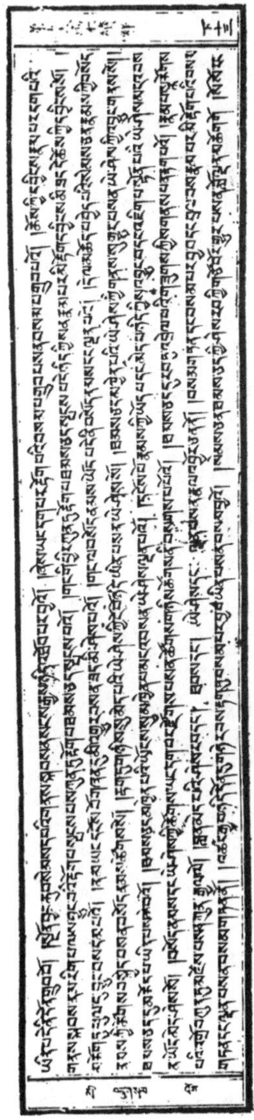

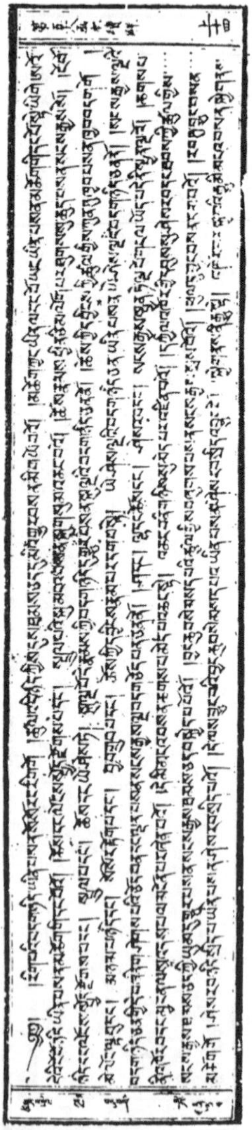

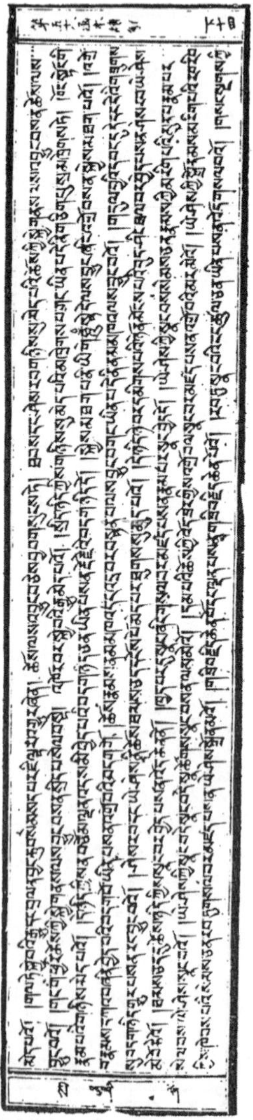

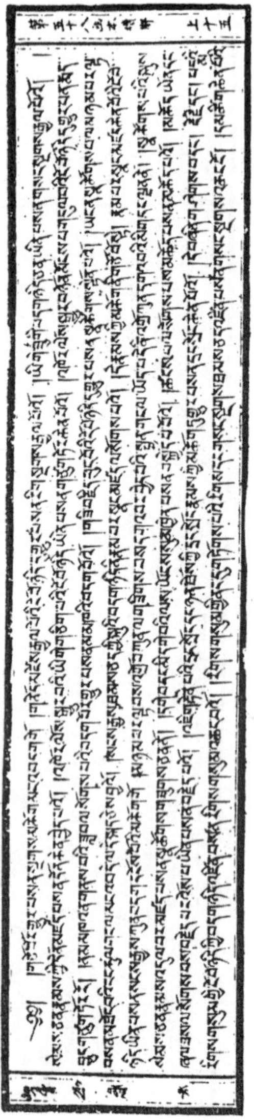

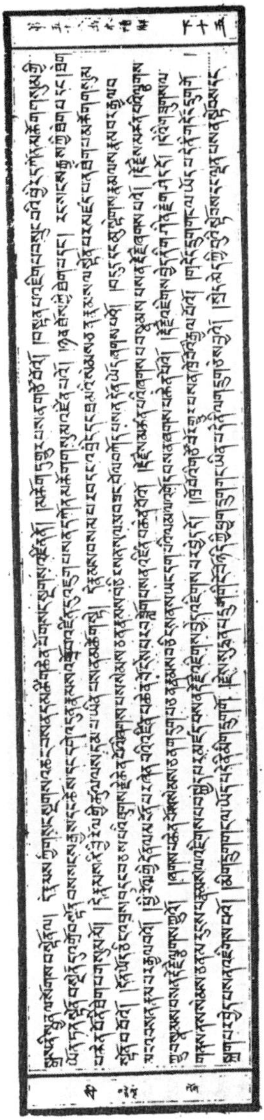

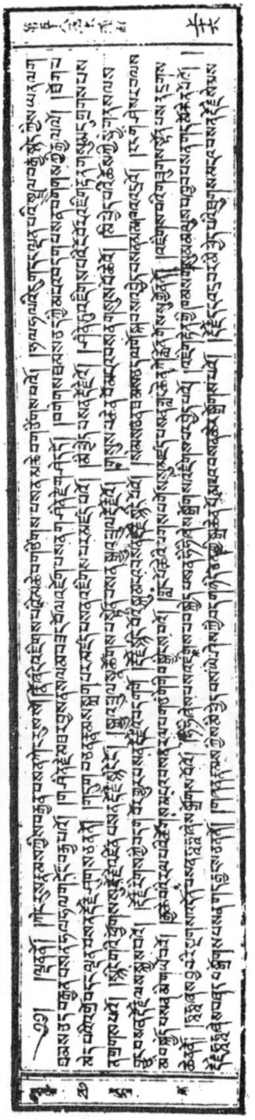

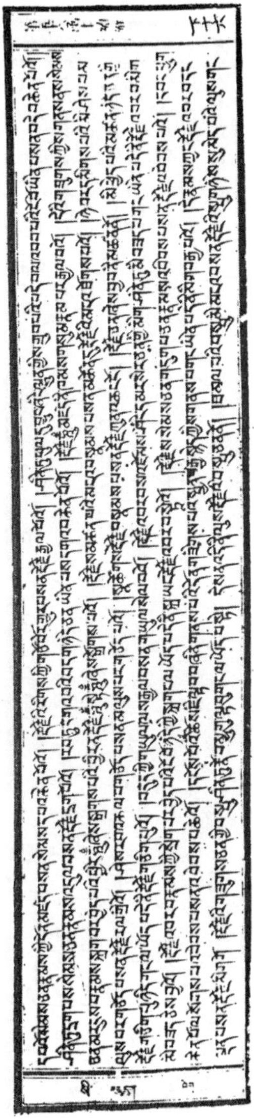

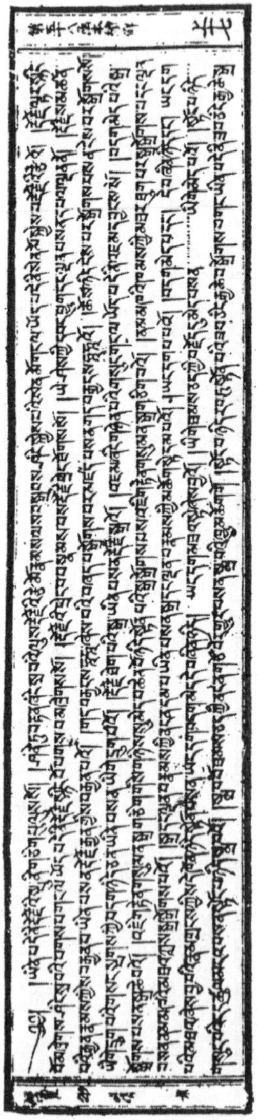

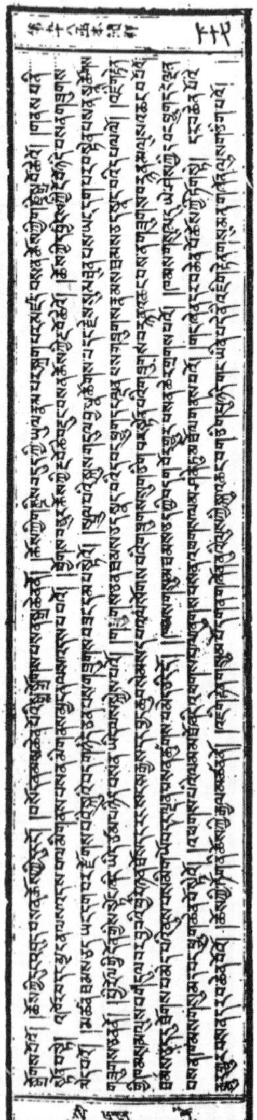

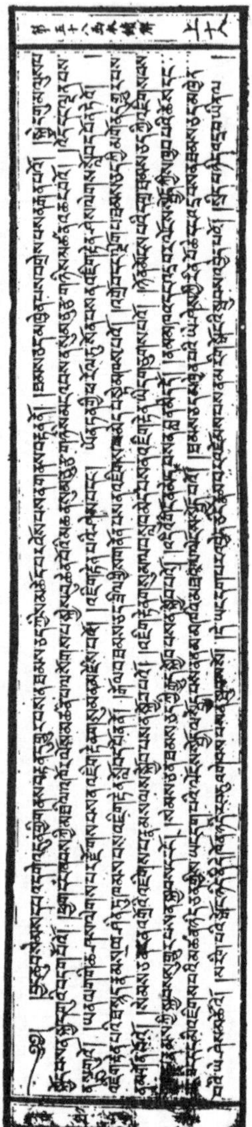

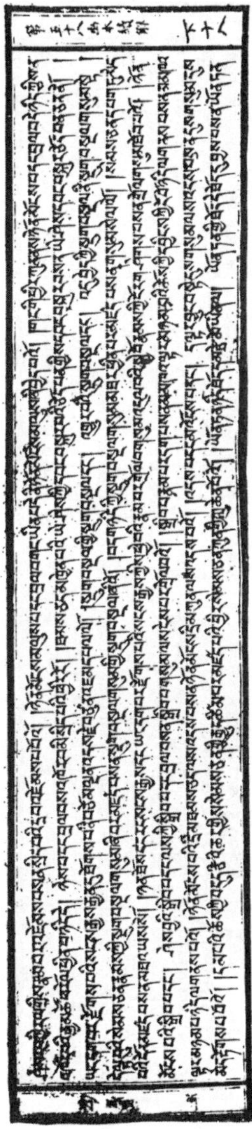

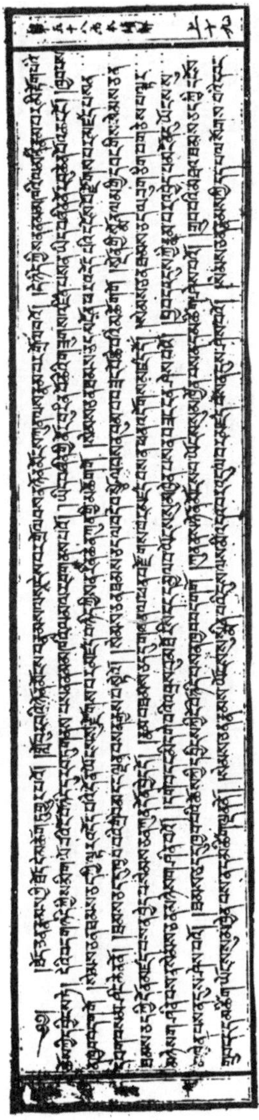

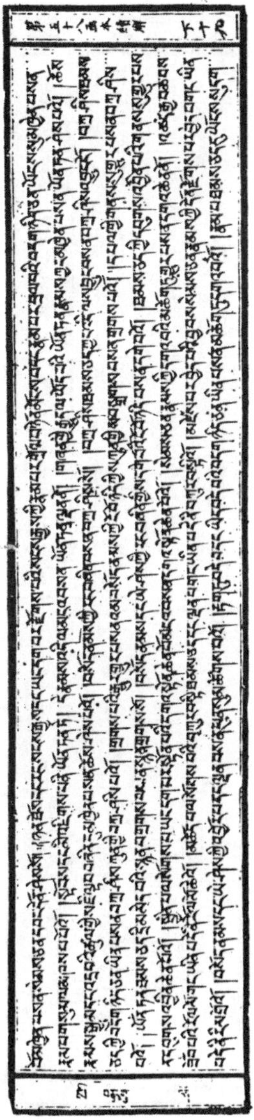

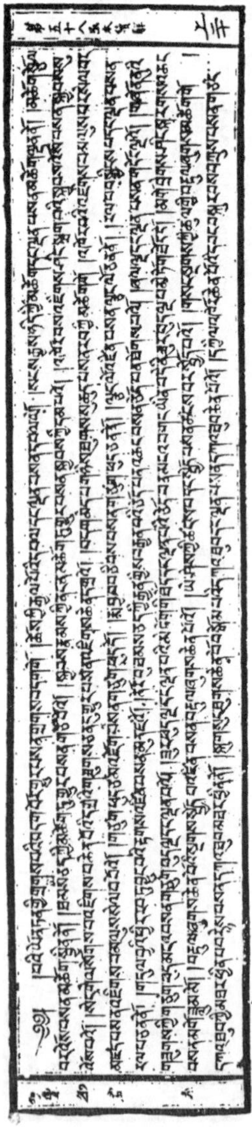

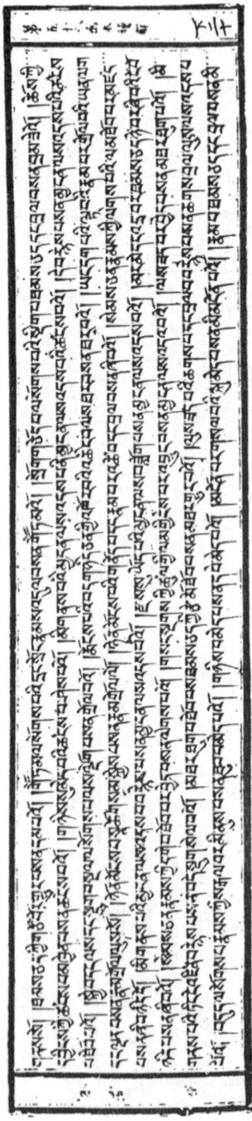

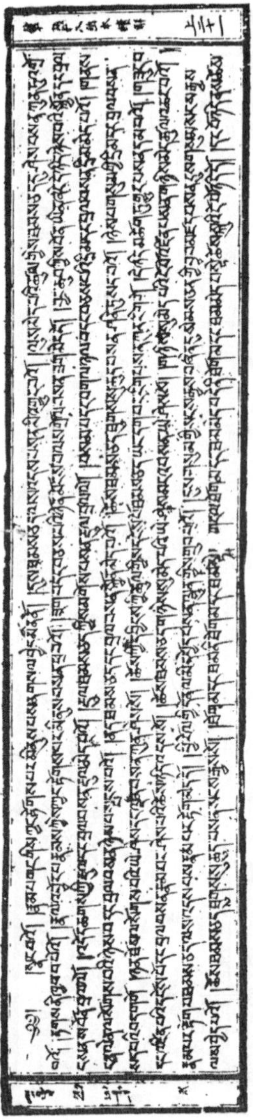

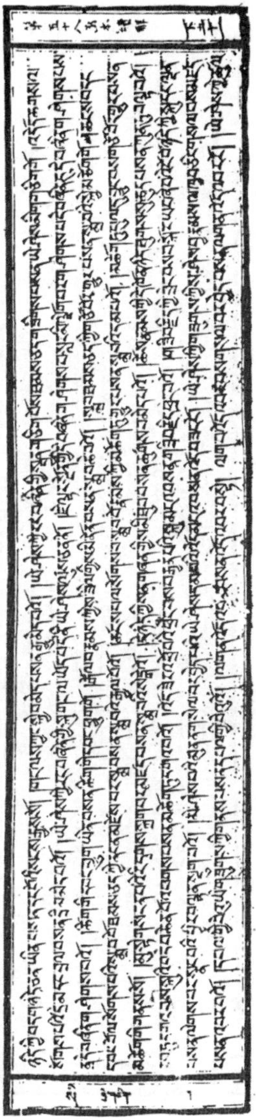

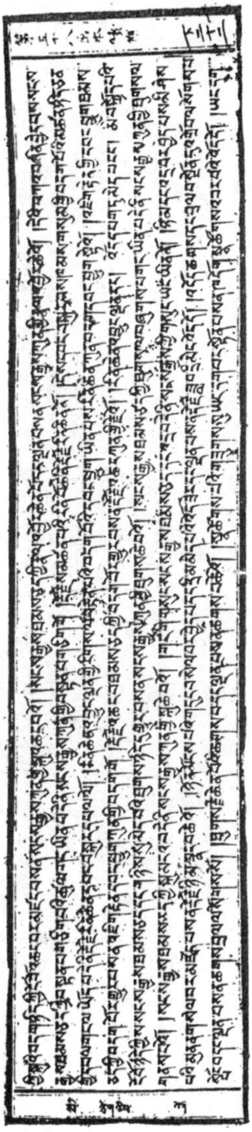

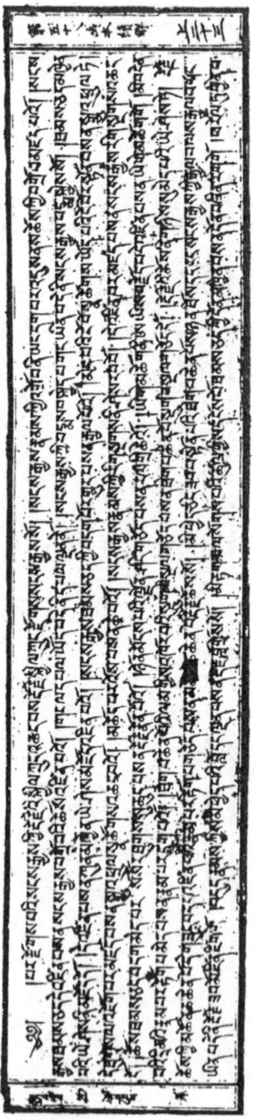

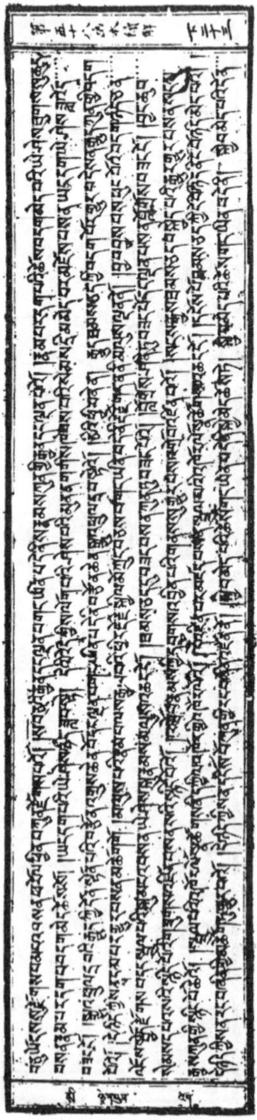

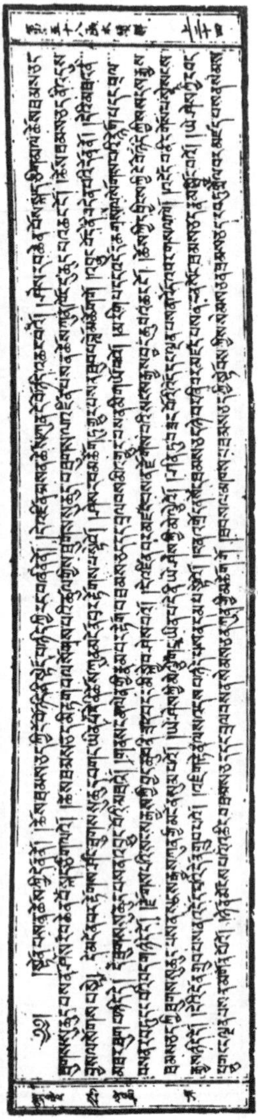

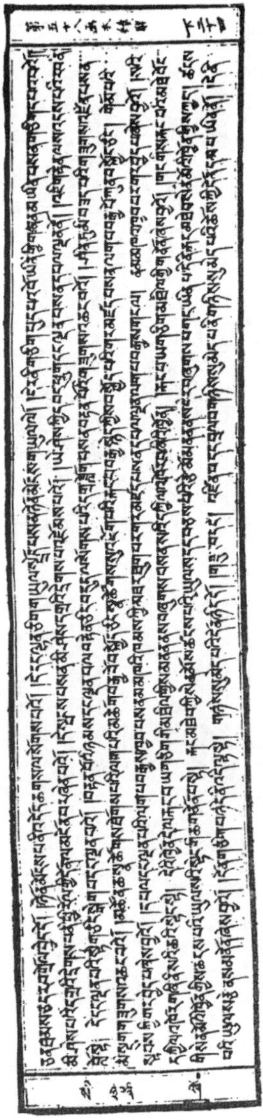

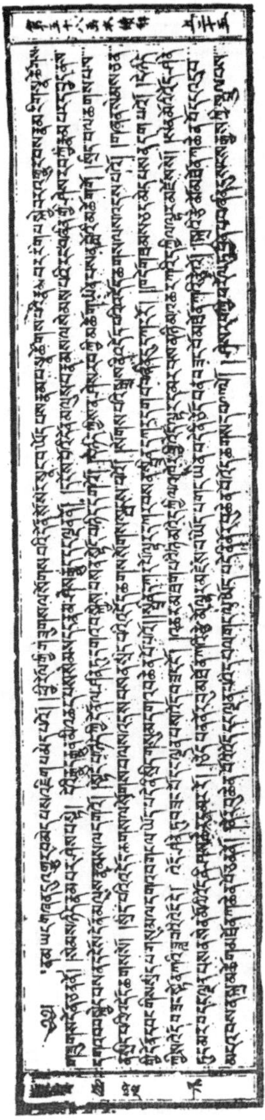

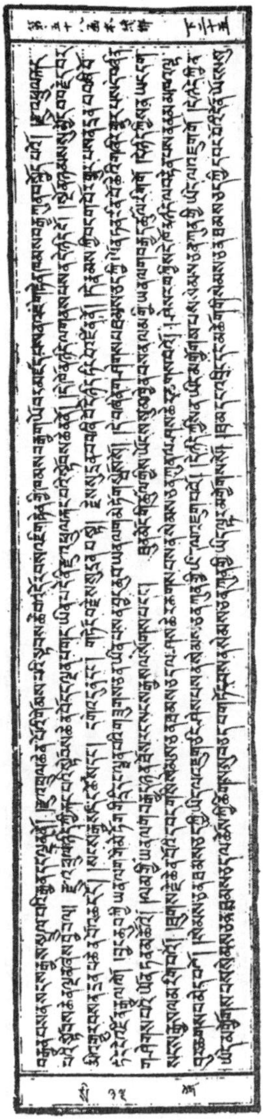

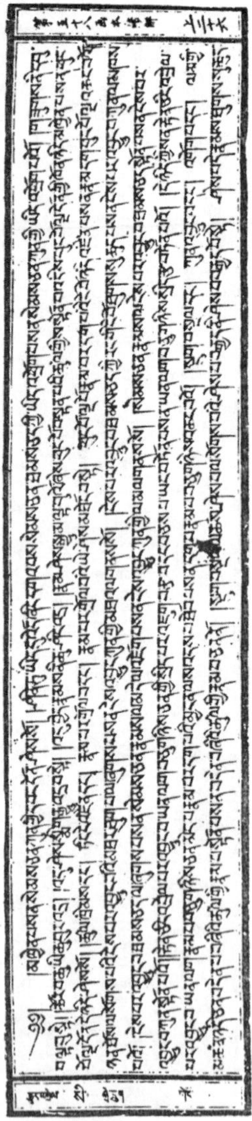

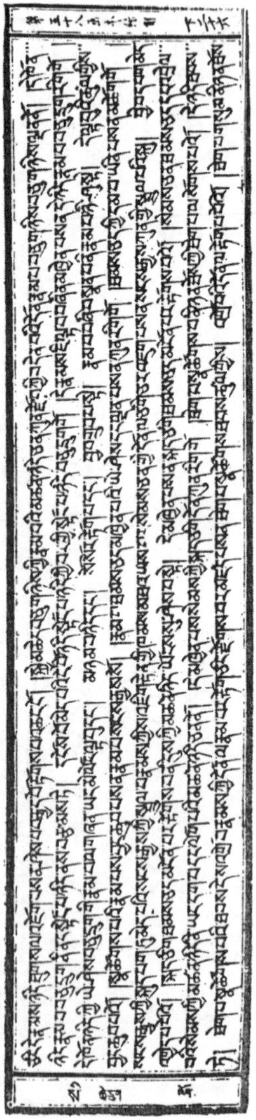

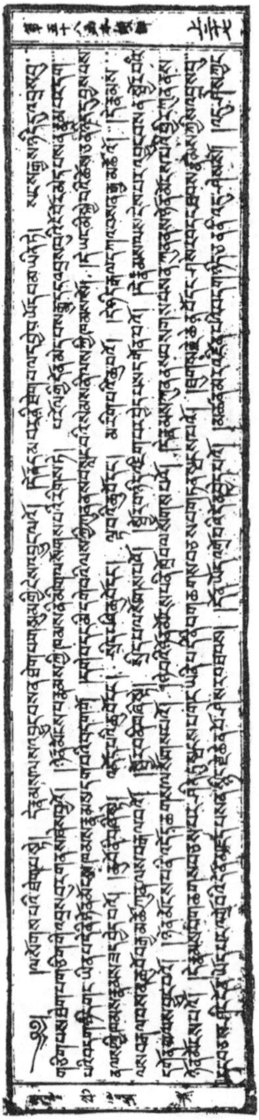

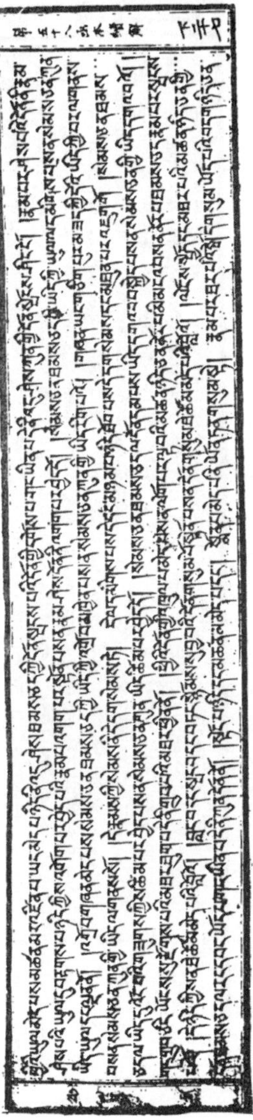

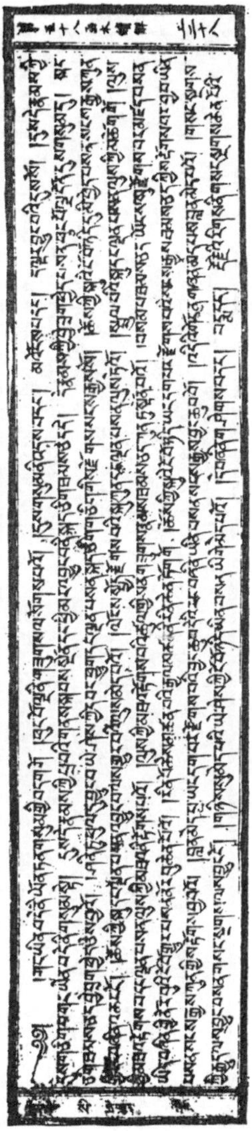

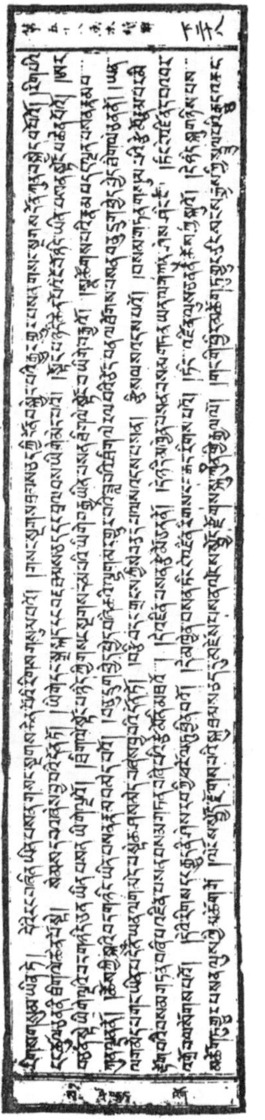

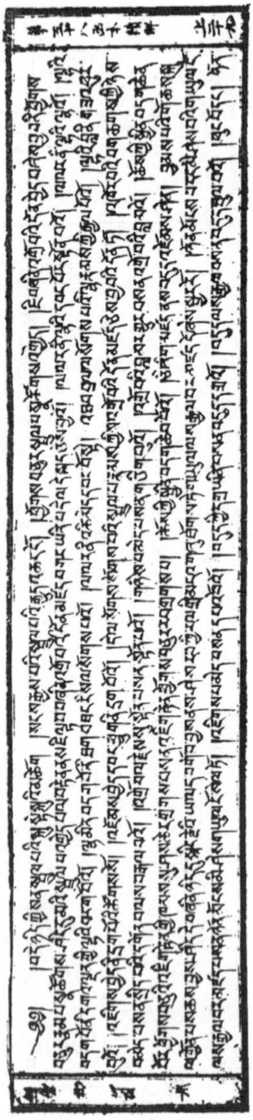

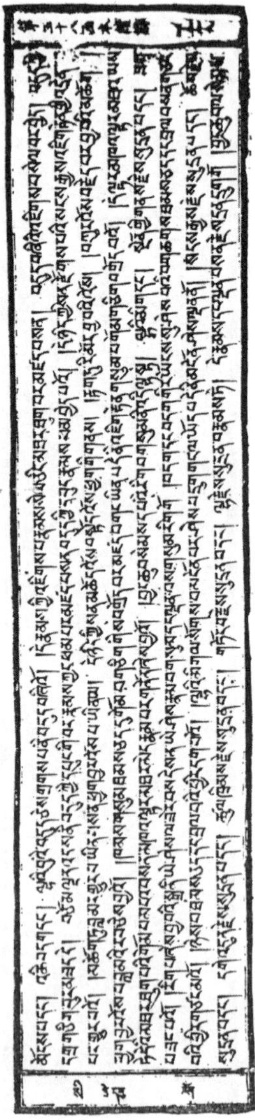

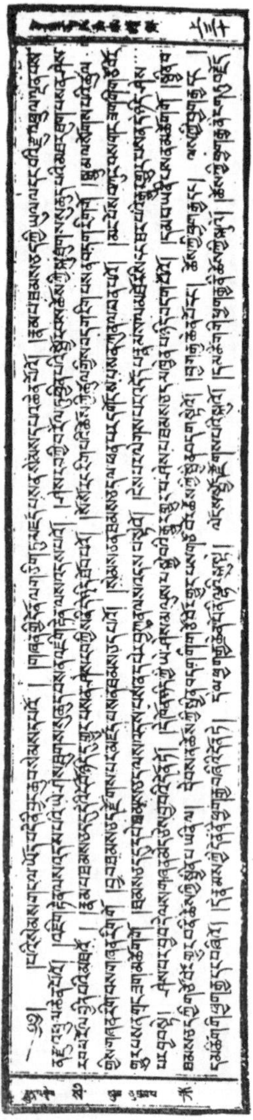

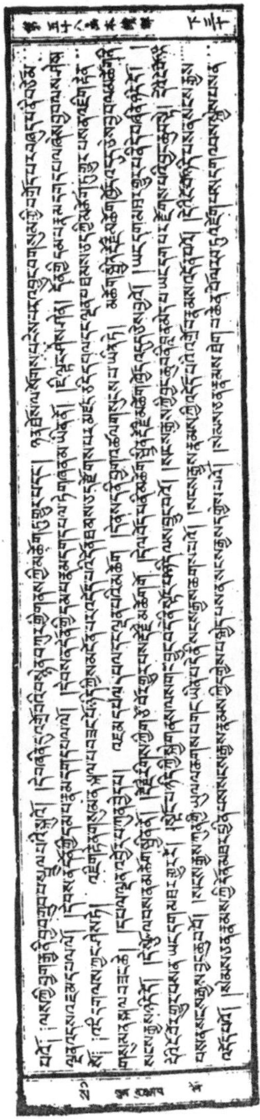

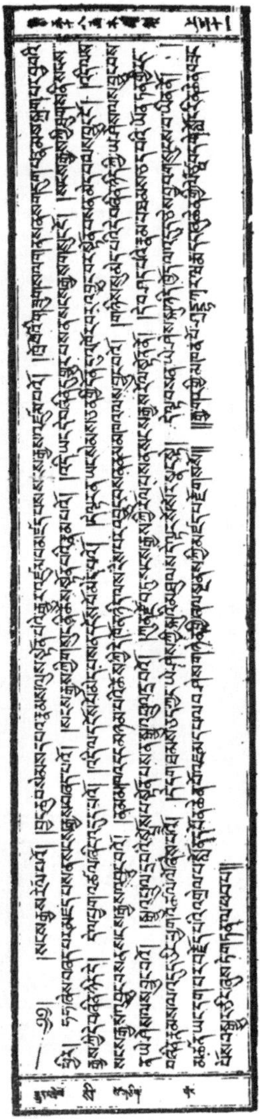

《聖妙吉祥真實名誦疏》藏文本

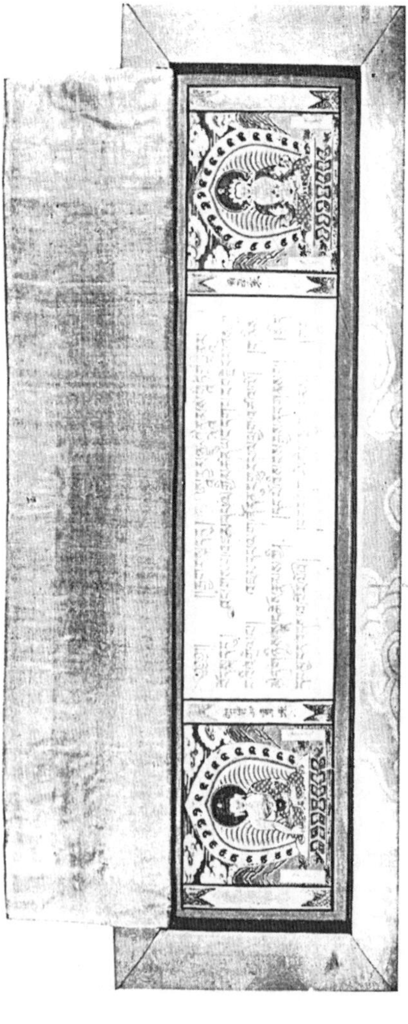

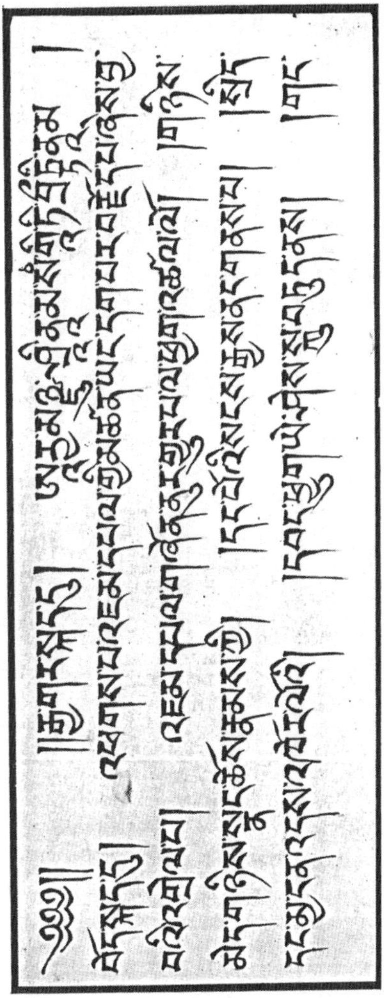

༄༅།། །རྒྱ་གར་སྐད་དུ། ཨཱརྱ་མཉྫུ་ཤྲཱི་ནཱ་མ་སཾ་གཱི་ཏི་བྲྀཏྟི་ནཱ་མ །
བོད་སྐད་དུ། འཕགས་པ་འཇམ་དཔལ་གྱི་མཚན་ཡང་དག་པར་བརྗོད་པ་ཞེས་བྱ་
བའི་འགྲེལ་པ། འཇམ་དཔལ་གཞོན་ནུར་གྱུར་པ་ལ་ཕྱག་འཚལ་ལོ། །གཉིས་
མེད་གཉིས་སྣང་ཆོས་རྣམས་ཀྱི། །དང་པོའི་སངས་རྒྱས་ནང་གནས་པ། །སྲིད་
དང་མྱ་ངན་འདས་འཁོར་ལོའི། །དབང་ཕྱུག་ཡེ་ཤེས་སྐུ་བརྙེད་ནས། །གང་

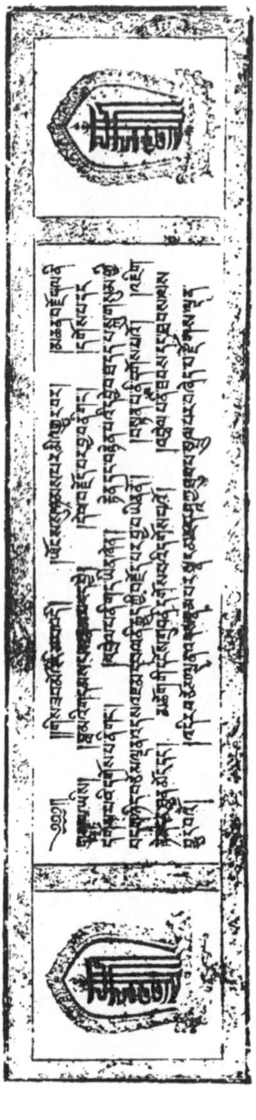

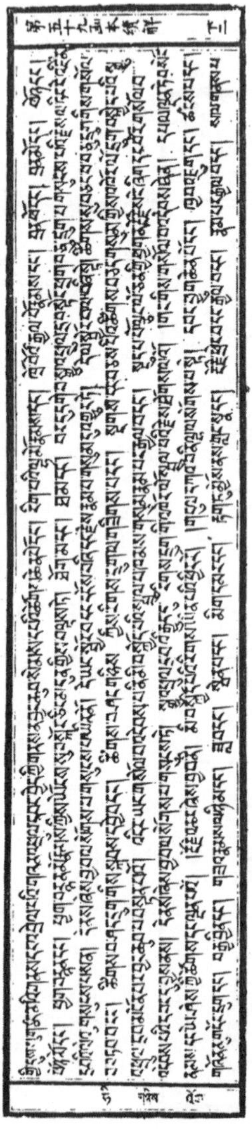

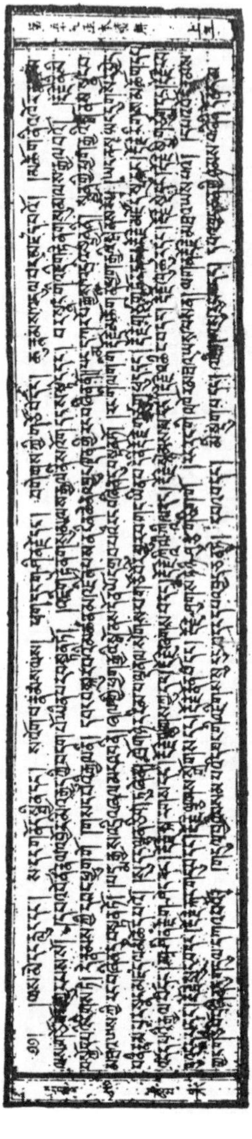

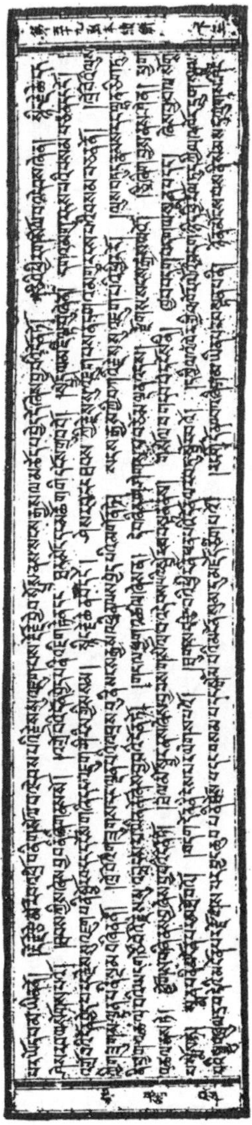

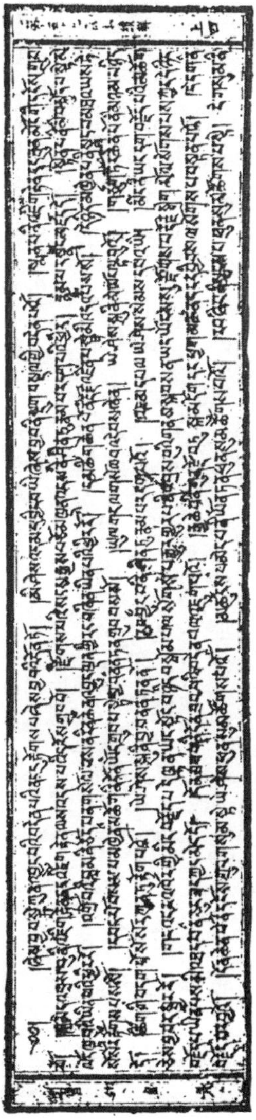

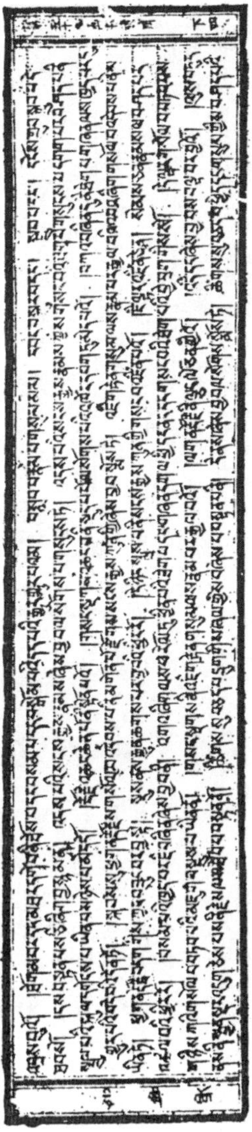

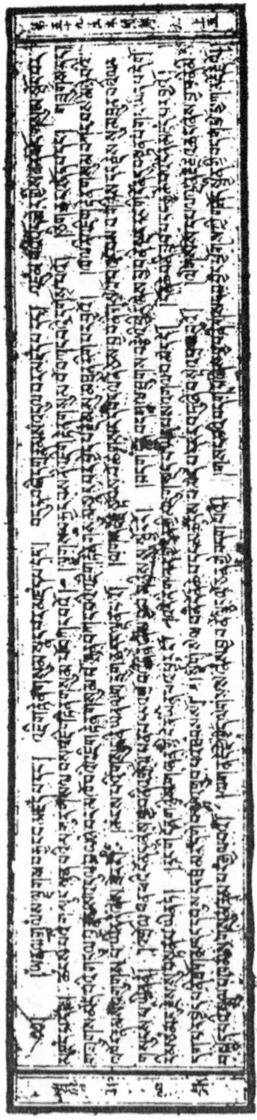

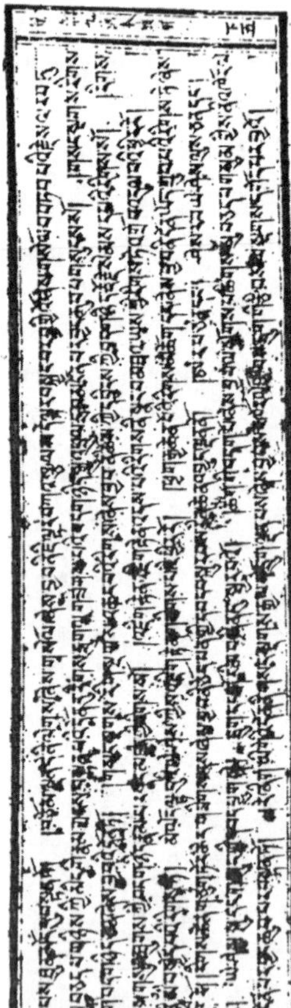

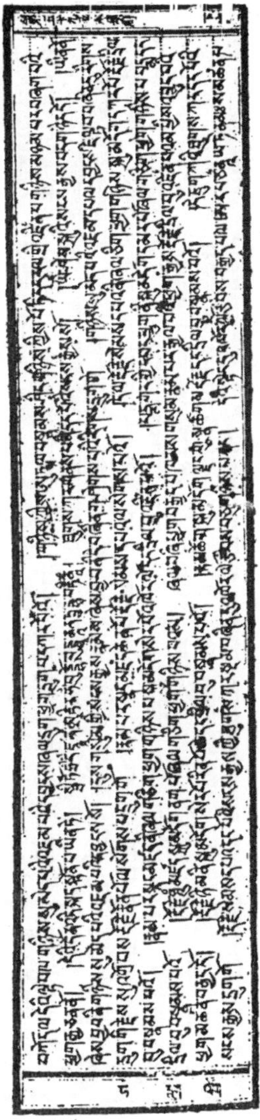

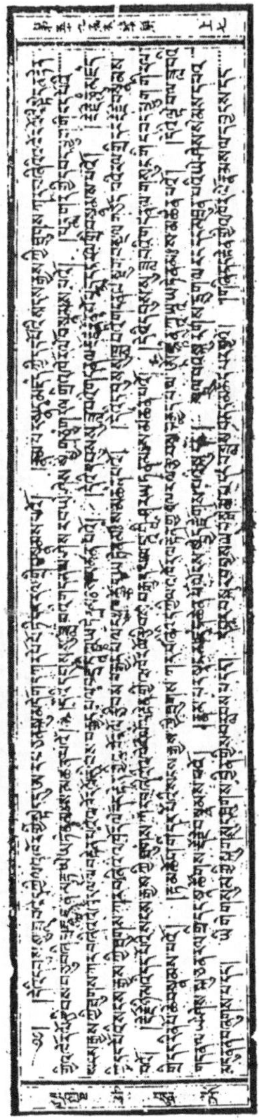

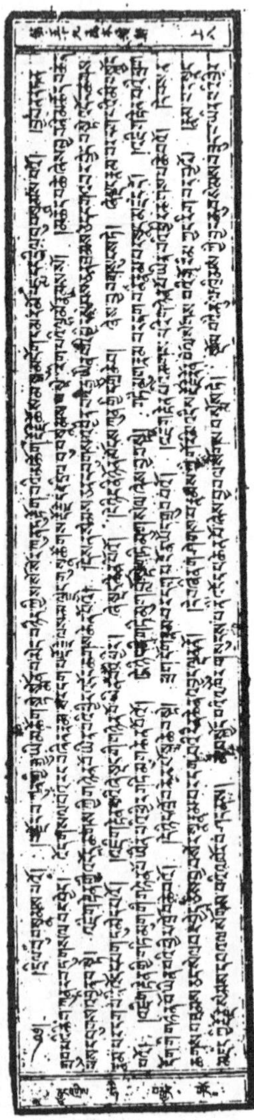

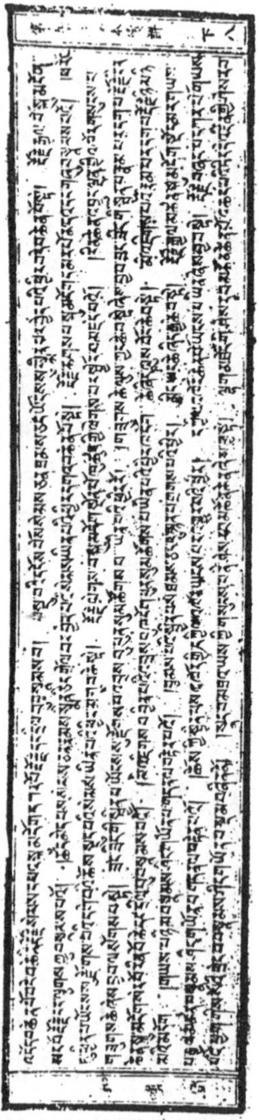

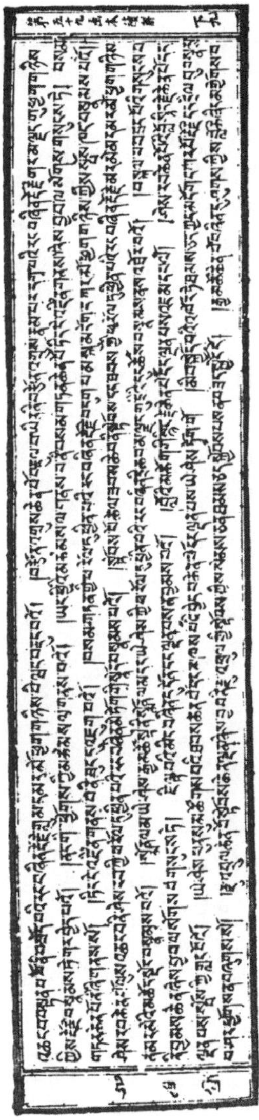

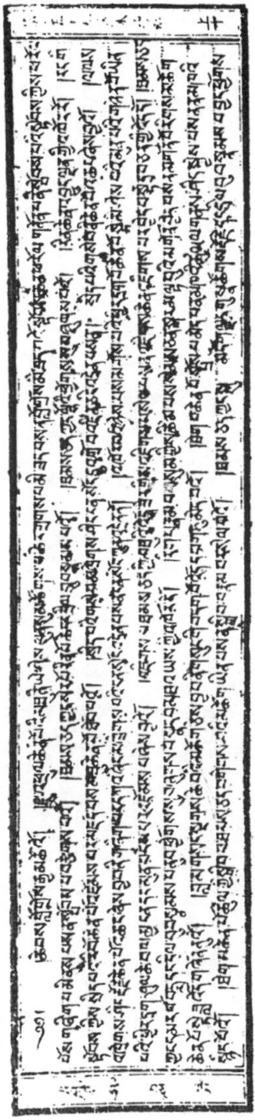

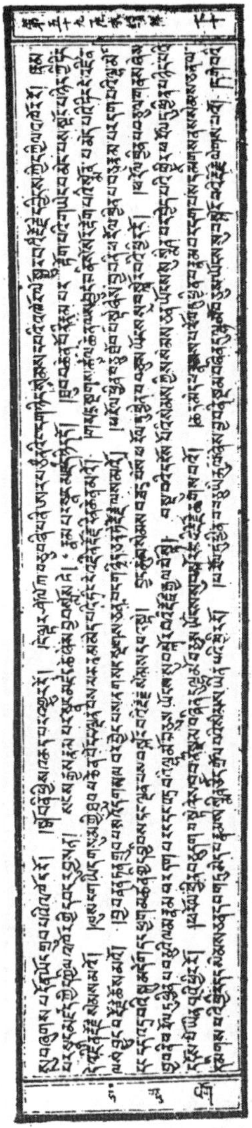

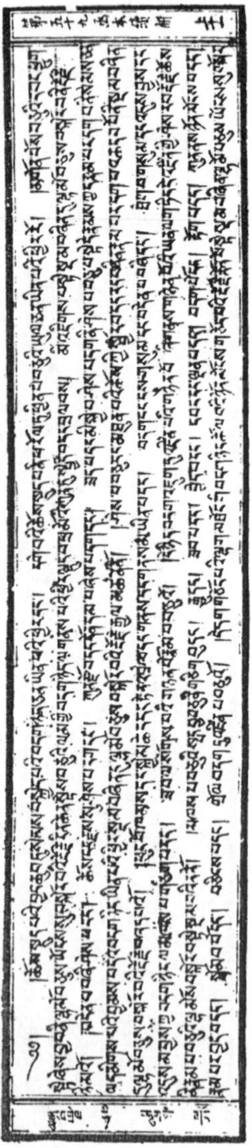

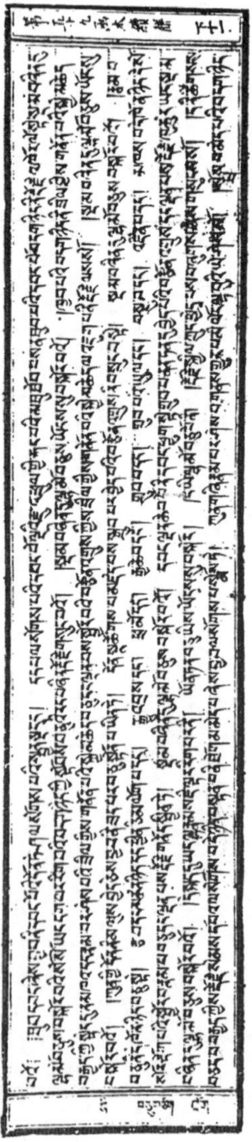

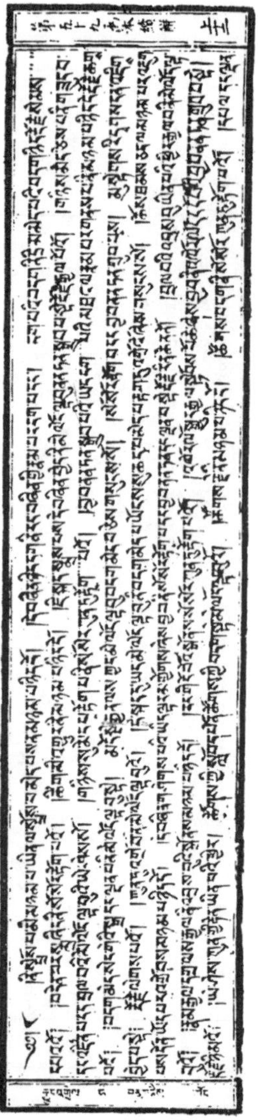

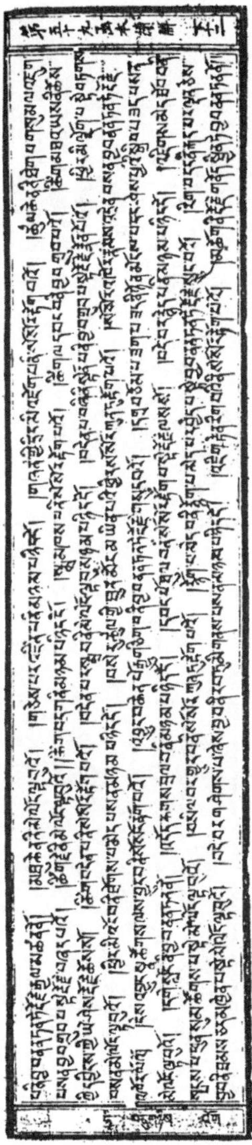

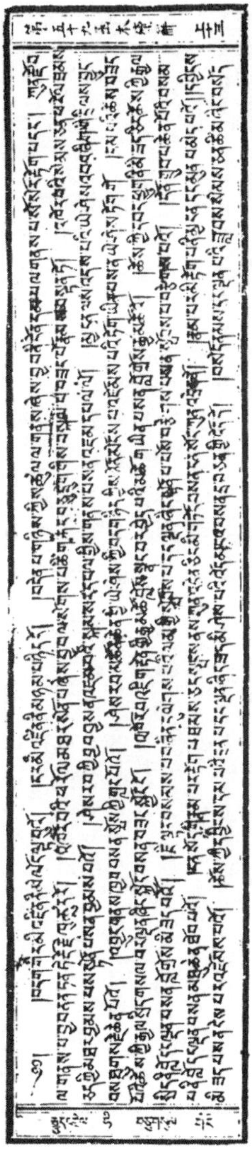

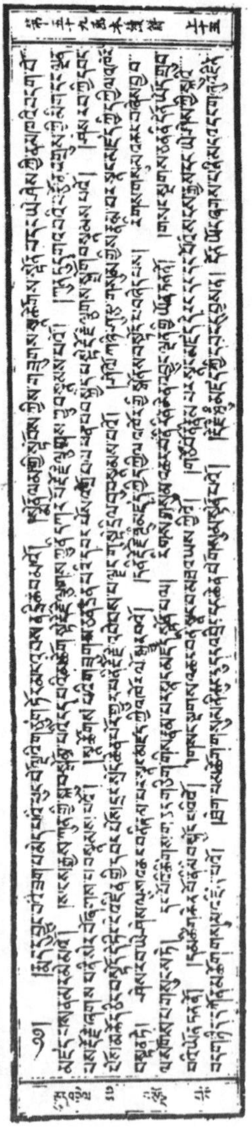

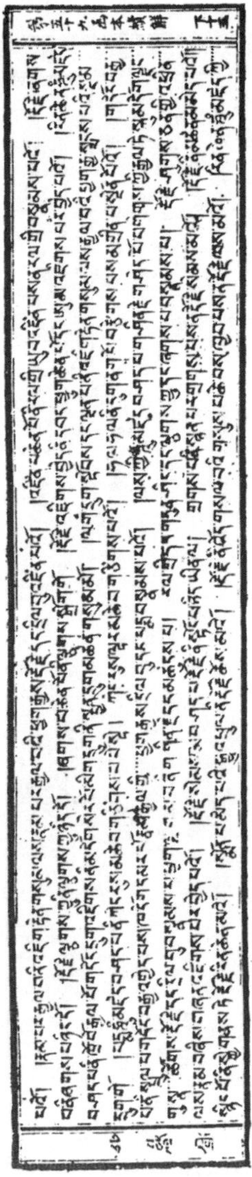

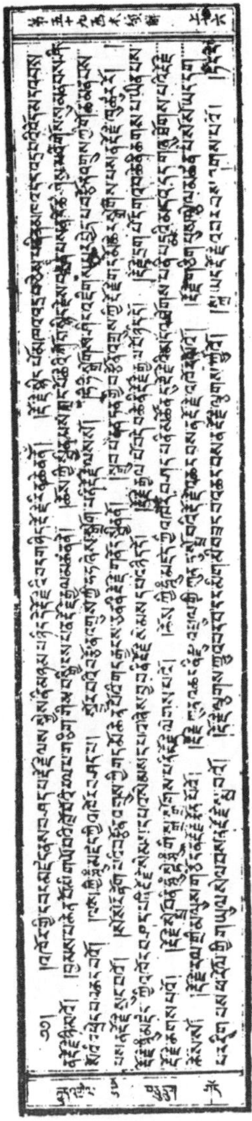

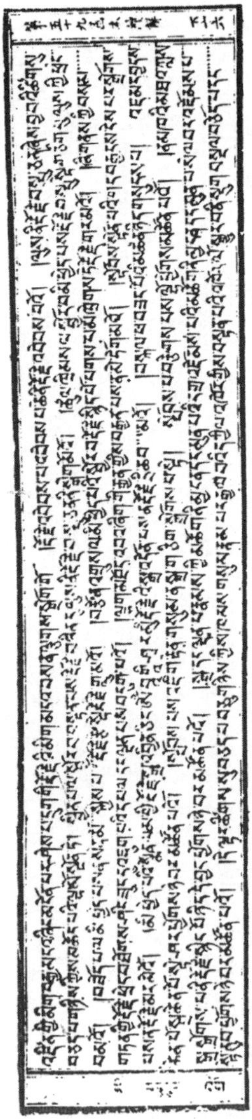

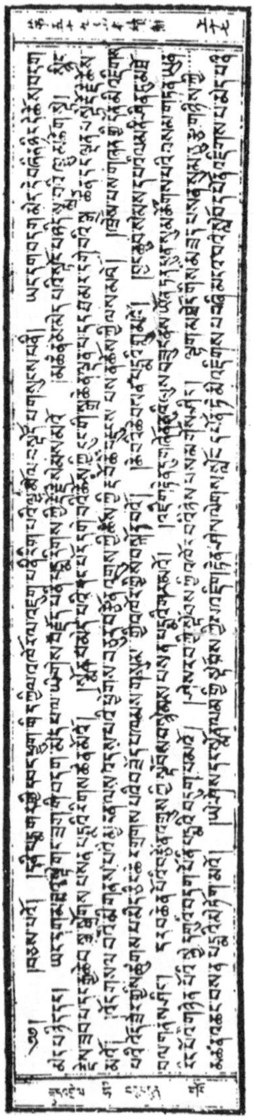

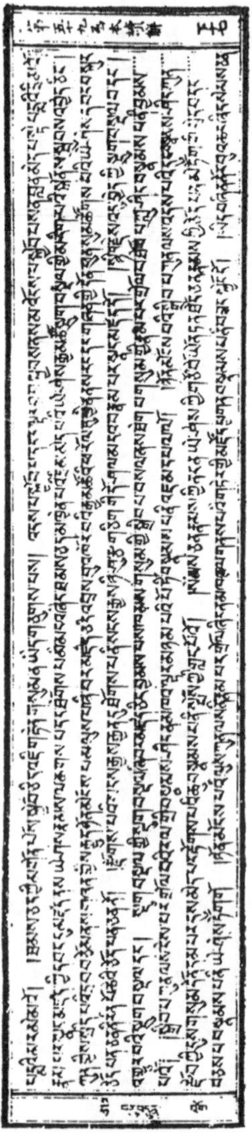

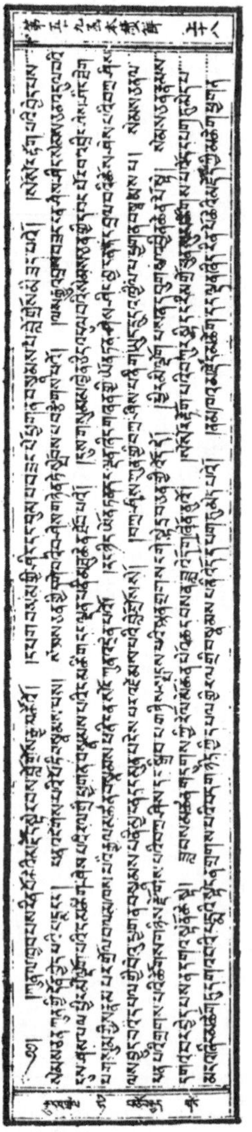

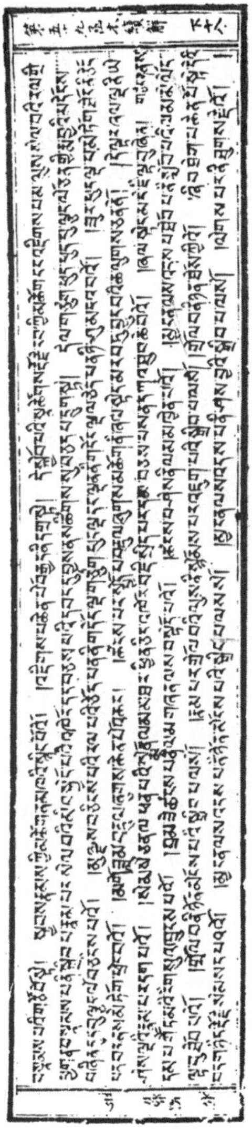

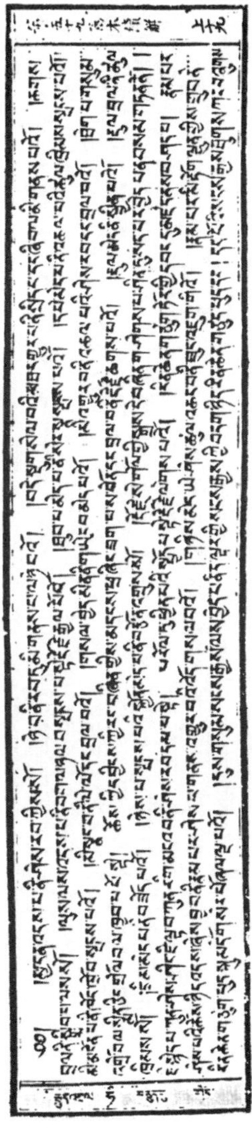

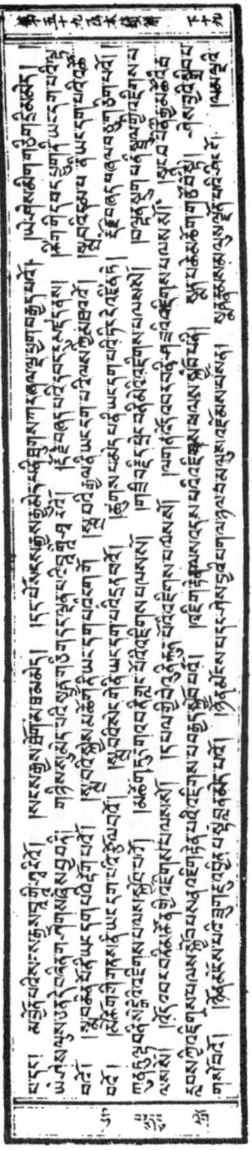

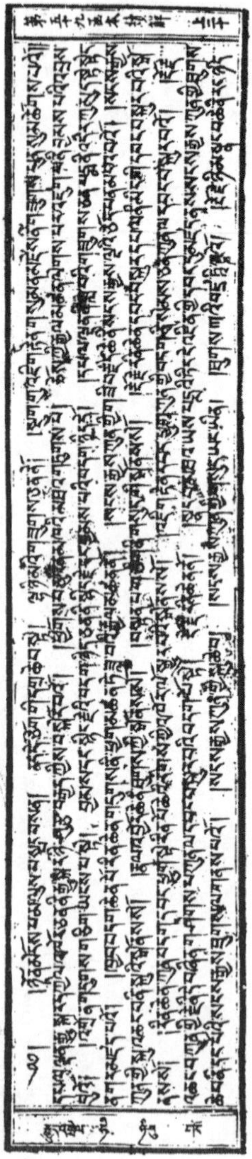

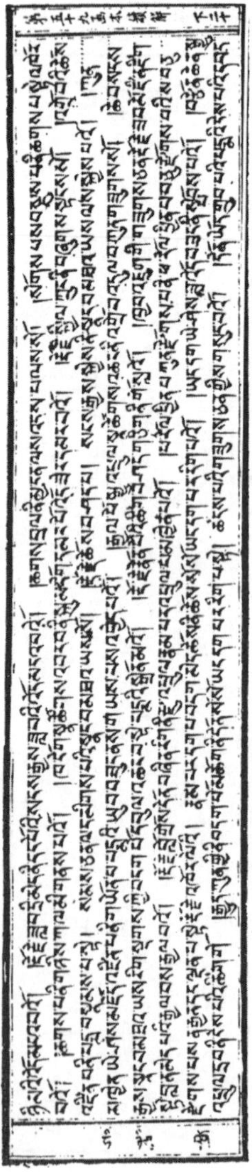

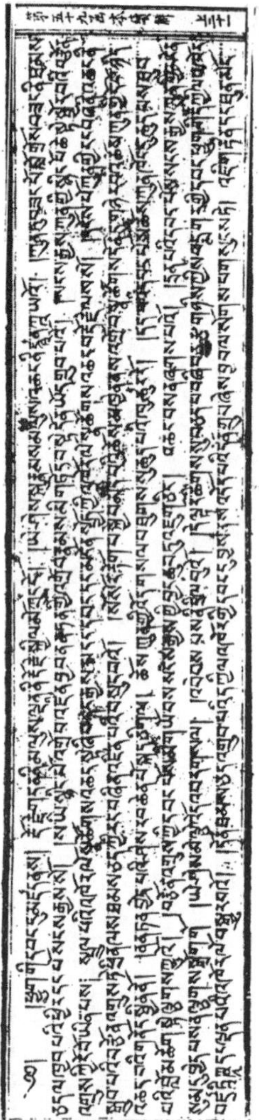

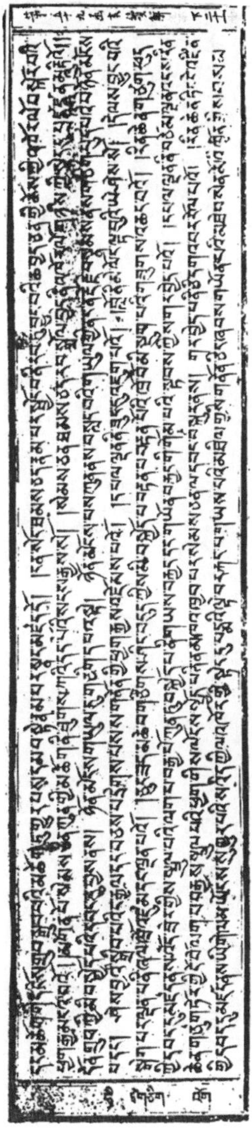

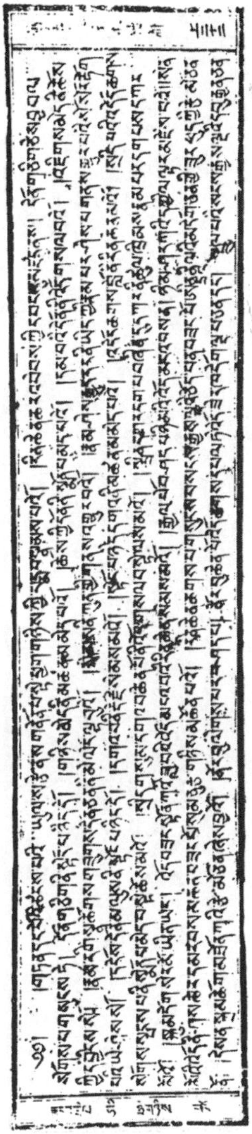

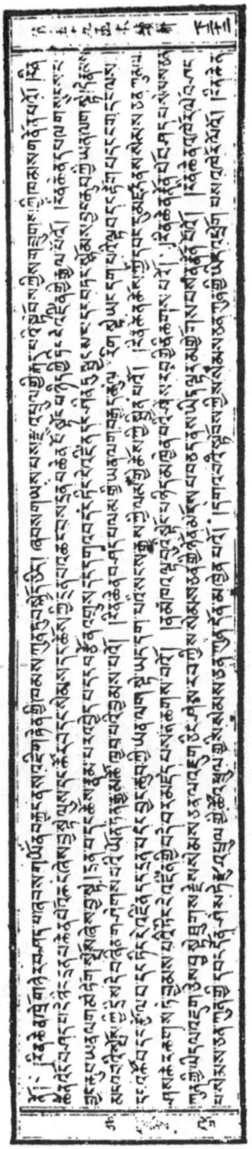

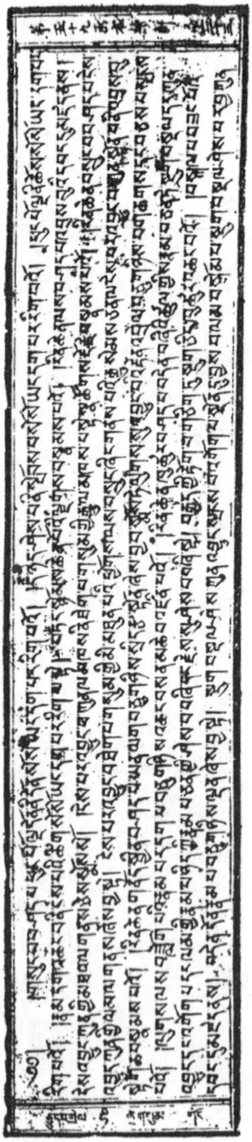

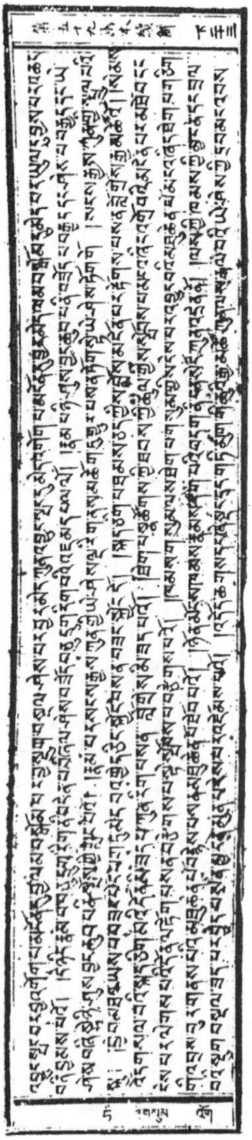

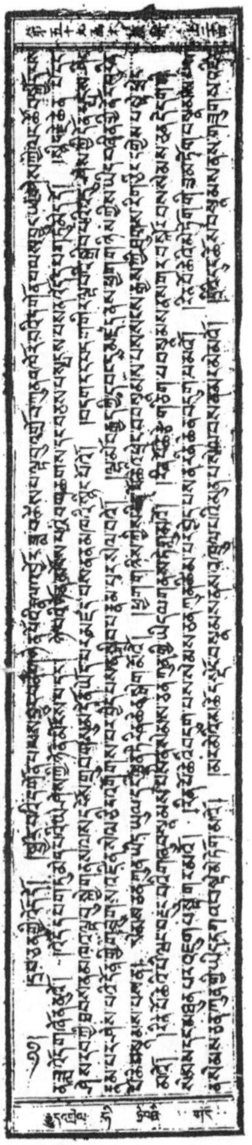

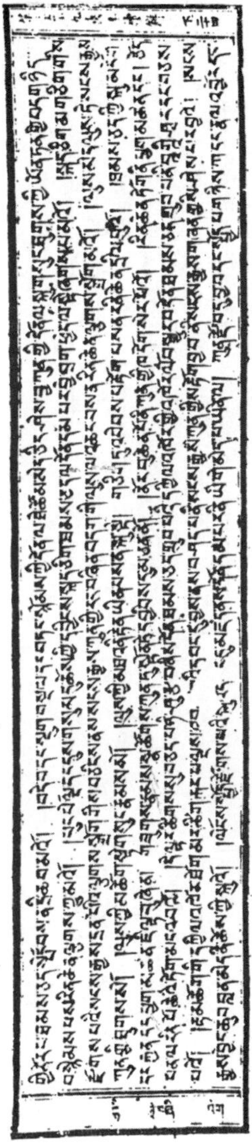

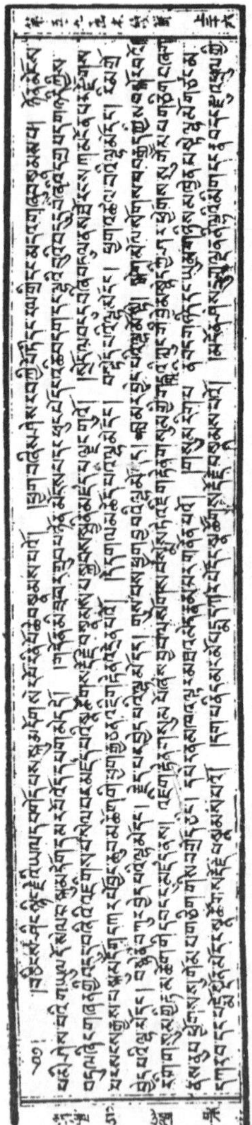

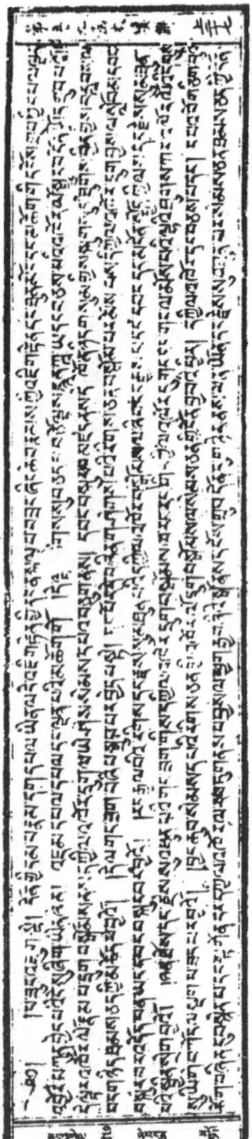

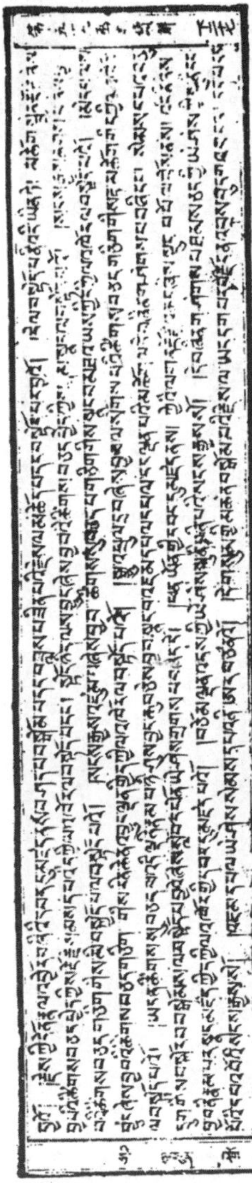

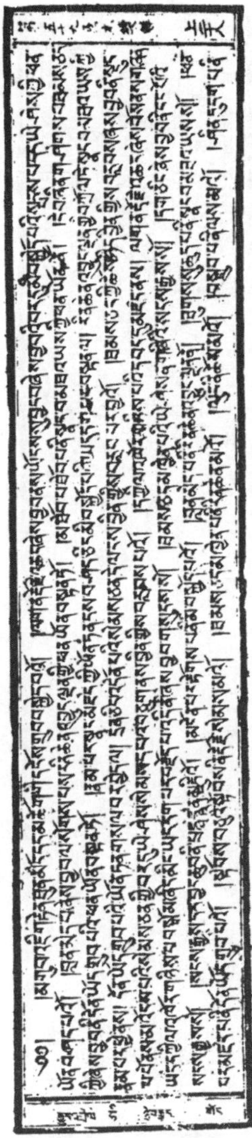

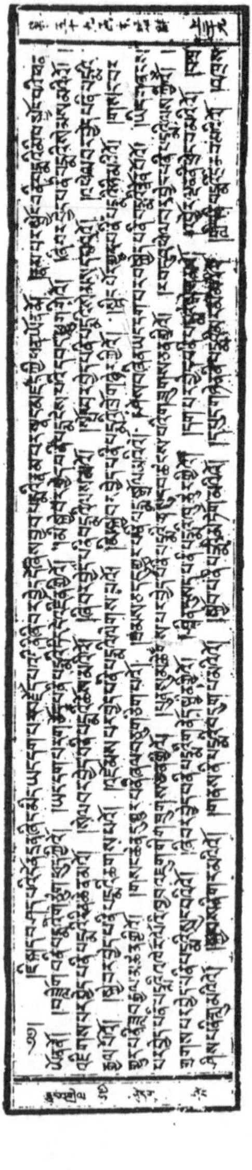

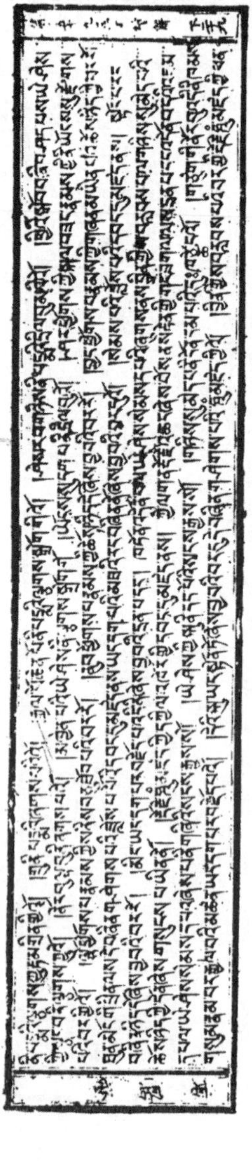

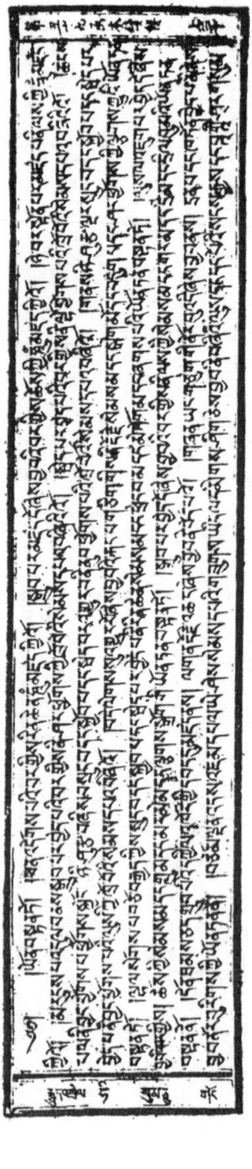

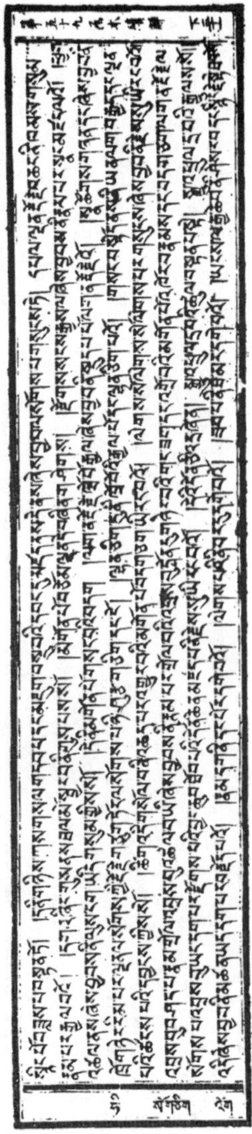

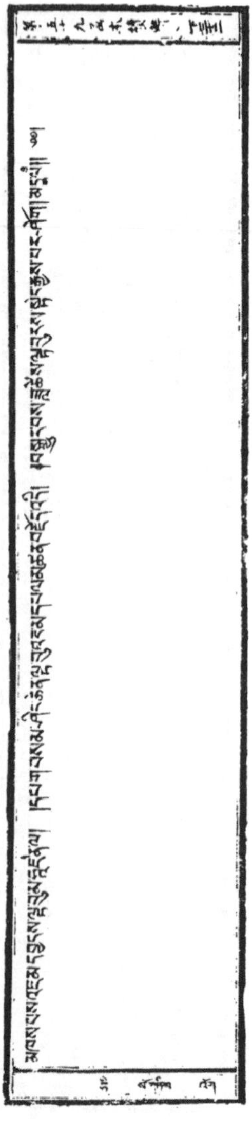

導論者簡介

談錫永，廣東南海人，1935年生。童年隨長輩習東密，十二歲入道家西派之門，旋即對佛典產生濃厚興趣，至二十八歲時學習藏傳密宗，於三十八歲時，得甯瑪派金剛阿闍梨位。1986年由香港移居夏威夷，1993年移居加拿大。

早期佛學著述，收錄於張曼濤編《現代佛教學術叢刊》，通俗佛學著述結集為《談錫永作品集》。主編《佛家經論導讀叢書》並負責《金剛經》、《四法寶鬘》、《楞伽經》及《密續部總建立廣釋》之導讀。其後又主編《甯瑪派叢書》及《大中觀系列》。

所譯經論，有《入楞伽經》、《四法寶鬘》（龍青巴著）、《密續部總建立廣釋》（克主傑著）、《大圓滿心性休息》及《大圓滿心性休息三住三善導引菩提妙道》（龍青巴著）、《寶性論》（彌勒著，無著釋）、《辨法法性論》（彌勒造、世親釋）、《六中有自解脫導引》（事業洲巖傳）、《決定寶燈》（不敗尊者造）、《吉祥金剛薩埵意成就》（伏藏主洲巖傳）等，且據敦珠法王傳授註疏《大圓滿禪定休息》。著作等身，其所說之如來藏思想，為前人所未明說，故受國際學者重視。

近年發起組織「北美漢藏佛學研究協會」，得二十餘位國際知名佛學家加入。2007年與「中國人民大學國學院」及「中國藏學研究中心」合辦「漢藏佛學研究中心」主講佛學課程，並應浙江大學、中山大學、南京大學之請，講如來藏思想。

校譯者簡介

馮偉強，出生於香港，原籍廣東鶴山。美國紐約哥倫比亞大學（Columbia University）文學士、加拿大麥基爾大學（McGill University）醫學博士。現為加拿大皇家內外科醫學院院士，於多倫多任職內科專科醫生。隨談錫永上師修學甯瑪派教法多年，並參與「北美漢藏佛學研究會」的研究工作，專注梵文佛典的對勘。近年致力向西方社會推廣西藏密宗靜坐。

黃基林，1978年畢業於香港大學醫學院，獲得香港大學內外全科醫學士。1991年獲得香港大學醫學博士。2004年進入香港大學佛學研究中心，修讀佛學碩士課程。2006年畢業。在修習期間，對藏文及藏傳佛教產生特別濃厚之興趣。王堯教授為其藏學啟蒙老師。畢業後，跟從藏傳佛教上師進修藏語。精於藏文草書。之後，從黃華生博士學習四重緣起及開始翻譯藏文佛典。曾註釋翻譯「心經」、「法界讚」、「上師瑜伽」、「中觀口訣」等等。有緣遇上談錫永上師，得其鼓勵及參與「聖文殊師利名等誦廣釋」翻譯的工作。幸甚、幸甚。

大・中・觀・系・列

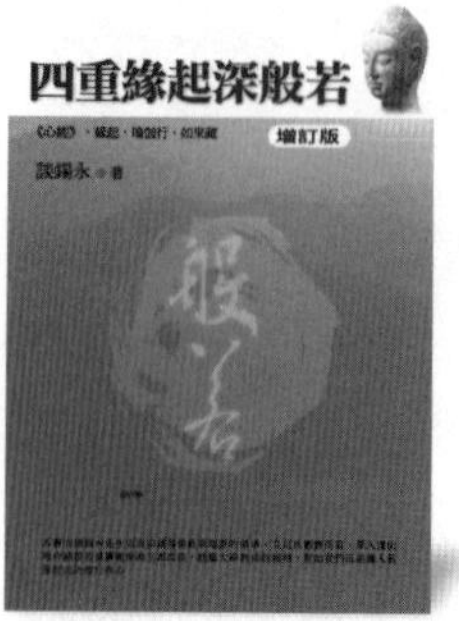

《四重緣起深般若》(增定版)－
《心經》・緣起・瑜伽行・如來藏

談錫永 著/平裝/NT$420元

本書由談錫永先生依自宗藏傳佛教寧瑪派的傳承，立足於觀修而寫，深入淺出地介紹般若波羅蜜多的三系教法，統攝大乘教法的精華，幫助我們迅速趨入甚深教法的修行核心。

《心經內義與究竟義》－
印度四大論師釋《心經》

談錫永等 著譯/平裝/NT$350元

《心經》為般若經典的精華，也是能解脫煩惱苦厄得到究竟安樂的智慧經典。本書精彩而豐富地闡述《心經》的釋論精華，讀者藉由本書不僅可窺見八世紀至十一世紀印度大論師詮釋《心經》的風範，也能對《心經》於漢藏兩地的弘播與繙譯，提供更深入的認識。

《聖入無分別總持經》對勘及研究

沈衛榮、邵頌雄 校研・馮偉強 梵校・談錫永 導論/NT$390元

《聖入無分別總持經》是大乘佛教的重要經典，其基本的內容為：佛陀以「入無分別總持」，向以無分別照明菩薩為首的眷屬大眾，開示速捷證得入無分別的殊勝妙法，其重點在於開示住於無分別界的意義，與證得無分別的方法。

本書從歷史、語言、教法等不同角度，研究《聖入無分別總持經》的弘播年代、繙譯、以至此經對早期瑜伽行派的影響，更從實修觀點來論說瑜伽行派如何教導入無分別的體性及修證，又依甯瑪派的觀點來作引證。

《入楞伽經》梵本新譯

談錫永 譯著/平裝/NT$320元

印度瑜伽行派、漢土早期禪宗、西藏甯瑪、噶舉、薩迦等佛家宗派，皆以《入楞伽經》為根本經典，亦以經中所說之如來藏思想為觀修之究竟見。

談錫永上師今取現存之《楞伽》梵本，重新繙譯此經，細註舊譯之誤譯與添譯處，並於重要之文句附上梵文的羅馬字轉寫；復依自宗甯瑪派了義大中觀的見地，闡明「如來藏藏識」之義理，希望本譯能破解學者對研讀《入楞伽經》的疑難。

《寶性論》梵本新譯

談錫永 譯著/平裝/NT$320元

《寶性論》為佛教重要論典，本論建立了「七金剛句」，將佛寶、法寶、僧寶、如來藏、證菩提、功德、事業等這七個主題並列，以佛法僧三寶為觀修的因，並以佛及眾生依本具的如來藏為觀修的中心，經過實踐修行的歷程，最後證得佛果菩提，具足一切佛法功德，圓滿濟度眾生的事業。

透過本書作者精湛的分析與釋論，能幫助讀者清晰地掌握修行的脈絡，迅疾趨入究竟的解脫大道。

《如來藏論集》

談錫永、邵頌雄 著/平裝/NT$330元

在智境上覆障著識境，如是的一個境界，便名為如來藏。法身不離煩惱纏，故於一切有情的煩惱身中，皆具足清淨的如來本性，也就是說每一個眾生都有佛性。

透過本論集對如來藏精闢的探究與分析，以及如何觀修如來藏等談論述，對於佛法的抉擇與實修，能提供相當廣大的助益與參考，是現代佛教知識份子不可錯過的著作。

《如來藏二諦見－不敗尊者說如來藏》

談錫永、邵頌雄 著譯/平裝/NT$360元

法身以本具功德，不可說之為空；識境自顯現雖隨緣而成有，但因其未嘗剎那與法身離異，故亦不得籠統說之為有，只能說「緣起有」。此乃大中觀施設二諦之堅定立場。不解如來藏義，橫生枝節加以否定者，即由於不知大中觀持何立場以施設二諦。

《聖妙吉祥真實名經》梵本校譯

談錫永 譯著・馮偉強 梵校/平裝/NT$390元

《聖妙吉祥真實名經》為無上密續部重要經典，說如來藏之觀修，亦即妙吉祥不二法門之觀修。由此開展，則可建立為依金剛薩埵為主尊之《大幻化網續》，以及一切無二續。

《聖妙吉祥真實名經》釋論三種

談錫永 導論・馮偉強、黃基林 校譯/平裝/NT$390元

《聖妙吉祥真實名經》為觀修三轉法輪教法的重要經典。本經藉「幻化網現證菩提」壇城，令行者藉觀修而得現證妙吉祥不二法門。談錫永上師早前根據今傳四種梵本重新校譯本經，解決古譯文句互異的問題，更譯出釋論三種，解決文義難明與具體觀修無所依等二疑難。

《辨中邊論釋》校疏

談錫永 校疏・邵頌雄 前論/平裝/NT$400元

依甯瑪派教法，本論可依大中觀的加行道來作抉擇。以加行道的層次來治本論，亦為印度瑜伽行派的傳統。

全佛文化藝術經典系列

大寶伏藏【灌頂法像全集】

蓮師親傳•法藏瑰寶，世界文化寶藏•首度發行！
德格印經院珍藏經版•限量典藏！

本套《大寶伏藏—灌頂法像全集》經由德格印經院的正式授權全球首度公開發行。而《大寶伏藏—灌頂法像全集》之圖版，取自德格印經院珍藏的木雕版所印製。此刻版是由西藏知名的奇畫師—通拉澤旺大師所指導繪製的，不但雕工精緻細膩，法像莊嚴有力，更包含伏藏教法本自具有的傳承深意。

《大寶伏藏—灌頂法像全集》共計一百冊，採用高級義大利進美術紙印製，手工經摺本、精緻裝幀，全套內含：

•三千多幅灌頂法照圖像內容　•各部灌頂系列法照中文譯名

附贈　•精緻手工打造之典藏匣函。

•編碼的「典藏證書」一份與精裝「別冊」一本。

（別冊內容：介紹大寶伏藏的歷史源流、德格印經院歷史、《大寶伏藏—灌頂法像全集》簡介及其目錄。）

大中觀系列9

《聖妙吉祥真實名經》釋論三種

導　　論　談錫永
校　　譯　馮偉強、黃基林
美術編輯　李　琨
出　　版　全佛文化事業有限公司
訂購專線：(02)2913-2199
傳真專線：(02)2913-3693
發行專線：(02)2219-0898
匯款帳號：3199717004240 合作金庫銀行大坪林分行
戶　　名：全佛文化事業有限公司
E-mail：buddhall@ms7.hinet.net
http://www.buddhall.com
門　　市　新北市新店區民權路108-3號10樓
門市專線：(02)2219-8189
行銷代理　紅螞蟻圖書有限公司
台北市內湖區舊宗路二段121巷19號（紅螞蟻資訊大樓）
電話：(02)2795-3656
傳真：(02)2795-4100

初　　版　2011年01月
初版二刷　2021年02月
定　　價　新台幣390元
I S B N　978-986-6936-46-3(平裝)

國家圖書館出版品預行編目資料

聖妙吉祥真實名經釋論三種 / 談錫永導論
馮偉強、黃基林校譯. -- 初版. --
臺北市：全佛文化, 2011.01
面；　公分. -- (大中觀系列；9)

ISBN 978-986-6936-46-3(平裝)

1.藏傳佛教 2.註釋
226.962　　99026327

Buddhall

BuddhAll

All is Buddha.

BuddhAll.

BuddhAll